低碳时代的
物流企业发展

DEVELOPMENT OF
LOGISTICS ENTERPRISES IN LOW CARBON ERA

王丽萍　李创◎著

社会科学文献出版社
SOCIAL SCIENCES ACADEMIC PRESS (CHINA)

本书出版得到以下基金或项目的资助：

教育部人文社会科学研究规划基金项目（16YJA790017）

河南省高校科技创新人才支持计划（17HASTIT017）

河南省高等学校青年骨干教师资助计划（2015GGJS－072）

河南省科技攻关计划项目（162102310428）

河南省高等学校重点科研项目（17A790025，17B790003）

在此一并表示感谢。

前　言

　　进入 21 世纪以来，我国物流业迎来了飞速发展的黄金时期，过去粗犷、落后、混乱的物流企业逐步朝现代化、规范化、产业化方向转变，但在物流业取得显著成绩的同时，我们也应当清醒地看到，物流行业作为化石能源消耗大户，在高速发展的同时也带来了不可忽视的环境问题。从物流企业的发展趋势来看，随着全球气候问题日益凸显，民众环保意识不断增强，低碳经济、可持续发展的理念被广泛认可，各国政府纷纷出台了一系列环境管制政策，以"低碳物流""绿色物流"为代表的物流发展新浪潮正在全球范围内兴起。

　　本书针对我国物流业碳排放与低碳化发展路径问题作了深入研究，概括起来主要包括以下几部分。首先，本研究对国内外关于环境管制与企业竞争力的相关研究成果进行了回顾总结，结合波特的竞争力模型构建了基于环境要素的企业竞争力一般分析框架。在此基础上，结合我国物流业的发展现状，构建了环境管制下物流企业竞争力综合评价模型，并以国内某物流企业为调研对象，对该物流企业的竞争力进行了综合评价，旨在揭示低碳时代背景下物流企业必须加强环境管理，指出开展积极的环境管理不仅不会降低企业竞争力反而会提升企业的竞争水平，即环境管理与企业竞争力提升可以实现双赢。其次，以碳排放测算为切入点，定量评估了我国物流业的环境管理现状，为全面掌握我国物流业的碳排放特征提供量化依据，也为后期开展低碳化发展路径研究提供现实基础。再次，解决环境问题的根本出路在于技术创新，尤其是与节能减排相关的环境技术创新，为此，本书针对我国物流企业的环境技术创新现状、面临的困境、可能的创新路径等问题开展深入研究，以期为我国物流企业环境友好型技术的发展提供一些决策参考。又次，环境管理的另外一个主要表现就是企业要承担更广泛的社会责任，为此，本研究不仅对社会责任对企业竞争力的影响进行了理论分析，同时以中国51家上市物流公司为样本进行了实证检验，为物流企业开展社会责任管理提供指导。最后，系统回顾了国外发达国家物流业低碳化发展的经验，并根据我国物流行业的发展现状和发展趋势，提出了在低碳时代促进我国物流企业低碳化发展的对策建议。

本书由河南理工大学的王丽萍、李创撰写，其中，王丽萍负责撰写第一章至第八章及参考文献和附录，李创负责撰写第九章。

本书在撰写过程中，河南理工大学硕士研究生王兵兵、胡彩霞、李龙晓、昝东亮、刘明浩等在前期资料收集及数据整理方面做了大量工作，在此一并表示感谢。

本书在撰写过程中参考了大量的中外文资料，在此向所有参考文献的作者表示感谢。

由于时间仓促且作者水平有限，书中缺点和错误在所难免，恳请读者批评指正。

作者于河南理工大学

目 录
CONTENTS

1

绪　论

1.1　研究背景与研究意义

1.1.1　研究背景

随着全球经济的高速发展，自然资源日益稀缺，生态环境不断恶化，环境污染持续加重，民众环保意识逐渐觉醒，环境问题已经引起人们的高度重视。发展循环经济，保护生态环境，走可持续发展的道路已经成为人类的必然选择。改革开放以来，我国经济高速发展，取得了举世瞩目的成就，自2010 年以来我国已经超过日本，成为世界第二大经济体。但同时我们也应该看到，快速增长的经济背后是生态环境持续恶化，环境保护问题难以回避。党的十八大报告也着重强调要继续坚持环境保护的基本国策，大力推进生态文明建设。在编制"十三五"规划时，习总书记明确强调：要树立绿色、低碳发展理念，增强可持续发展能力，提高生态文明水平，建设资源节约型、环境友好型社会。由此可见，环境保护已经被提升到前所未有的高度。

从我国物流行业来看，物流行业起步虽晚，但发展迅猛，已逐渐成为我国国民经济的重要支柱产业之一。一方面，作为连接生产、消费的重要纽带，物流活动在经济活动中发挥着日益重要的作用，已经渗透到人们日常生活的方方面面。但是从环保角度来看，物流行业化石燃料消耗巨大，二氧化碳等有害气体的排放量居高不下，货物包装中出现的资源浪费、环境污染现象也屡见不鲜，物流仓储能耗巨大，物流配送效率较低，等等。因此发展环保物流、低碳物流、绿色物流不仅是新的政策形势的必然要求，更是物流业实现可持续发展的内在选择。

另一方面，随着经济全球化的不断发展，国外物流企业不断涌入我国市场，国内市场中物流企业之间的竞争变得更加激烈，而且物流企业之间的竞争已经扩展到企业发展的方方面面，包括节约资源、降低能耗。换言之，这是一场物流企业综合竞争力的比拼，任何一个薄弱环节都能成为影响企业整体竞争力的短板。但现有国内外学者关于物流企业竞争力的研究中，对环境因素的影响还不够重视，阐述得不够深入。随着国内外环境管制强度不断提升，物流行业的竞争愈加激烈，环境因素对物流企业竞争力的影响越来越大。在这样的竞争环境下，物流企业竞争力影响因素有哪些？低碳环境下物流企业的竞争力又该如何评价？低碳经济时代我国物流业的碳排放情况如何？国内物流企业低碳化发展的路径有哪些？应该如何提升自身的竞争优势？这些都是当前研究亟待解决的重要问题，这些问题不仅是本书研究的出发点，而且确定了本书的基本研究思路。

1.1.2 研究意义

从物流企业市场竞争角度来看，经过近 40 年的发展，我国物流企业无论是在数量上还是质量上都有了根本性的变化，但从整体来看，与国外发达国家相比，差距依然明显。进入 21 世纪之后，我国物流业迎来了飞速发展的黄金时期，较低的行业门槛，开放的竞争环境，国外物流企业积极涌入，使我国市场上物流企业之间的竞争更加残酷。国内物流企业为保持竞争力，往往以低价格换取快速发展，重推广而轻维护，重速度而轻服务，一些快速崛起的物流企业面临发展瓶颈，在激烈的市场竞争下甚至会被逐渐淘汰。从物流企业发展战略来看，一方面，在国内不断加强环境管制的情况下，物流企业作为能源消耗和"碳排放"大户已经直接感受到来自环境管制的压力；另一方面，随着民众环保意识逐渐觉醒，国内市场的绿色消费需求日益增多，这也为物流企业的绿色转型创造了一个发展机会。面对内外环境的变化，物流企业只有与时俱进，不断调整企业环境战略，切实加强企业环境技术创新，积极履行企业社会责任，才能增强竞争优势、不断提升市场竞争力。因此，在此背景下，开展物流企业的低碳化发展研究具有重要的理论和现实意义。

（1）理论层面：查阅文献资料可以发现，过往关于物流企业竞争力的研究，大部分都缺乏对环境管制作用的考虑。随着国家对环境问题的日益重视，政府环境管制力度的不断加强，环境管制对于物流企业竞争力的影响已经不能忽视。在低碳时代，以环境管制理论和企业竞争力理论为指导，构建基于环境因素的物流企业竞争力分析模型，分析低碳时代背景下物流企业竞争力的影响因素，为分析环境管制对物流企业竞争力的影响机制提供了参考和借鉴。另外，对物流企业竞争力综合评价指标体系进行研究，丰富完善了物流企业竞争力的评价指标，对物流企业竞争力评价体系做了补充和完善，为后续研究的进一步展开，提供了一定的理论参考。

（2）实证层面：首先，利用所构建的物流企业竞争力评价指标体系，将物流企业的竞争实力具体化、指标化、考量化，有助于对物流企业目前的竞争力水平做出较为客观的判断，同时有助于企业管理者对企业的市场竞争状态有更加科学和理性的认识，为物流企业竞争力的提升指明方向。其次，针对我国物流业的碳排放测算研究，不仅丰富了碳排放测算的实证研究成果，也为其他行业或其他地区的碳排放测算提供了经验借鉴。最后，低碳时代物流企业的低碳化发展方向究竟在哪里？现有文献多是提供宏观层面的政策建议，缺乏相关的实证研究，本书通过研究环境技术创新和企业社会责任，为物流企业低碳化发展指明了具体的可操作路径。结合 51 家上市物流企业的实证分析，本书详细论证了企业通过履行社会责任可以进一步提升其企业竞争力。这些创新性研究成果，极大地增强了企业的社会责任感，拓宽了企业的发展视野，对促进企业实现经济效益和环境效益双赢具有重要的实际应用价值。

1.2　研究目的与研究内容

1.2.1　研究目的

随着环境问题日益凸显，物流企业的竞争环境变得更为复杂，这也为物流企业的竞争发展增加了未知的变数，在低碳时代的大背景下，环境因素对物流企业竞争力的影响更加明显，因此，本书围绕低碳时代物流企业的发展问题开展相关研究，具体研究目的有以下五个。

第一，确定低碳时代物流企业的竞争力评价标准。在这一部分，本研究以物流企业竞争力为主要研究对象，通过对物流企业竞争力的影响因素进行分析，确定物流企业竞争力的评价标准，并将过去在物流企业竞争力研究中经常忽略的环境因素纳入物流企业竞争力的评价指标之中，构建一个基于环境要素的物流企业竞争力分析模型。该模型从环境视角出发，指出物流企业竞争力影响因素的研究方向，将物流企业的竞争力评价推向基于可持续发展的新高度，并以 DB 物流公司为例进行案例研究。

第二，在节能减排呼声日趋高涨的背景下，分析我国物流业的碳排放现状，以及呈现怎样的排放特征和规律。在这一部分，本研究将碳排放的测算方法进行系统的梳理，结合物流业的特点，对我国 1995～2013 年的碳排放总量进行定量计算，并采用 LMDI 模型（Logarithmic Mean Divisia Index，LMDI，即对数平均迪氏指数法）对我国物流业碳排放的影响因素进行分解分析，从而挖掘影响我国物流业碳排放的主要因素及深层次的原因，为我国物流业的低碳化发展提供决策依据。

第三，在环境管制日趋严厉的背景下，物流企业低碳化发展的根本出路在哪里？环境技术创新是解决环境问题的根本途径，而且党的十八大报告中也明确提出，要充分发挥企业在环境技术创新中的主体作用，为此，本书针对物流企业的环境技术创新问题开展研究。在这一部分，本研究将从我国物流企业环境技术创新的现状及存在的突出问题入手，并结合物流业的特点，着重对我国物流业环境技术创新的具体路径进行深入剖析，包括考察物流运输、储存、包装、废弃物等主要环节，为物流企业实现经济效益和生态效益的和谐发展指明思路和方向。

第四，在环境意识普遍增强的今天，探索物流企业如何履行自身的社会责任。在环境管制不断加强的国际国内形势下，积极承担环境责任是企业社会责任的应有内容之一。本书详细探讨企业社会责任与企业竞争力之间的传导机制，并就企业对利益相关者的履责内容和履责程度与其竞争力之间的关联性进行实证研究，从而为企业拓宽发展思路、积极培育良好的合作伙伴关系提供理论指导。

第五，介绍物流业低碳化发展的国际经验。众所周知，美日欧的物流业低碳化发展不仅起步早而且成效好，因此，总结发达国家的发展经验，必将为我国物流业的低碳化改革提供一些启示。为此，本研究重点从发达国家物流业的发展历程、政策体系、发展经验等方面对其物流业的低碳化发展之路进行深入剖析，以期为我国物流企业碳减排提供一些启示，最终推动我国物流业实现经济效益与环境效益双赢。

1.2.2 研究内容

根据研究目的，本书的主要内容共分为九章，具体如下。

第一章，绪论。介绍本书的研究背景与研究意义、研究目的、研究内容、研究方法和技术路线，并指出本书的主要创新之处。

第二章，低碳物流的理论基础。首先对一些基本概念进行界定，分析低碳物流的基本内涵和特征，接下来从物流运输、物流储存、物流包装、流通加工以及废弃物处理等多个方面揭示物流对环境的影响，为人们全面客观地认识物流及物流的环境影响提供更加清晰的思路和框架，也为后期加快物流低碳化发展奠定理论基础。

第三章，低碳时代物流企业的竞争力研究。首先对国内外企业竞争力的相关理论进行系统的总结，重点阐述企业竞争力的影响因素，特别是低碳时代，企业竞争力的变化。其次在此基础上构建基于环境要素的企业竞争力分析模型，从而将企业竞争力理论与可持续发展相结合。最后，从政府、市场、资源和管理四个方面剖析低碳时代影响物流企业竞争力的重要因素，为物流企业提升其竞争优势提供理论指导。

第四章，低碳时代物流企业竞争力评价研究。首先对低碳时代物流企业竞争力评价模型构建的基本原则、构建流程、评价指标体系的结构设计、筛选流程、指标权重的确定，以及综合评价方法的选择与使用等问题一一进行阐述，这些研究也为其他产业竞争力评价提供了经验借鉴。其次，在此基础上，运用层次分析法和多级模糊综合评价法对实际物流企业——DB 物流公司进行案例研究，通过案例分析，一方面进一步检验前文提出的物流企业竞争力分析模型和综合评价方法的科学性和有效性，另一方面，所得出的评价结果既有助于企业实体认清自我，也可帮助管理部门认清现实，为了解我国物流企业真实的竞争力水平提供参考依据。

第五章，低碳时代我国物流业的碳排放测算研究。首先对国内外碳排放测算方法、减排路径的研究成果和研究动态进行全面系统的梳理，并对物流业碳排放的测算问题进行针对性的总结，指出现有研究的不足之处。其次，基于 1995～2013 年我国物流业能源消耗数据，对我国物流业的碳排放进行了测算，构建我国物流业碳排放影响因素的 LMDI 分解模型，在此基础上对能源消耗结构、物流运输规模、能耗强度、碳排放系数、运输方式等因素进行重点剖析，揭示我国物流业碳排放的特征。此外，本书还以河南省为例进行了省级层面的物流业碳排放研究，重点对河南省物流业碳排放与经济增长、能源消耗的关系进行研究，通过运用平稳性检验、协整检验、格兰杰因果检验、脉冲响应分析和方差分解分析等方法，揭示三者之间的关系，尤其是其相互动态影响和贡献值，为破解传统的物流碳锁定效应提供理论指导。

第六章，低碳时代物流企业环境技术创新研究。环境问题解决的根本出路在于技术创新，尤其是与环境相关的环境技术创新，物流业也不例外。为此，本书首先对相关领域的国内外研究进展和已取得的研究成果进行归纳梳理，并从我国物流业环境技术创新的现状出发，详细论证了我国物流业开展环境技术创新的必要性，以及面临的硬件难题和软件困难。其次，运用环境经济学理论、生态伦理学和低碳物流理论为物流业发展环境技术提供理论支撑。最后，抓住关键的、重要的四大物流环节，剖析物流业环境技术创新的具体路径，为物流企业及相关主体开展环境友好型技术创新提供改革思路。

第七章，低碳时代物流企业的社会责任研究。企业承担更多的社会责任不仅是提升企业竞争力的需要，也是低碳时代发展的内在要求。因此，越来越多的企业开始积极主动地开展企业社会责任建设。本书首先阐述了企业开展社会责任建设的必要性，以及相关研究的理论和现实意义。其次，剖析企业社会责任的基本内涵，并具体到物流企业，分析了物流企业社会责任的基本内涵，以及物流企业社会责任对其竞争力的影响。再次，从社会责任的履责对象、履责内容以及利益相关者反馈三个方面，深入研究物流企业社会责任的作用机理，为全面理解物流企业开展社会责任建设、提升企业竞争力水平提供了理论框架。最后，以51家我国上市物流公司为研究样本，就企业社会责任对其竞争力的影响进行了实证研究。

第八章，物流企业低碳化发展的国际经验。美日欧物流业不仅起步早，而且低碳化发展效果好，堪称世界物流业发展的标杆。为此，本研究详细梳理了这些发达国家及地区物流业的发展历程、相关政策体系和发展经验，以期为我国物流业的低碳化发展提供一些改革思路和经验启示。

第九章，低碳时代促进物流企业发展的政策建议。根据本研究取得的主要研究成果，同时结合我国物流业的发展现状以及国内外的发展形势，从政府部门、行业协会和企业三个层面提出促进我国物流业低碳化发展的政策建议。

1.3 研究方法与技术路线

1.3.1 研究方法

本书注重理论联系实际，坚持定性与定量相结合的基本原则，充分利用各学科的研究优势开展相关工作，概括起来，研究内容既有理论分析，也有实证研究，既有归纳总结等定性思维，也有评价测算等定量思维，在研究过程中综合运用环境经济学、计量经济学、竞争力经济学以及企业管理等多学科的理论知识。此外，还集中运用 Eviews、SPSS 等统计分析软件。总体而言，研究方法较多，具体运用如下。

（1）文献分析法

在研究前期，查阅国内外关于低碳经济和企业竞争力相关领域的研究成果，以及碳排放测算的基本思路和测算方法，准确把握该研究领域的研究进展和发展趋势，为本书的基础理论研究打下了基础，也为研究的开展指引了方向。

（2）专家访谈法

研究过程中开展了三次较大规模的专家访谈活动，它们分别集中在研究开展的前期、中期和后期三个阶段。其中，在研究开展的前期阶段，通过与该研究领域专家访谈并向其咨询，进一步凝练本书的研究目标、找准切入点；在研究开展的中期阶段，召开一次小型的专家论证座谈会，旨在对本书的研究方法和研究手段以及前期研究结果进行诊断，以保证本研究的顺利进行和圆满完成；在本研究接近尾声时，再次召集相关专家进行咨询活动，以期通过对研究成果作出批评与指正，为后续研究的开展奠定基础。此外，在进行研究的各个阶段也不定期与有关专家、政府主管部门领导和企业界高层管理人士进行互动，一方面这是本书固有的研究内容，譬如从事企业环境技术创新活动的动因与障碍性因素研究时，就需要了解企业层面的原因，在从事企业社会责任研究时需要向政界、商界和学界的诸多专家咨询；另一方面，广泛征集和吸收社会各界的学术观点有利于创新本书的研究思路，使研究内容更加客观有效，避免了研究中的主观臆断，有助于取得更为丰富的研究成果。

（3）定性分析和定量分析相结合

在物流企业竞争力评价指标确定的过程中，将定性指标和定量指标结合起来，增加了评价指标的可信度，减少了人为主观因素的干扰。在对物流企业的竞争力发展水平进行综合评价时，运用层次分析法和模糊评价分析法，使综合评价结果更加科学、合理和客观。

（4）理论研究和实证分析相结合

理论研究是实证研究的基础，实证研究是理论研究的发展，本书始终坚持将理论研究和实证研究紧密结合，具体体现在以下两个方面：其一，物流企业竞争力的评价模型建立之后，利用该综合评价模型，选取国内某物流企业，对该企业的竞争力发展水平进行了综合评价，并根据评价结果，对竞争力分析模型进行修正；其二，在研究企业社会责任时，首先对社会责任对企业竞争力的影响路径进行理论研究，随后以51家中国上市物流公司为样本进行实证检验。这种理论与实证相结合的研究思路不仅保证了理论分析科学、合理，也为后期政策建议的设计提供了科学依据。

1.3.2 技术路线

本书的研究思路和技术路线如图1-1所示：

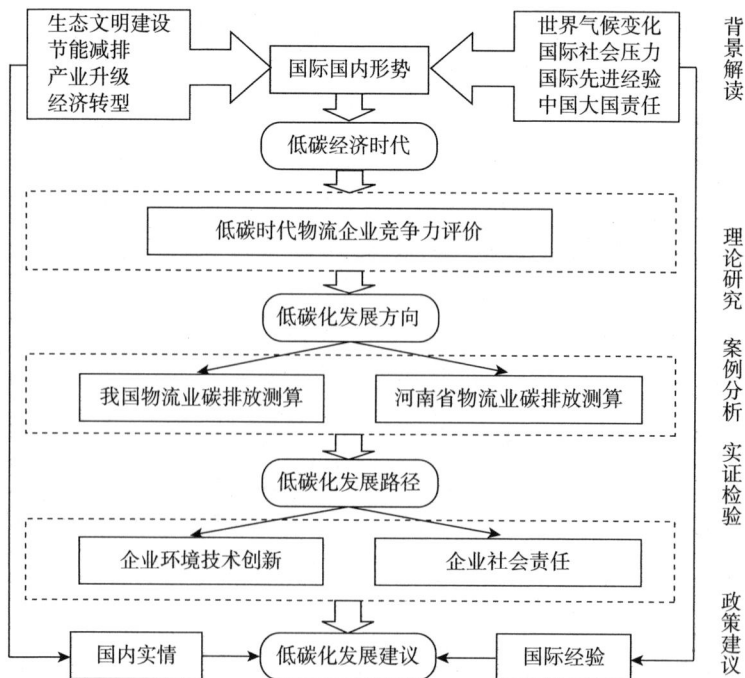

图1-1 本研究拟采用的技术路线示意图

1.4　研究创新

其一，研究视角新颖。本书并没有像过往研究那样着重论证环境管制与物流企业竞争力之间的关联性，而是从环境管制的外部压力出发，在环境管制理论和企业竞争力理论的基础上构建基于环境因素的企业竞争力一般分析框架，从而将企业竞争力理论推向可持续发展的新高度，在研究视角上具有一定的创新性。

其二，研究内容新颖。物流业一直是我国的高能耗高污染行业，本书从企业环境技术创新和企业社会责任两方面对其低碳化路径进行分析，并以理论与实证相结合的研究方法进行了详细论证，为企业实现低碳化发展提供了可操作的发展方向，这一研究内容在以往研究中还不多见。

1.5　本章小结

本章作为全书的绪论部分，主要介绍了本书的研究背景、研究意义和研究目的，并确定了本书的研究内容、研究方法和研究思路，构建了本书的总体研究框架，为后续工作的顺利开展做好顶层设计和方案规划。

2

低碳物流的理论基础

2.1 低碳物流的基本概念

2.1.1 低碳物流的起源

从时间跨度上来看，低碳物流还是一个较为新鲜的词，它的提出主要源于近些年来低碳经济的兴起。随着世界经济的不断发展，化石能源的过量消耗，二氧化碳等温室气体大量排放，全球气候逐渐变暖已经成为事实并且影响到人类社会的健康发展。尤其是 20 世纪 60 年代以来，人类环保意识逐渐觉醒，各国政府和绿色环保组织也加大了环保宣传，人类对于环境保护慢慢有了更为深刻的认识，为了避免全球气候变暖而导致的灾难性后果，促进人类社会的健康持续发展，一场世界范围内的"低碳革命"逐渐兴起（郑凯、朱煜，2012）。

世界各国和国际组织积极努力，共同推进低碳经济的发展。2003 年，英国的能源白皮书《我们的未来：创建低碳经济》中首先提出低碳经济的概念。书中强调未来发展中要通过技术创新、制度创新、产业转型、新能源开发等多种手段，尽可能地减少煤炭、石油等高碳能源消耗，减少温室气体排放，以达到经济社会发展与生态环境保护双赢的目的。2006 年世界银行首席经济学家领导下的《斯特恩报告》中也强调了低碳经济转型的重要性。2007 年，美国出台了《低碳经济发展法案》，确立了低碳经济在美国未来经济发展中的重要战略地位。同年 12 月，联合国气候变化大会制定了举世关注的"巴厘岛路线图"，其中明确要求发达国家将温室气体排放量减少 25% ~ 40%，以进一步推动全球低碳经济的发展，会上还商讨了两年后的联合国气候变化大会的主要议程。2009 年 12 月，联合国气候变化大会在丹麦首都哥本哈根举行，会议重点商讨了《京都议定书》一期承诺到期后即 2012～2020 年的全球减排方案，历经重重阻碍，会议最终达成了一份声明，虽然这份声明不具法律约束力且本次会议的结果并不十分理想，但也充分体现出世界各国对于减少温室气体排放重要性的认可。2011 年 12 月在南非德班召开了《联合国气候变化框架公约》第 17 次缔约方会议，与会各国激烈争论，经过各方积极磋商，最后建立了德班增强行动平台特设工作组，确定实施《京都议定书》第二期承诺，并决定启动首批绿色气候基金，这是一次艰难的会议，但也是一次具有里程碑意义的会议。2012 年 12 月，第 18 届联合国气候变化大会在卡塔尔多哈举行，会议最终决定将《京都协议书》有效期延长至 2020 年，欧洲一些发达国家也承诺将率先向绿色气候基金注资，本次大会虽然还留有许多需要继续解决的问题，但仍然取得了可喜的阶段性成果。面对日益增多的全球性气候灾害，世界各国必须放下成见、切实采取行动。保护全球气候的道路还很漫长，行动也会更加艰辛，但希望与困难并存，也只有行动才能完成救赎。

物流是支持国民经济发展的"血脉"，由于自身的行业特点，物流业在低碳经济发展中发挥着举足轻重的作用。从微观层面来看，物流行业本身就是化石能源消耗大户，碳排放量巨大，合理设计物流系统能够有效地减少能源消耗，减少碳排放。从宏观层面来看，物流是连接经济系统和生态系统的"桥梁"，在社会经济活动中，物流连接着生产、流通、消费、回收的全部过程，物流管理的改进可以直接提升社会资源的利用效率，减少资源浪费，降低污染损耗，这与低碳经济的发展目标是完全一致的。在世界"低碳革命"的时代背景下，发展低碳物流不仅是低碳经济建设的重要组成部分，也是未来物流发展的必然趋势。

2.1.2　低碳物流的基本内涵

低碳物流是现代物流在低碳经济理论的基础上发展而来的，由于低碳物流的概念常常与"可持续发展""生态经济""绿色经济"等概念联系在一起，从宏观层面来看，"低碳经济"与"可持续发展""绿色经济""生态经济"的理念是相通的，如果进行绝对意义上的区分，其实际意义相差并不大，虽然有一部分学者在研究中从物流过程的角度将"低碳物流"和"绿色物流"进行了详细的比较分析，但从概念本质、发展方向、发展目标上来看，绿色物流和低碳物流的概念是一致的。

国内很多学者都对低碳物流进行了定义，但由于研究视角和侧重方向的差异，学者们对低碳物流还没有形成一个统一的概念。例如，王长琼（2002）认为，低碳物流就是以降低环境污染程度，减少能源消耗为目标，利用先进的物流技术，规划和实施运输、储存、包装、装卸、流通加工等物流活动。李蜀湘和陆小成（2010）认为，低碳物流就是以应对全球气候变化为背景，以科学发展观、低碳经济、物流管理等理论为基础，以节能减排、低碳发展为基本要求，抑制物流活动对环境的污染，减少资源消耗，利用先进低碳物流技术规划并实施低碳物流活动。王国文（2010）认为，低碳物流就是将低碳、环境保护思维融入所有的物流和供应链环节之中，形成从原材料采购到产业设计、制造、交付和生命周期支持的完整的绿色供应链体系。苏明（2011）认为，低碳物流重点突出了对物流过程中碳排放的控制，从物流环节的组成来看就是要实现低碳运输、低碳储存、低碳配送、低碳包装和低碳流通加工。徐旭（2011）认为，低碳物流就是以低能耗、低污染、低排放为目标的物流，低碳物流主要就是物流环节和物流管理全过程的低碳化。

通过对现有资料进行梳理，可以发现很多学者在对低碳物流进行定义时重点考虑的是物流环节的低碳控制和物流系统的优化设计这两个方面，过于细化的概念界定虽然具有较强的专业针对性，但是从宏观的低碳经济政策角度来看就过于狭隘了。因此，综合国内外学者的研究观点，本书认为，在对低碳物流进行定义时，从物流的角度来看就不能仅局限于物流环节的优化设计，而要从整个物流系统的全局角度统筹考虑，从技术、管理、规划三个方面全面提升物流系统的运行效率；从环境政策的角度来看，低碳物流就不再是单纯的物流低碳化，而是要在整个物流活动过程中最大限度地减少对生态环境的污染；从经济效益的角度来看，低碳物流不是要牺牲经济利益去保护环境，而是要在获得经济利益的同时兼顾社会利益，最大限度地降低能源消耗、减少环境污染，最大限度地提高社会物资利用效率。

在结合众多学者研究的基础上，本书把低碳物流定义为：所谓低碳物流，就是通过利用先进的物流技术、合理的物流系统设计、科学高效的管理方法，全面优化整个物流系统的运行效率，最大限度地减少整个物流活动过程中的环境污染和能源消耗，以实现可持续发展为最终目标的现代化物流。

2.1.3 低碳物流的特征分析

从低碳发展的理论内涵来看，物流企业追求低碳发展不仅适应了人们对于低碳减排的环保需求，也能保证企业实现可持续发展的经济需求，这是一个双赢的结果。这也点出了物流企业发展低碳物流的内涵，企业发展低碳物流实质就是要实现环境保护、经济效益、社会责任三者之间的协调统一。

其一，发展低碳物流解决了物流企业经济发展与环境保护之间的矛盾。

日益严峻的环境形势告诉我们，过去以牺牲环境来换取经济发展的粗犷模式已经被历史所否定，走可持续发展的道路，发展低碳经济，才是人类正确的选择。低碳物流正是适应了可持续发展的基本要求，解决了物流企业经济发展与环境保护之间的基本矛盾。我国的物流企业从整个行业的发展来看还处于由传统物流向现代物流转化的过渡期，企业的运作还依然倚重对化石能源的消耗，能源消耗带来的巨大碳排放则贯穿于整个物流过程。发展低碳物流，对企业的内部资源进行合理的整合，对各个物流环节进行系统优化，不仅能提升物流企业的运作效率，还能有效降低能源消耗，最终使物流企业的经济效益与保护环境之间的基本矛盾得以解决。

其二，发展低碳物流是保障物流企业可持续发展的根本途径。

物流行业高速发展的背后，行业内部一系列的问题也日益凸显，物流行业的内部整顿已经势在必行。物流企业能否健康持续发展受企业外部环境和企业内部环境的双重影响。从企业的外部环境来看，环境管制的加强，市场竞争的加剧，消费者绿色消费理念的觉醒，都使物流企业面临着巨大的发展压力。从企业的内部环境来看，企业管理模式的改进，物流技术的革新，员工素质的提升，营销模式的发展，又给企业的发展提供了充足的动力。从发展趋势来说，基础设施落后、发展粗犷、污染严重的物流企业必将被市场竞争所淘汰，企业只有适应外部不断变化的竞争环境，不断调整企业的发展战略，才能实现持续健康的发展，而"低碳物流"正是物流企业在日趋激烈的市场竞争下的必然选择。

其三，发展低碳物流满足了物流企业承担社会责任的基本要求。

企业是社会的一个重要组成部分，企业的生存发展离不开所处的社会环境，现代企业的发展理念中特别强调了企业社会责任的重要意义，企业在获取经济效益的同时，还肩负着促进社会发展的巨大责任，企业的能力越强，其所担负的社会责任就越大。对于物流企业来说，保障人民的基本物流需求是物流企业的基本社会责任，而节约资源、减少污染排放是企业社会责任十分重要的一个方面，发展低碳物流也正是满足了物流企业承担社会责任的基本要求，有利于实现企业经济效益和社会效益的协调统一。

2.2　物流对环境的影响

基于传统物流不可避免地造成环境污染这一事实，我们应积极倡导并开展绿色物流。以下仅从物流各环节与环境的关系角度来谈谈物流对环境的影响，即绿色物流的成因。

2.2.1　物流运输对环境的影响

作为物流活动中最重要、最基本的活动之一，运输环节对环境的影响是不容小觑的。现在，大部分运输工具排放的大量有害气体不仅对大气造成严重的污染，还损害了道路周边植物的生存健康。如大家都熟悉的酸雨，破坏大气臭氧层，影响生态平衡。另外，交通运输工具在使用过程中还会给人类带来噪音污染，尤其是居住在道路附近的居民更是深受其害，这些都不利于人们的身心健康。

（一）我国物流运输的发展现状

一般地，物流运输规模越大，对环境造成的危害也就越多，而物流运输规模的突出表现就是货物量，为此本书将从货运量的角度研究我国物流运输对环境的影响。物流行业主要的运输方式有铁路、公路、水运、民航、管道等，不同运输方式的年货运量明显不同，图2-1显示了我国进入21世纪以来各类运输方式的年货运量。

从图 2 - 1 可以看出，2001～2013 年民航的货运量最低，其次是管道，且两者的差距较小。铁路和水运的年货运量明显高于民航和管道，但低于公路的年货运量。与铁路、水运、民航和管道相比，公路的年货运量遥遥领先，占年货运总量的 70% 以上，明显高于其他运输方式的货运量，且差距逐渐拉大。此外，从增长趋势来看，民航的增长趋势较不明显；管道的年货运量呈上升趋势，特别是自 2007 年以来增速尤为明显；铁路和水运的年货运量呈逐年上升趋势，2001～2009 年铁路的年货运量略高于水运，但 2010～2013 年水运的年货运量开始略高于铁路；公路的年货运量增长趋势最为明显，且增幅较大，2013 年公路货运量略有下降。由此可见，公路物流是我国物流业最主要的运输方式，短期内这一格局不会发生变化。因此，下面重点针对公路物流的运输开展详细研究。

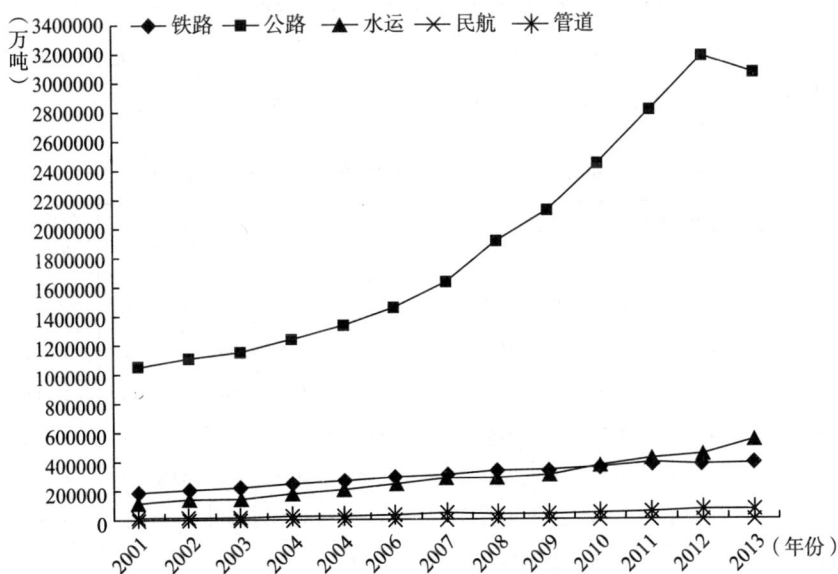

图 2 - 1　2001～2013 年我国各类运输方式的货运量对比

（二）公路运输的碳排放特征

根据国家发改委综合运输研究所的研究，交通运输、仓储及邮政业的能源消耗总量中，邮政业的能源消耗只占很小的一部分，交通运输和仓储的能源消耗高达 93%。因此，本节将统计年鉴中交通运输、仓储及邮政业的能源消耗看作物流行业的能源消耗。

从表 2-1 可以看出，2000～2012 年我国的能源消耗总量呈逐年上升趋势。在这期间，物流业发展迅猛，经济高速增长，物流行业能源消耗也在不断攀升，2000～2009 年，物流业的能源消耗占全国能源消耗总量的比重一直维持在 7.7%～8.0%，2010～2012 年以来，这一比例不降反升，已经达到 8.7%，由此可见物流业能源消耗之大。在此期间，物流业中的公路运输所消耗的能源总量也均呈现逐年上升趋势，公路物流能源消耗从 2000 年的 5620.80 万吨标准煤上升到 2012 年的 15762.36 万吨标准煤，大约增长了 2 倍。从历年能源消耗总量来看，公路物流的能源消耗在 2000～2002 年增长较为平缓，从 2003 年开始公路物流的年能耗增长较为明显，增长幅度较大，增长速度较快。从 2009 年开始，公路物流的年能耗增长速度进一步提高。2000～2009 年，公路物流能耗占能源消费总量的比重基本维持在 3.9% 左右，变化幅度不大。2010 年公路物流的能耗在能源消耗总量中所占的比重超过 4%，且此后增速明显加快，成为新的能耗增长点。据此发展趋势推断，公路物流的能耗未来还会逐渐增加。

表 2-1　2000～2012 年我国公路物流的能源消耗及碳排放

年份	能源消耗（万吨标准煤）			公路物流能源消耗所占比例（%）	碳排放（万吨）		公路物流碳排放量占总量的比例（%）
	能源消费总量	物流行业能源消耗	公路物流能源消耗		碳排放总量	公路物流碳排放量	
2000	145531	11241.59	5620.80	3.8623	284975.00	3396.58	1.1919
2001	150406	11613.11	5806.56	3.8606	296957.60	3522.24	1.1861
2002	159431	12313.22	6156.61	3.8616	346484.30	3750.51	1.0824
2003	183792	14116.19	7058.10	3.8403	406923.90	4306.33	1.0583
2004	213456	16642.21	8321.11	3.8983	508978.00	5079.18	0.9979
2005	235997	18391.01	9195.51	3.8965	551270.30	5639.58	1.0230
2006	258676	20284.23	10142.12	3.9208	581714.40	6241.91	1.0730
2007	280508	21959.18	10979.59	3.9142	625670.40	6769.46	1.0820
2008	291448	22917.25	11458.63	3.9316	680046.80	7161.34	1.0531
2009	306647	23691.84	11845.92	3.8630	712015.80	7507.82	1.0544
2010	324939	26068.47	13034.24	4.0113	700412.50	8358.98	1.1934
2011	348002	28535.50	14267.75	4.0999	765102.40	9279.41	1.2128
2012	361732	31524.71	15762.36	4.3575	795413.60	10268.29	1.2909

资料来源：2001～2014 年《中国统计年鉴》。

根据国家发改委综合运输研究所的研究，公路物流的能源消耗占物流行业能源消耗总量的 50% 左右。根据物流业对各种能源的消耗量、每种能源的碳排放系数，最后计算得到公路物流的碳排放情况，计算结果如表 2-1 所示。由此看出，2000~2012 年我国的公路物流碳排放量与碳排放总量均呈逐年上升趋势，且增长趋势基本一致。2000 年公路物流的碳排放量为 3396.58 万吨，到 2012 年上升到 10268.29 万吨，增长了 2.02 倍。2000~2004 年，公路物流的碳排放量在碳排放总量中所占的比重呈下降趋势，但幅度不大，说明在此期间公路物流的碳排放增长速率略低于碳排放总量的增速。2005~2009 年，公路物流的碳排放量在碳排放总量中所占的比重处于"震荡"状态，但变动不明显。2010~2012 年，其所占的比重明显上升，最高约达到 1.29%，说明公路物流的碳排放增速高于全国碳排放总量的增速。从平均增速来看，2000~2012 年我国碳排放总量的平均增长速度为 8.93%，公路物流碳排放量的平均增长速度为 9.66%，明显高于全国碳排放总量的增速。综合以上分析看出，我国物流运输由于受运量、能源结构、运输效率等诸多因素的影响，已经成为我国重要的碳排放来源，对环境的负面影响不容小觑，且短期内这种不利影响还会继续蔓延。正是由于运输过程中存在上述弊端，我们更应该期待低碳物流尽快发展。对物流企业而言，尤其应加大对货运网点、配送中心的合理布局与规划设置，改进内燃机技术，使用清洁燃料，以提高效能，减少运输过程中的尾气排放，从而降低对环境的负面影响。

2.2.2 物流储存对环境的影响

储存是物流活动的重要环节，是指商品在到达消费者手里之前，在特定时间、特定场所的停滞活动。在这一过程中，不仅可以实现集散、转运等运输方式的变更，而且可以对商品进行加工、检验或保管，从而实现商品价值的增值。此外，储存活动还可以调节商品的供给时间，从而保障商品市场的平稳与协调发展。由此可见，储存活动是物流运输业的重要环节。一个看似简单的过程，储存活动与环境也有着紧密的联系。比如储存周期、储存场地、仓库布局等都与能源消耗有关，此外一些危险品（如化学物品）如果保管不善或方法不当常常会爆炸或泄漏，对周边环境的污染和破坏是相当严重的。鉴于我国对储存活动缺乏详细的统计数据，仅有货物周转量的统计数据，为此，本节以货物周转量代表储存环节研究物流储存活动的环境影响。

下面首先对 1995～2014 年我国物流运输的货物周转量进行统计分析，具体包括铁路周转量、公路周转量、水路周转量、远洋运输的周转量、民航货物运输的周转量以及管道运输的周转量，在此基础上计算出近 20 年来我国货物运输的周转总量，如表 2 - 2 所示。

表 2 - 2　1995～2014 年我国的货物周转量统计数据

单位：亿吨公里

年份 指标	2014	2013	2012	2011	2010	2009	2008
总量	185837.42	168013.8	173804.46	159323.6	141837.42	122133.31	110300
铁运	27530.19	29173.89	29187.09	29465.8	27644.13	25239.17	25106.28
公路	61016.62	55738.08	59534.86	51374.74	43389.67	37188.82	32868.19
水运	92774.56	79435.65	81707.58	75423.84	68427.53	57556.67	50262.7
远洋	55935	48705	53412	49355	45999	39524	32851
民航	187.77	170.29	163.89	173.91	178.9	126.23	119.6
管道	4328.28	3495.89	3211.04	2885.44	2197.19	2022.42	1944.03

年份 指标	2007	2006	2005	2004	2003	2002	2001
总量	101418.81	88839.85	80258.1	69445	53859.2	50685.9	47709.9
铁运	23797	21954.41	20726	19288.8	17246.7	15658.4	14694.1
公路	11354.69	9754.25	8693.2	7840.9	7099.48	6782.5	6330.4
水运	64284.85	55485.75	49672.3	41428.7	28715.8	27510.6	25988.9
远洋	48686	42577	38552	32255	22305	21733	20873
民航	116.39	94.28	78.9	71.8	57.9	51.55	43.72
管道	1865.89	1551.17	1088	815	739	683	653

年份 指标	2000	1999	1998	1997	1996	1995	
总量	44320.5	40567.8	38088.7	38384.7	36589.8	35908.9	
铁运	13770.49	12910.3	12560.1	13269.9	13106.2	13049.48	
公路	6129.4	5724.3	5483.38	5271.5	5011.2	4694.9	
水运	23734.2	21262.8	19405.8	19235	17862.5	17552.2	

指标＼年份	2000	1999	1998	1997	1996	1995
远洋	17073	17014	14920	14875	11254	11938
民航	50.27	42.34	33.45	29.1	24.93	22.3
管道	636	627.93	606	579	585	590

注：2008 年公路、水路运输量统计口径有调整。

为了进一步反映货运周转带来的环境影响，本节对各种碳排放进行了测算。在碳排放的计算过程中分别采用了两种方法：其一是根据不同能源的碳排放系数以及各种能源的消耗量来计算碳排放总量；其二是根据投入产出表中的物流运输与各工业部门的前后关联计算物流运输的直接消耗系数，再利用碳排放系数与直接消耗系数相乘得到直接碳排放系数，再乘以相应的产品消费量，就可以得到直接碳排放总量。单位货物周转量碳排放是指单位货物周转量的碳排放强度，货物周转量不仅包括运输对象的数量，同时考虑了运输距离，能较好地反映储存环节的环境影响，具体计算是实际运送货物吨数与货物平均运距相乘。根据物流业货物周转量及碳排放量，对单位货物周转量碳排放量的计算结果见图2-2。

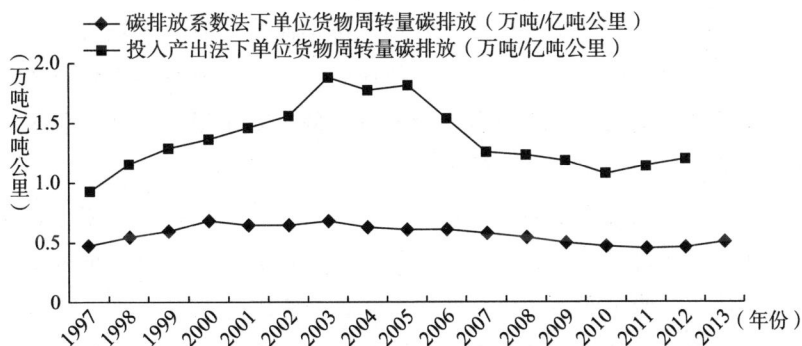

图2-2 两种测算法下我国物流业单位货物周转量碳排放变化趋势

由图2-2得出，两种测算方法下我国物流业单位货物周转量的碳排放整体上呈先上升后下降的趋势，同物流业增加值碳排放强度一样，碳排放系数法下碳排放强度波动幅度小于投入产出法下的波动幅度。下面对投入产出法的单位货物周转量的碳排放进行分析。单位货物周转量碳排放从

1997～2003 年呈不断上升趋势，即从 0.93 万吨/亿吨公里上升到 1.88 万吨/亿吨公里，这是由于我国物流业发展初期行业运作系统不够完善，行业运作效率低下，而且 2004 年以前国家还没有将物流行业减排工作列为重点，致使行业运营效率低的同时能源使用效率也比较低，最终导致单位货物周转量碳排放不断上升；2004 年以后，随着一系列节能减排政策的推出以及对环境污染的限制，我国物流系统进行了各方面的完善，运作效率有了大幅度提高。这两方面原因使单位碳排放量开始下降，从 2005 年的 1.81 万吨/亿吨公里下降到 2010 年的 1.09 万吨/亿吨公里，但 2010～2012 年单位碳排放又有小幅度上升，这一点应引起有关部门的重视。

从以上分析可见，发展低碳物流除了要加强能源结构的调整以及加快新能源的开发与推广之外，物流企业自身还应该进一步提高其运作效率。对于储存环节而言，就是发展低碳化储存，加强对仓库的科学规划，做到仓储场所的合理布局，降低储存设施的能耗指标，使储存造成的环境污染尽可能减到最少。

2.2.3 物流包装对环境的影响

包装是物流运输的必要环节，一方面，合理包装不仅能有效保护商品，而且还是开展商品运输、保管、储存、销售的必要组成部分；另一方面，有效包装也是对商品进行分类管理、科学储存的有效手段之一。尤其是随着市场竞争日益激烈，包装在某种程度上也是企业参与市场竞争的重要方法，是扩大市场销售、赢得消费者青睐的重要手段。因此，包装在现代物流中的地位和作用将越来越重要。

不同商品的包装要求不一，包装费用也不尽相同。概括起来，包装费用主要涉及包装材料、包装技术、包装设备、包装人工以及其他辅助设施等。据统计，一般工业品的包装费用占流通总费用的 10% 左右，生活用品的包装费用比工业品高，甚至在总费用中所占比重高达 40%～50%。由此可见，降低包装费用本身就是节约资源、保护环境。

物流包装对环境的影响体现在两个方面，其一是包装材料的污染。如人们熟知的白色塑料污染，这些白色物质不易降解，在自然界滞留时间还比较长，因而成为环境保护中需重点处理的一个环节。其二是过度的包装或重复的包装，造成资源浪费。物流企业发展低碳化包装就是要求包装材料要尽量避免难降解物质的使用，增加对可收回、再循环利用物质的使用，同时也要减少重复包装对资源造成的浪费。国家邮政局统计数据显示，2015 年我国快递业务量达到 200 亿件，快递业的蓬勃发展需要消耗巨大的包装材料，而且很多快件几乎都是一次性包装，很少有企业将这些包装材料回收利用，这就造成了巨大的资源浪费。此外，目前的这些包装物料中存在大量的不可降解、不可回收的包装材料，这些材料不仅带来严重的垃圾处理问题，而且也造成严重的环境污染。因此，倡导绿色包装、简化包装、鼓励包装材料的资源回收利用已刻不容缓。

2.2.4　物流加工对环境的影响

作为提高商品附加价值、促进商品差别化的重要手段之一，流通加工的重要性与日俱增。但不合理的流通加工方式会对环境造成负面影响。比如流通中心的选址不合理，会引起费用的增加、有效资源的浪费，而且运输量的增加会产生新的污染；另外，过于分散的流通加工产生的边角废料难以有效回收再利用，不仅造成资源的浪费还会产生废弃物污染。针对上述加工环节存在的问题，低碳化流通加工就是要求加工中心的选址要恰当，要综合考虑资源的利用效率和对环境产生的影响。

2.2.5　装卸搬运对环境的影响

装卸搬运贯穿物流的始终，也会对环境产生影响。装卸不当，会造成商品的损坏，引起资源浪费和产生废弃物，比如化学液体商品的破漏，造成水体污染、土壤污染等；化学气体商品的破漏，造成大气污染、动植物污染等，这些污染不仅带来经济上的损失，也不利于我们的环境保护。随着装卸搬运机械化水平的提升，装卸搬运的效率大大提高，与此同时，装卸搬运过程中消耗的能源也与日俱增，这是因为，装卸搬运过程中的燃料和动力主要依靠电力、机油、润滑油等。此外，装卸搬运过程中还会消耗大量的轮胎、劳保用品、搬运工具以及零配件耗材等，其中相当比例的耗材是不可回收利用的，这不仅造成大量的资源被消耗，还会带来大量废弃物的处置问题，引发的环境污染也应该引起有关部门高度重视。而绿色装卸搬运正是从节约资源和降低污染方面考虑的，这与我们追求可持续发展的总目标是不谋而合的。

2.3   本章小结

本章首先对低碳物流的基本概念、内涵和特征进行了全面系统的整理与分析，为后期低碳物流的研究提供了基础理论。接来下，针对物流各环节产生的环境问题进行了深入细致的分析，重点包括物流运输、物流储存、物流包装、物流加工和装卸搬运五个核心环节，为深刻理解加快物流业低碳发展的必要性和重要性提供了现实依据。

3

低碳时代物流企业的竞争力研究

3.1　企业竞争力理论

企业竞争力理论最早可追溯至古典经济学理论，其中具有代表性的理论主要有亚当·斯密（Adam Smith）提出的社会分工理论和大卫·李嘉图（David Ricardo）提出的比较优势理论，虽然在这些极具代表性的理论中学者们并未直接对企业竞争力进行全面的研究，但是其中所蕴含的思想为研究企业竞争力奠定了基础。20世纪80年代，哈佛大学教授迈克尔·波特（Michael Porter）提出产业结构理论，标志着较为系统的竞争理论研究体系正式形成，自此之后，各国学者对企业竞争力理论的研究逐渐展开，发展至今，已经形成了一套较为丰富的主流企业竞争力研究理论体系。

3.1.1　企业竞争力的概念

企业竞争力自提出以来，虽历经众多国内外学者的研究，却并未形成统一的标准和明确的概念，通过回顾国内外文献不难发现，学者们从不同的视角对企业竞争力的概念进行了界定。

（1）市场环境观

世界经济论坛（The World Economic Forum，WEF）是首个基于市场环境观来界定企业竞争力边界的正式组织，其于1985年发布的《关于竞争力的报告》将企业竞争力定义为"企业在现在和未来的特定发展环境下，所具备的某种生产和销售与国内外竞争对手相比更有价格和质量优势的产品或劳务的能力和机会"。国内著名学者金碚（2001）也从市场环境观的角度对企业竞争力进行界定，他认为企业竞争力是一个处于充满竞争性和开放性的市场中的企业所具备的相比于其他企业竞争对手能更持续、更高效地向市场（消费者，包括生产性消费者）提供产品或劳务，并以此实现企业经济效益提升和全局发展的某种优良素质。

（2）资源基础观

Wernerfelt（1984）和 Barney（1991）等基于企业资源基础理论将企业竞争力定义为企业通过提高所占有资源的质量或通过比竞争对手更有效地配置资源而获得的不易被竞争对手模仿的竞争优势的能力。彭丽红（2000）也从资源基础理论的角度出发对企业竞争力进行定义，她认为企业竞争力是一种支撑企业长久发展的重要优势，而这种优势来源于企业在一定环境下为形成并获取的极具持续性、稀缺性、独特性的各类资源而创造的产品或服务上的优势。

（3）企业能力观

企业能力理论源于普拉哈拉德（C. K. Prahaladand）和哈默尔（Gary Hamel）二人于 1990 年在《哈佛商业评论》上发表的《公司核心能力》一文，文章一经发表，学术界便掀起了对企业核心能力理论的研究热潮。在《公司核心能力》中，普拉哈拉德和哈默尔认为，企业的竞争力主要源于企业核心能力，其所具备的充分用户价值、独特性、延展性可创造企业价值、降低运营成本、提供众多市场，从而使企业获得难以被对手模仿的竞争优势。东京大学教授藤本隆宏（Takahiro Fujimoto）认为可以从企业具备或即将具备的 3 个层面的能力来综合考察企业竞争力的深层内涵：静态的能力，即企业目前已实际达到的竞争力水平；改善的能力，即企业不断维持和提升竞争力的能力；进化的能力，即企业综合创造前两者的能力。

（4）企业知识观

企业知识理论源于企业核心能力理论而又区别于企业核心能力理论，其内涵更多的是从企业学习和创新的角度而确立的。美国竞争力委员会主席乔治·M. C. 菲什从企业知识观的视角出发，认为企业竞争力是企业所具备的一种创造并利用企业知识的能力，这种创造性能力相对于竞争对手而言具有更强的为其创造优势的机会。张红凤（2008）指出在经济全球化发展的背景下，一种全新的基于知识和创新的竞争模式正日渐形成，相对于以往企业凭借各自的生产能力展开的竞争而言，这种新模式下的竞争更加关注的是企业创造新知识的能力。孙明华（2009）在其研究中指出，企业的竞争力是企业创造、开发、配置和保护资源的一种创新能力，而区分这种创新能力的关键在于企业既有的知识存量，企业之间能力的差别实际上由各自所拥有的知识存量反映出来，能力作为知识存量的外在表征而存在。

3.1.2 企业竞争力的影响因素

基于企业竞争力在不同层面上的内涵，国内外学者主要围绕产业结构理论、资源基础理论、核心能力理论和知识基础理论从不同的角度探究企业竞争力的影响因素。

（1）产业结构

产业结构理论的代表性人物是美国学者迈克尔·波特（Michael Porter），20 世纪 90 年代，他指出企业的竞争优势来源于两个深层次因素：特定产业环境下的潜力和位势（迈克尔·波特，1997）。其中，潜力是一个企业在该产业环境中持续创造经济效益的可能性，而位势则是指企业在特定的产业结构下相对于竞争对手而言所拥有的地位。在这两个深层次因素中，产业的潜力是实现企业持续性盈利的根本保证，而产业的竞争状况则决定着该产业是否充满吸引力。同时，他还指出潜在进入者、替代品的威胁、买方砍价实力、卖方砍价实力以及同行业竞争者将一起构成影响产业竞争状况的五种基本竞争力量。企业生存发展的环境和企业之间的竞争关系是影响企业竞争力的第一外部要素，因此，企业需要在特定的产业结构下对决定产业竞争状况的五种基本竞争力量进行深入剖析，探究其作用机理，从而创造独有的竞争优势。

（2）资源基础

迈克尔·波特等人提出的产业结构理论着重强调市场所发挥的作用，即在讨论影响企业竞争力的因素时主要将其设定在产业或行业范围内，认为企业获取竞争优势的关键在于选择合适的产业、行业，并进行合适的定位，而忽视了企业内部资源所发挥的作用。为全面考察影响企业竞争力的因素，学者们将企业的内部要素禀赋作为影响企业竞争力的重要变量考虑进来，并由此提出资源基础理论。胡大立等人（2007）指出，企业所处的外部环境只是其获取竞争力的外在条件，企业资源才是提升企业竞争力的内部动因，企业内外部资源的有效互动将为其带来重要的优势。企业资源是指企业拥有或控制并能为其所用的包含物力、人力、组织资源在内的一系列有形和无形资产，对企业的价值和贡献主要表现在：通过直接利用资源，创造出如规模集聚效益和良好的声誉形象等优于竞争对手几倍的价值，从而创造持续性的竞争优势。同时，企业的资源也是企业能力的基础，对企业的价值创造也将产生间接影响。

（3）核心能力

核心能力理论是在资源基础理论的基础之上进一步发展起来的，学者们在研究的过程中发现企业仅依托外在环境和内部资源来提升竞争力是远远不够的，如何充分利用所处环境，对资源进行合理的使用和优化配置才是企业获得独创性竞争优势，实现长远发展的内在影响因素。能力学派认为，企业的能力是企业通过配置并优化获取的资源，实现企业长远发展目标的一种禀赋，每一个企业具备的创造性地进行资源配置和优化的能力凝聚成企业的核心能力。核心能力的构成要素涵盖了劳动者的专业技能、企业拥有的专利技术、企业运作的管理体系和企业的文化价值观念等，这些技能和知识所具备的独特性和难以模仿性，使企业的战略高度与其他企业区别开来，从而为其带来专属而又稀缺的竞争优势，最终创造更多的超额价值。

（4）知识基础

在时代不断更新和环境的飞速变化中，企业的核心能力常无法实现同步的提升，滞后性的改变使其往往容易出现核心刚性——企业原有的核心能力不仅不能为企业创造竞争优势，反而会形成企业发展的桎梏。众多学者在此基础上进一步融合产业结构和能力理论，提出了企业知识基础理论。知识基础理论认为，企业所拥有的知识对其竞争对手而言应是难以模仿的，即企业的默会知识（Tacit Knowledge）所具备的独特性对企业的竞争力将产生重要的影响。默会知识的过程性决定了企业的竞争优势是难以模仿的，即竞争者若不参与竞争过程将无法体会到这种知识的存在；默会知识的完整性决定着竞争对手只能模仿明晰知识，而无法学习默会知识，这使企业保持隐蔽的竞争优势；默会知识的不明确性决定着企业的竞争对手无法确定要模仿的核心因素，以及如何进行模仿，从而使企业永葆核心能力，并难以被竞争对手模仿，创造独有的企业竞争优势。

基于对企业社会责任理论、利益相关者理论和学者们对企业竞争力概念的界定与对影响因素的研究、回顾与综述，本书结合研究目的和研究方法，将物流企业竞争力定义为物流企业在供应链各个环节的运作过程中，通过对满足不同利益相关者利益诉求而对各类形态的资源进行优化配置所产生的难以被竞争对手模仿的集规模效益、增长效益和效率效益于一体的能力总和。

3.2　环境因素对企业竞争力的影响机制分析

迈克尔·波特指出，企业的竞争优势主要体现在成本优势和产品差异化两个方面，企业若要保持这种竞争优势，就必须不断地提高产品质量或改善服务，提高生产效率，以此不断提高企业的市场竞争力。从这个角度来看，低碳时代加强环境管制的实质就是要把企业的外部成本内在化，将环境保护成本转移到企业产品或服务中，因此环境因素对企业竞争力的影响也主要体现在对企业的成本控制和产品服务创新两个方面（见图3-1）。

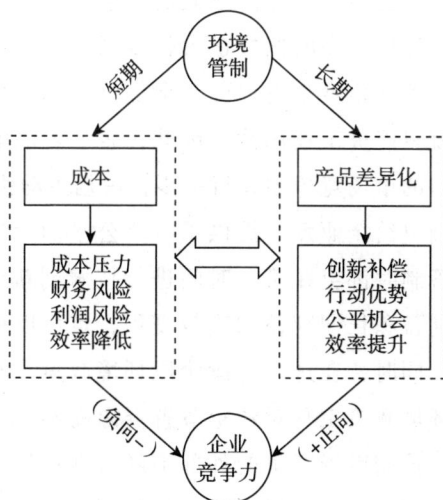

图3-1　环境管制对企业竞争力的影响机制

从短期来看，低碳时代政府加强环境管制不可避免地加大了企业的运作压力，环境税费和环境技术标准的实施将使企业生产成本直接增加。由于企业的运转资金是有限的，用于环境技术创新的资金投入又占据了一定的资本空间，这也间接增加了企业的财务风险。另外，低碳时代的技术创新并不能在短时间内为企业带来直接价值，但对企业有限资源的占用却能够降低企业的生产管理效率。从市场反应来看，作为对成本增加的回应，很多企业选择提升产品或服务的价格，产品或服务价格的上升将会直接影响企业的市场需求，使得企业的利润面临严峻的考验，这一连串的反应最终将对企业的竞争力产生负面的影响。

企业竞争优势的培育是一个长期的挑战过程，而竞争优势从根本上看源自企业的不断创新、完善和改变。企业若要获得持续的竞争优势就不能停止创新，企业如若停滞不前必将被竞争对手赶超。而维持竞争优势的方法唯有创新，延续竞争优势还需要企业对自己已获得的竞争优势进行不断的发展，否则初级阶段的优势将很快被模仿超越，竞争优势也将不复存在。因此，从长期来看，在低碳时代环境管制的外部压力下，企业若要长期稳定地保持竞争优势就必须树立绿色环保的发展理念，勇于承担应有的社会责任，努力寻求环境技术创新，实现环境保护与企业发展双赢。

首先，环境管制能够促使企业获取市场竞争的先动优势。从市场需求的角度来看，绿色环境已经成为经济发展的必然趋势，随着消费者环保意识的提升，消费者对绿色产品的偏好也大幅度增加，绿色市场有着巨大的发展前景。从市场竞争的角度来看，面对愈加严格的环境标准，企业如果不主动进行创新，就只能被市场淘汰。因此，企业若能够率先进行环境技术创新，就能在激烈的市场竞争中先行一步，占据主动优势。

其次，环境管制也给企业发展提供了一个公平的竞争机遇。并不是所有企业在面对环境管制时都会在第一时间进行技术创新或者环境投资，企业要面对一个短期利益和长期利益的决策过程，也可以称之为企业进行环境创新的过渡阶段。同时，在这个过渡阶段环境政策工具还起到调节、缓冲的作用，一方面环境政策工具对希望节省资源而不愿进行环保投资的企业施加外部压力，以控制市场竞争的外部不经济性；另一方面环境政策工具也给愿意进行环境创新的企业提供一个外部缓冲的机会，以赢得环境创新的时间，控制总成本。总而言之，环境管制给市场竞争中的企业提供的创新机遇是公平的，关键在于企业的战略选择。

最后，环境管制能够激励企业进行环境创新，提高生产效率，以获得创新补偿。环境管制的目的就是促进企业减少污染排放，而污染本身就是企业生产无效率的一种表现形式，环境管制促进企业积极寻求技术创新，改进管理实践，提升生产效率，从而减少能源浪费，减少甚至消除污染。在环境管制之下，企业通过技术创新还能够获取创新补偿，一般来说企业的环境技术创新成本补偿来自两个方面：第一是在企业污染的处理过程中，企业通过提升污染处理的技巧，尽可能地降低污染处理的成本，甚至通过回收再处理将污染转化为有价值的东西；第二是在污染产生的源头，企业通过创新改善生产环境，提高资源生产力，从而获得生产过程和产品两方面的价值补偿。

3.3　基于环境因素的企业竞争力一般分析模型

本节从环境管制对物流企业竞争力的影响机制出发，分析环境管制对物流企业的影响机制，但是企业竞争力的影响因素是十分复杂的，它们涉及政治、社会、经济、生活各个领域，各种因素之间相互交叉、相互转化、相互渗透、相互影响，综合决定了企业的竞争力，环境因素是企业竞争力的众多影响因素中的一个。研究低碳时代企业竞争力的影响因素，需要从各个因素之间的逻辑关联和因果关系出发，构建基于环境因素的企业竞争力分析框架，从内在相关性揭示环境管制对企业竞争力的影响（王兵兵，2014）。

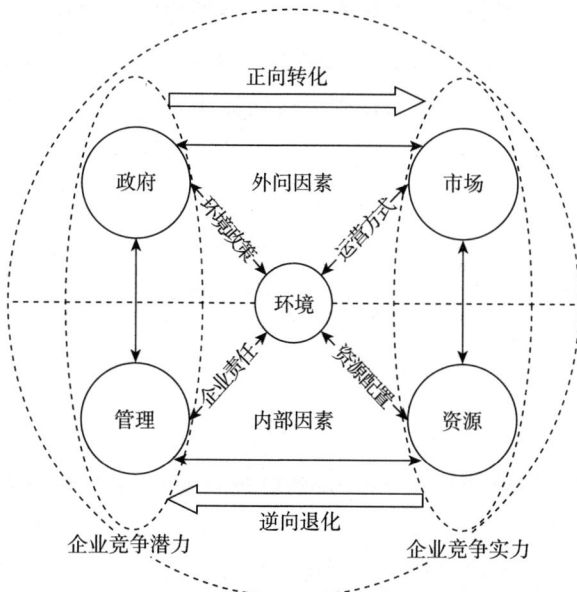

图 3 - 2　基于环境因素的企业竞争力分析模型

在目前日益严峻的环境形势下,环境要素已经成为企业战略规划中不得不考虑的一个重要因素。结合国内外学者的研究成果,特别是结合迈克尔·波特的竞争力"钻石模型",在此本研究构建了一个基于环境因素的企业竞争力分析模型(见图3-2)。随着消费者环保意识的不断提升,政府和环保组织的大力宣传,环境管制政策已经在很多国家得到应用,所反馈的效果也比较明显,企业普遍感受到了来自环境管制的巨大压力,市场竞争的天平逐渐向环境管制政策倾斜,一些具有社会责任感的企业主动选择进行环境技术创新,环境资源因素对企业的影响是显而易见的。环境因素还有着本身的特殊性,从企业竞争力的外部要素分析,环境资源是企业生产所必需的一种外部资源,并且随着环境资源日益稀缺,企业针对环境资源的竞争也将变得愈加激烈。从企业竞争力的内在要素来看,日益恶化的环境形势已经影响到政府的政策设计,而绿色环保的概念也潜在影响着消费者的消费观念,追求利益并不再是企业唯一的战略目标,环境和利益的和谐共存,走可持续发展的道路已经得到众多国家的国策支持。

3.4 低碳时代物流企业竞争力的影响因素分析

影响物流企业竞争力的因素有很多,根据前文所构建的基于环境因素的企业竞争力一般分析框架,并结合物流企业的发展特点,本节从政府、市场、资源、管理四个方面对低碳时代物流企业的竞争力影响因素进行分析。在这四个主要因素中,政府因素和市场因素是影响物流企业竞争力的外部因素,资源因素和管理能力因素是物流企业竞争力的内部因素,外部因素和内部因素相互联系、共同作用,最终决定了物流企业的竞争力。下面就从政府、市场、资源、管理四个方面对低碳时代影响物流企业竞争力的主要因素进行分析。

3.4.1 政府层面

物流企业的经济属性决定了其发展目标就是追求最大程度的经济效益,激烈的市场竞争促进物流企业不断发展壮大,但是单独依靠市场机制并不能实现有限资源的完全、合理配置。在行业监管不严的情况下,物流企业在发展的过程中不可避免地会产生环境污染、资源浪费、不良竞争等外部不经济问题，而政府的作用就是弥补市场调节机制的不足，促进资源合理分配，规范物流行业标准，促进并引导物流企业实现可持续健康发展。环境管制政策的目标是实现环境保护与企业发展双赢，而以可持续发展的眼光来看，目前物流企业所存在的环境污染、资源浪费、效率低下问题都是企业缺乏竞争力的表现。在低碳时代，企业一方面面临政府更加严格的环境管制压力，另一方面也迎来了发展的机遇。对于物流企业来说，政府作为环境管制政策的制定和实施主体，对其竞争力有着直接的影响，物流企业要想实现环保和发展双赢，就必须把低碳时代的压力和机遇转化为企业的竞争力。

（1）环境管制法律法规

环境管制法律法规是政府实施环境管制最为有效的手段，政府通过立法将环境管制的各项控制标准明晰化，将企业和个人应当履行的环境义务和责任具体化，从而使政府的环境管制行为得到法律上的保障。政府环境管制法律法规具有无可争辩的强制效力，对于企业运营过程中的环境污染行为，监督机构以环境管制法律法规为执法依据，强制要求污染企业终止污染行为并进行环境技术改进，达不到环境标准要求的企业将被强制进行停业整顿或者直接被关停，在法律法规面前，污染企业难以讨价还价。

对物流企业来讲，物流企业的环境污染主要集中在运输、配送、仓储等核心物流环节，污染类型有大气污染、固体废弃物污染、噪声污染等。为此，我国各级环保、交通部门都出台了相应的环境管制法律法规，如《中华人民共和国大气污染防治法》《汽车排气污染监督管理办法》《环境噪声控制法》《中华人民共和国固体废物污染环境防治法》等。物流企业面对严厉的环境管制法律法规，要么选择停止环境污染行为以避免遭受法律制裁，要么选择进行环境技术创新以达到管制的标准要求，前者是对企业自身竞争力缺失问题的回避，后者才是提升企业竞争力的根本途径。在环境管制不断加强的大背景下，物流企业的污染控制能力、环境技术创新能力都是企业竞争力的一个表现。

经过半个多世纪的改革和发展，我国环境管制法律法规体系不断完善，尤其是加入 WTO 之后，我国的环境法律体系建设也在逐步同国际接轨。随着经济全球化的不断发展，物流国际化趋势更加明显，在全球环境形势逐渐恶化的情况下，环境壁垒逐渐成为国际贸易壁垒中的重要形式，例如，

ISO14000 系列环境认证标准对物流企业同样适用，这也是对我国物流企业发展状况的一个检验。因此，展望未来，我国物流企业只有通过环境技术创新，不断提升自身竞争力，才能在日益激烈的国际竞争中占据一席之地。

（2）环境行为监管力度

环境管制法律法规为政府各级环保部门提供了执法依据，但最终影响执法效果的是政府管制部门的监管力度。政府管制部门不同的监管力度对物流企业环境行为和竞争环境的影响存在较大差别。

一般来说，企业的环境违规风险与政府的管制监督力度成正比，即政府越是加强环境监管，就越容易发现企业的环境违规行为。由于环境资源的外部性和企业自身对经济利益最大化的追求，在较宽松的监管力度下，污染严重的物流企业就可能冒险选择环境违规行为，以此来换取超额的经济利益；而主动进行环境技术创新的物流企业并没有获得环境技术创新所带来的竞争优势，这会打击企业继续进行环境技术创新的积极性。由此可见，环境监管的缺失也就间接纵容了物流企业之间的不公平竞争。而污染严重的物流企业面对较严厉的环境监督时，为了避免高额罚金普遍选择遵守环境法律法规，严厉的管制监督为物流企业进行环境技术创新提供了较为公平的竞争环境。综合以上分析得出，低碳时代政府的环境监管力度是影响企业竞争行为的关键因素之一。

（3）环境税收政策

从宏观经济层面来看，税收收入是国家财政收入的重要来源之一，税收政策是政府对经济活动进行调控的重要工具；从微观经济的层面来看，政府可以通过税收政策对企业和消费者的社会经济活动进行引导，促进社会资源合理有效分配。随着我国物流行业快速发展，物流企业也逐渐成为各地方政府税收的重要来源之一，作为提供生产性服务的企业，物流企业的运营范围包括运输、仓储、配送、流通加工等多项业务，其所适用的税收政策也很广泛，税收成本在物流企业的财务成本中占了很大的比重。随着我国税收政策的改革和完善，税收对于物流企业发展的激励作用越发明显，物流企业通过对自身资源的统筹优化，既可减少所面对的税收压力，又能提升企业的市场竞争力。

在低碳时代，环境税收政策对物流企业竞争力的影响也很明显。从表面来看，环境税收加重了企业的财务负担，一方面，政府可以通过对环境税收政策的合理设定，对低碳环保的物流企业给予一定的税收优惠，对企业环境技术创新行为进行资金补偿。另一方面，政府也可以提升对污染严重、碳排放量巨大的物流企业的征税比例，迫使其进行环境技术改进。从竞争力的角度来看，环境税收政策一方面是物流企业竞争力提升的压力因素，另一方面也是促进物流企业低碳化发展的动力因素。

（4）环境技术创新激励措施

在环境管制的外部压力下，物流企业进行环境技术创新是一个长期的过程，为此而付出的经济代价并不能在短时间内就直接转化为企业的竞争力，但企业的环境创新行为却会在短时间内直接增加企业的运营风险。环境技术创新需要技术、资金、人力等各方面的共同支持，这对企业的协调控制能力也是一个考验。对此，政府可以通过制定适当的激励政策，以财政补贴、科研专项资金、税收优惠政策等多种形式对绿色环保的物流企业给予一定的奖励和补偿。这不仅能在一定程度上缓解企业的外部压力，也能大大增加物流企业改善环境行为的动力。因此，政府的激励政策对物流企业的环境战略选择有着很强的引导作用。

3.4.2　市场层面

市场是企业经济活动的主要场所，市场因素是影响企业竞争力的一个重要因素。在市场环境中，市场的供求状况、消费者的选择偏好、竞争企业的发展策略、企业所处的发展状态、合作企业的关系等，这些市场活动的变化都对企业的竞争力产生直接或者间接的影响。市场因素也是影响物流企业竞争力的一个重要因素，这是因为，物流企业所处的市场是开放的、完全竞争的，企业之间的竞争也透明的、激烈的。在这里我们结合其他学者的研究观点和物流行业的市场发展现状，将物流企业竞争力的市场因素归纳为以下几个方面。

（1）企业品牌形象

品牌形象是物流企业在多年的经营发展过程树立的一面旗帜，是物流企业在消费者心中的印象缩影，是物流企业在激烈的市场竞争中吸引消费者的有力武器。另外，企业的品牌形象也间接地反映了物流企业的竞争优势和发展定位，良好的品牌形象是企业的一张名片，不仅能够吸引更多的消费者，而且能够吸引高素质的员工，有助于使企业保持长久的竞争优势。以快递服务业为例，顺丰速运是我国民营快递行业的龙头老大，多年以来顺丰所努力营造的安全、快速、可靠的企业形象深得民心，这不仅是顺丰速运的一个形象缩影，更是顺丰速运最大的竞争优势，这是目前国内其他快递企业还不能达到的境界。品牌形象的塑造是企业多年积累沉淀的结果，在新的环境形势下，物流企业应当积极发展绿色物流、低碳物流，以绿色品牌为市场营销重点，以负责任的企业形象去吸引消费者，这是低碳时代物流企业提升竞争力的一个机遇。

（2）绿色服务能力

物流企业隶属于服务行业，其基本目标就是满足消费者的物流服务需求，消费者的需求是促进物流企业发展的源动力。随着互联网技术的发展更新，电子商务迅速崛起，自媒体技术日益成熟，消费者的物流需求也更加多样化、个性化，快递业务、零担物流是近些年来发展最为迅猛的物流业务，这与消费者的需求刺激有着直接的关系。从环境保护的角度看，面对日益严峻的环境形势，人们的环保意识正在不断提升，绿色消费观念也逐渐增强，物流服务作为连接消费者与市场之间的纽带，绿色物流拥有着广阔的发展空间，绿色物流、低碳物流是未来物流行业发展的必然趋势，物流企业应当根据消费需求，及早进行企业发展规划，掌握发展的主动权。进一步而言，在低碳时代，个性化、效率化的定制物流是消费需求的发展方向，物流企业要把握市场需求方向，适应市场竞争变化，创新物流业务形式，提升业务营销能力，积极开展高效率、低污染、重服务的绿色物流服务，以提升物流企业的市场综合竞争力。

（3）业务创新能力

在不断变化的市场竞争环境下，物流企业单纯发展基本物流服务就很容易被市场竞争所淘汰，开展综合性业务的物流企业才能保持市场竞争的优势。物流企业在为消费者提供基本物流服务的同时，必须要根据市场发展变化和消费者实际需求，积极进行业务创新，拓展业务种类，专业化、精细化基础配送业务，广泛发展仓储、加工、包装等多种物流增值服务。物流企业要有敏锐的市场嗅觉，不断促进物流业务创新，将市场信息转化为业务的创新来源，将业务创新转化为企业的市场竞争优势。

3.4.3　资源层面

资源因素一直是物流企业整体竞争实力最直观的体现，也是物流企业未来发展壮大的重要决定因素。现代物流企业的资源主要包括：物流基础设施设备、企业人力资源、客户资源、社会关系资源、企业资金财务资源、物流信息资源等，物流企业所拥有的资源共同构成了物流企业的基础竞争力，这是企业发展最根本的保障。随着外部竞争环境的变化，来自环境管制的外部压力也对物流企业资源因素的发展有着新的要求，这些变化将是物流行业在未来发展中的关键因素。在这里重点从物流设施设备、物流信息化资源和企业人力资源三个方面对物流企业竞争力的资源因素进行解释。

（1）物流基础设施与设备

物流基础设施设备是一个物流企业发展的基础。基于物流行业的自身特点和发展需要，物流企业的基础设施设备主要包括：交通工具、储货仓库、装卸搬运工具等，基础设施设备的完善程度和发展规模直接反映了物流企业的竞争实力。随着外部竞争环境的变化，新的竞争压力对物流企业的基础设施设备又提出了新的要求。以交通工具为例，一方面，随着物流行业的快速发展，集汽车、火车、飞机于一体的多式联运的重要意义愈加突出，它在一定程度上还突破了传统意义上的运输方式。另一方面，低碳时代，社会各界对减少能源消耗、降低单位运输成本、降低空载率、减少污染排放、提升运输效率、满足客户多样化需求的期待愈发迫切，这些新的需求也对物流企业的运输工具提出新的挑战，企业运输车辆正在向集装箱运输车、冷藏专用车、专业化厢式货车等现代化、专用性物流车辆方面更新。在储货仓库和货物装卸方面，建设现代化的货物转运中心和存储中心，合理规划仓库选址和货物区位，科学设定仓库库存，使用立体式货架、自动分拣机、多功能装卸叉车等也是物流企业在基础设施建设方面必须要考虑的。总之，物流行业是一个快速发展的行业，也是一个残酷竞争的行业，只有不断与时俱进才能跟上竞争的步伐。

（2）网络信息资源

随着科学技术的不断进步，计算机技术的不断更新，物联网技术的不断发展，物流信息化已经发展到新的阶段，物流企业的信息化建设对企业的长远发展有着绝对重要的意义。目前的物流信息技术主要有：条形码技术、射频识别技术、GPS 技术、GIS 技术。以现代物流信息技术为依托，通过物流企业的信息管理系统构建企业、货物、顾客之间的立体信息化平台，可实现网上订单、货物管理、货物跟踪、运输管理、车辆调度、配送管理等多项功能。从企业发展管理的角度看，物流信息化不仅能够提高物流企业的运营效率，大大降低企业资源的浪费，同时能提升顾客的服务满意度。从节能环保的角度来看，物流信息化也是企业进行低碳发展的基本保障，物流信息化大大提高了企业的资源利用效率，直接减少了能源浪费，节约了企业的运营成本，降低了企业碳排放量。

（3）企业人力资源

人力资源一直是物流企业发展的重中之重，企业人力资源有着很大的灵活性，是企业不断发展的潜力所在。随着物流信息化的不断发展，专业化物流工具的不断普及，现代化的物流企业对员工的综合素质有着更高的要求。对于一些规模较小的物流企业来说，人力资源问题尤为突出，受发展规模的限制，小型物流企业在工作环境、员工福利、薪酬待遇、工作时间和工作强度等方面都存在很多问题，对高端人才、综合型人才缺乏足够的吸引力，导致企业人才紧缺、人才流失现象严重，继而严重阻碍企业的健康发展。因此，物流企业应当坚持长远发展的眼光，建立完善的人才储备机制和人才培养机制，落实内部管理制度，建立人才保护机制，以企业人力资源发展为依托，稳步发展，不断提升企业竞争力。

3.4.4 管理层面

组织管理能力是企业竞争"软实力"的重要体现。纵观目前我国的物流企业，虽然数目众多，但是规模大小不一、参差不齐，在残酷的市场竞争环境下，物流企业若要保持竞争优势，一方面必须强化自身硬件实力，另一方面对内要加强企业的组织管理能力，一外一内，双管齐下，才能保障企业的健康稳定发展。企业的组织管理层面包含很多内容，如企业文化、企业管理制度、企业发展规划等，在环境管制不断强化的背景下，本节侧重从企业文化、企业管理制度、企业发展规划三个方面来对物流企业的竞争力展开分析。

（1）企业文化

企业文化是企业发展过程中所形成的被企业员工所认可的企业管理理念、价值理念的集合，是企业发展的内在灵魂，良好的企业文化能够活跃企业内部的环境氛围，提高企业员工的团队意识，增强企业内部的凝聚力，打造良好的企业品牌形象，扩大企业的外部影响力。企业文化不是一成不变的，而是随着企业的发展处于不断的丰富和完善之中。近年来随着环境形势日益严峻，国内环境管制力度也在不断加大，发展绿色物流、低碳物流是物流发展的必然趋势，物流企业要提前做好规划，将低碳环保的发展理念融入企业文化建设之中，培养企业员工的环保意识和社会责任感，以绿色文化助力企业发展，以低碳理念促进企业进步。

（2）企业管理制度

科学完善的管理制度是企业组织管理顺利展开的基本保障。企业管理是一个复杂的过程，涉及多方面的环节，尤其对一个具有一定规模的企业而言，企业必须建立一个完善的管理制度，让企业管理有据可循。企业管理制度包括日常管理制度、组织机构划分、部门职能、岗位职责、工作流程、员工管理制度等。企业管理制度构成了企业正常运营的基本框架，对于物流企业来说同样如此，完善的企业管理制度也是一个企业发展成熟的标志。放眼国内的知名物流企业，如顺丰速运、德邦物流、EMS 邮政速递等，都建立了完善的管理制度，按流程运转，按制度管理，不仅提高了管理效率，也规范了管理过程。当然，企业的管理制度也需要不断发展和完善，与时俱进，不断创新，如此才能保障管理制度，适应企业的发展节奏。低碳时代，物流企业也应当顺应外部变化，在管理制度方面进行相应的创新。

（3）企业发展规划

企业发展规划是企业制定的各项发展计划和发展战略的总和，是企业发展的总纲领和总指挥。企业的发展规划可以分为长期规划和短期规划。长期规划引导企业稳步前进，是企业的战略指向；短期规划确立了企业的近期目标，是企业的任务导向。企业发展规划在企业的组织管理中有着特殊的意义，甚至能够直接决定企业的命运，因此企业在制定发展规划的时候，要对行业环境进行深入分析，对企业本身要有充分的了解，对市场环境、经济环境、竞争环境、社会环境进行全面思考，对企业发展目标进行科学论证，并及时洞察市场变化信息，对发展规划及时予以完善和修正。对物流企业来说同样如此，在低碳时代，随着政府环境管制的不断加强，物流企业要及早将低碳发展纳入企业的发展规划之中，抢占行业发展的先机。

3.5　本章小结

本章首先阐述了企业竞争力的内涵，以及企业竞争力的理论成果，随后在迈克尔·波特的竞争力理论和可持续发展理论的基础上，分析了环境因素对企业竞争力的影响机制，建立了基于环境因素的企业竞争力一般分析模型。接着在此基础上，结合我国物流企业的发展特征，从政府、市场、资源、管理四个层面分析了低碳时代物流企业竞争力的影响因素。其中，政府层面的因素包括环境管制法律法规、环境行为监管力度、环境税收政策和环境技术创新激励措施；市场层面的因素包括企业品牌形象、绿色服务能力和业务创新能力；资源层面包括物流基础设施与设备、网络信息资源和企业人力资源；管理层面包括企业文化、企业管理制度和企业发展规划。

4

低碳时代物流企业竞争力评价研究

4.1　低碳时代物流企业竞争力评价模型的构建

近年来，环境问题愈加凸显，已经影响到人类社会、经济、生活等很多方面。与此同时，人类的环保意识也在不断提升，绿色经济、可持续发展的理念已得到众多国家的认可，尤其是以美国、欧盟为代表的发达国家及地区已经率先出台一系列环境管制政策，已然走在了世界各国的前列。一直以来，中国都是一个负责任的大国，环境保护也是我国的基本国策之一，我国环境管制体系的建设也一直处于努力完善之中。过去对于物流企业竞争力的评价研究（蔡定萍，2003；王圣云、沈玉芳，2007；严海宁、李金滟，2008；高晓红、俞海宏，2012），很多并没有将环境因素作为企业竞争力的一个重要参考指标，但评价模型的建立并不是一成不变的，也要随着评价指标影响因素的变化而变化。外部竞争环境的变化，必然会对企业竞争力产生直接的影响。物流企业是化石燃料消耗大户，温室气体、污染气体排放巨大，以碳税、环境税等环境管制政策为例，这些环境管制政策的出台必然会对整个物流行业的发展带来影响。在未来的市场竞争中，环境管制不断加强是必然的趋势，对物流企业的发展来讲，必须提升对环境管制的适应能力。随着环境因素对物流企业竞争力的影响日益显现，对环境行为的控制能力也将是对物流企业竞争力进行评价的重点参考因素之一。

因此，在低碳时代，构建物流企业竞争力评价指标模型，必须将环境政策的影响同物流行业的发展特点、物流企业的市场竞争环境、物流企业的发展现状置于同样重要的位置，综合考虑、系统分析，将企业竞争力理论同绿色经济理念结合起来，以保证物流企业竞争力评价指标体系的全面、协调、均衡和稳定，确保评价结果科学、合理、公正和客观。

4.1.1 低碳时代物流企业竞争力评价模型构建的基本原则

评价低碳时代物流企业竞争力，必须建立一套科学系统的评价指标体系，该评价指标体系一方面要结合当前物流行业发展状况，客观全面地反映物流企业的市场竞争力水平，另一方面要综合考虑当前的环境压力对物流企业竞争力的影响，为企业的竞争力提升以及企业管理者的决策指明方向。因此，在构建低碳时代物流企业竞争力评价指标体系的时候必须遵循以下几个基本原则。

（1）整体性原则

在对物流企业的竞争力进行评价时必须从物流企业整体发展的高度出发，综合考虑影响物流企业竞争力的各方面因素，在确定竞争力评价指标的时候必须全面把握、整体分析，以准确反映物流企业的竞争力发展水平。

（2）科学性原则

物流企业评价指标的确定要建立在充分认识物流行业的基础上，以科学理论为指导，明确评价对象和目标，选取全面且具有代表性的评价指标，避免所选评价指标重复，科学计算评价指标权重，增加评价体系的科学性和准确性，以保证整个评价结果的真实性。

（3）系统性原则

评价物流企业竞争力是一项系统工程，在对物流企业进行竞争力评价的时候不能片面强调或突出某一方面的因素，而忽略其他方面的因素。一般应综合考虑行业内部、外部的诸多影响因素，既要考虑显性因素也要考虑隐性因素，既要考虑长期因素也要涉及短期因素，既要考虑静态因素也要兼顾动态因素，既要有个体因素也要有总量因素。此外，所选取的物流企业竞争力评价指标要相互关联、相互影响、共同作用，最后通过综合各个影响因素，构建物流企业竞争力的评价指标体系。

（4）动态和静态相结合的原则

对物流企业竞争力的评价是一个长期的、动态和静态相结合的过程，所选取的评价指标也不是一成不变的，随着外部竞争环境、行业状况、发展趋势的变化，评价指标体系的标准也要进行动态的调整，所以我们所选取的评价指标和所进行的物流企业竞争力评价都是对物流企业在行业发展当前阶段的竞争力水平的客观反映，而这又是一个静态的结果。因此，在对物流企业竞争力进行评价的过程中，既要考虑静态因素也要兼顾动态因素，确保整个评价指标体系的客观性和有效性。

（5）可操作性原则

在物流企业竞争力评价指标体系建立的过程中，必须要保证所选取评价指标的可操作性。评价指标的可操作性具体包括以下几个方面，首先，在对物流企业竞争力综合评价指标体系进行设计的时候，必须要确保评价过程中所需要的调研数据、企业信息、评价因素等资料便于获取；其次，在对评价指标进行筛选的时候，要尽量选择能够突出关键、信息全面、实际可行、易于把握的指标；最后，评价系统中所选取的评价指标要方便量化考核，对于定量指标能够科学计算，对于定性指标要能够准确量化，只有这样才能增强评价结果的实践指导价值。

4.1.2　低碳时代物流企业竞争力评价模型的构建流程

对于物流企业竞争力的综合评价是一个连续的过程，从评价对象的选取，到评价指标的设置、评价方法确定，再到评价过程的实施，以及最后的评价结果分析，都需要根据实际情况进行严格、严谨的流程设计。低碳时代物流企业竞争力的评价流程设计如下。

（1）评价对象的选取

本书主要以物流企业为研究对象，通过构建综合评价指标体系，对物流企业的竞争力进行评价分析。因此在构建综合评价指标体系之前，要对物流行业的发展现状、物流企业的发展特点、物流企业的竞争力影响因素等进行深入研究，确定低碳时代物流企业竞争力评价分析的主要指标功能集，为接下来评价指标的设置以及评价指标权重的设定做好准备。

（2）评价指标的设置及指标权重确定

在建立物流企业竞争力综合评价指标体系的过程中，评价指标的筛选是最为重要的一个环节。本书通过实地调查和理论分析，将低碳时代物流企业的竞争力评价功能集分为四个方面：市场运营能力、资源利用能力、组织管理能力以及环境控制能力。以这四个方面为基础，进行物流企业竞争力评价指标的初步选择，然后运用多种分析方法对评价指标进行筛选，确定最终的评价指标，并通过层次分析法确定各个评价指标的权重，最后构建完整的竞争力评价指标系统。

（3）评价方法的选择与实施

在确定评价指标之后，就要根据研究的重点选取合适的评价方法。目前进行综合评价的方法有很多，如技术经济分析法、专家咨询法、数据包络分析法（Data Envelope Analyse，DEA）、层次分析法、投入分析法、模糊数学评价分析法等，但是各个评价方法的适用范围、侧重方向、应用特点等都各不相同，在选取评价方法时，要根据实际情况，选择具有可操作性、客观性、科学性的评价方法。本书主要是对低碳时代物流企业竞争力进行评价分析，既是对物流企业目前竞争力发展状态进行评价，也是对物流企业竞争力未来变化趋势进行评价，因此本书选择层次分析法与模糊数学评价相结合的方法，并选取具有代表性的物流企业作为案例进行实证研究。

（4）评价结果分析

根据设定的评价标准，对综合评价的结果展开深入讨论，并根据分析结果，针对物流企业发展的薄弱环节，提出低碳时代提升物流企业竞争力的对策建议。

4.2　低碳时代物流企业竞争力评价指标体系的设计

4.2.1　评价指标的结构设计

构建低碳时代物流企业竞争力综合评价指标体系的基本思想，就是在环境管制理论和竞争力理论的基础上，从环境管制对企业竞争力的影响机制入手，分析低碳时代物流企业竞争力的主要影响因素，并以此为重要参考，确定低碳时代物流企业竞争力的评价指标。在这个基本思想的指导下，根据低碳时代物流企业竞争力的影响因素，并结合我国物流企业的发展特点和发展现状，将低碳时代物流企业竞争力的综合评价指标体系分为目标层、准则层和指标层。

目标层（一级指标）：低碳时代物流企业的综合竞争力水平。这是对新的环境形势下物流企业发展现状和发展趋势的整体反映。

准则层（二级指标）：准则层是对目标层的详细划分。评价指标体系的准则层以目标层的主要要求为基础进行设置，根据低碳时代物流企业竞争力的主要影响因素，将准则层具体分为市场运营能力、资源利用能力、组织管理能力、环境控制能力四个方面。

指标层（三级指标）：指标层是准则层内容的具体化，是整个综合评价指标体系的基础，指标层需要从具体的属性和参数出发，采用能够直接测算、量化、对比的项目作为评价指标，对物流企业的竞争力发展水平作出客观的评价和说明，而建立指标层也需要慎重、科学、全面、客观，需要多方面地参考和筛选。

4.2.2　评价指标的筛选程序

在确定评价指标体系的层次结构之后，要结合我国物流企业的实际发展情况对评价指标进行筛选和确定，评价指标的选择一方面要能客观、科学、准确地反映物流企业实际发展现状，另一方面还要兼顾调研数据的可操作性。考虑到竞争力评价的模糊性和复杂性，结合评价指标体系构建的内涵目的和基本原则，本书采用定性分析和定量分析相结合的方法，来最终确定物流企业竞争力评价指标。具体的过程又可以分为评价指标初选、评价指标完善、评价指标标准化三个阶段。

（1）评价指标的初步筛选

评价指标的选择是整个评价指标体系最为重要的一个环节，不能依靠单纯的理论分析和主观判断，需要用科学客观的方法来进行筛选。本书在借鉴以往研究的基础上，结合理论分析法、频度统计法、专家咨询法等多种分析方法，最终初步确定了低碳时代物流企业竞争力评价的基本指标。具体来讲，理论分析法就是在前文所进行的低碳时代物流企业竞争力的影响机制研究的基础上，结合低碳时代物流企业竞争力的影响因子，将其延伸到竞争力评价指标体系之中。频度统计法，就是通过查阅国内外关于低碳经济与物流企业竞争力的相关研究文献，以及物流行业的发展报告、统计年鉴、统计报表等行业发展报告中所出现的各类评价指标，对之进行频率统计，对出现频度较高的评价指标进行优化和筛选，并将之补充到本书所构建的物流企业竞争力综合评价指标体系当中。专家咨询法则是通过向研究物流企业竞争力的相关领域的专家进行咨询，充分考虑这些专家学者的观点和想法，同时警惕个人偏见对指标设置的影响，进而对所选取的评价指标进行筛选优化。

（2）评价指标的筛选完善

在初步选定评价指标之后，还需要在综合评价指标体系的基本构建原则下对评价指标进行进一步优化和完善，确保整个评价系统的科学性、合理性、客观性和可操作性。这主要包括以下几个方面：首先，对那些偏离评价目标、过于笼统、涉及面广、无法量化的评价指标进行剔除，确保所选取评价指标的科学性和实用性；其次，对有所重叠的评价指标进行精简和合并，确保每个评价指标的相对独立性和评价指标体系的全面性，提升整个评价系统的效率；最后，再次对整个综合评价指标体系进行确认和检查，并通过向专家咨询，对整个评价体系的评价指标进行确认，对评价指标体系的不足之处进行再次修改和完善，直到达到评价指标体系的要求为止。

（3）评价指标的规范化处理

在对物流企业进行竞争力评价时，由于涉及的评价指标很多，并且各个指标在计量单位、评价方式、量化等级、作用途径等方面都存在很大的差别，此外一些评价指标与物流企业竞争力之间的"正逆关系"也各不相同，因此在对评价指标进行筛选和优化之后，还需要对评价指标进行进一步的规范化处理。对评价指标的规范化处理主要包括两个方面：一方面是对评价指标的量化分析，特别是对定性指标的量化分析；另一方面是对指标值的标准化处理。

在对评价指标进行量化分析的时候，对于定量指标，可以根据统计数据或者调研数据计算得到，但是单纯的一个企业的调研数据没有比较的意义。因此在本研究中，为了便于分析定量指标，我们将案例分析中物流企业的定量指标调研数据与同行业平均水平进行对比，由专家根据比较结果进行打分评判，在简化评价步骤的基础上最大限度地保留定量指标所包含的信息。对定性指标的量化分析受主观因素的影响较大，虽然对定性指标加以量化的方法很多，如模糊方法、灰色关联度、头脑风暴等，这些方法各有利弊，但是到目前为止，依然没有一个绝对的方法。本研究中依然选择通常的做法，即在明确评价指标的具体意义之后，由专家根据企业实际情况进行打分评价，从而得到定性指标的量化得分。

4.2.3　评价指标的界定与说明

经过前面的研究，在参考近期学者研究的基础上（王道平、翟树芹，2005；汪一、曾利彬，2008），本研究最终确定了低碳时代物流企业竞争力评价指标体系的目标层、准则层、指标层三层结构，以市场运营能力、资源利用能力、组织管理能力、环境调控能力四个方面作为准则层，并通过运用理论分析、频度统计、专家咨询方法，在评价体系构建的基本原则指导下，剔除不符合要求的评价指标，最终选择了20个可行性指标作为指标层，低碳时代物流企业竞争力指标体系的具体内容如表4-1所示。

表4-1　低碳时代物流企业竞争力综合评价指标体系

目标层	准则层	指标层	指标类型	数据来源
低碳时代物流企业竞争力综合评价指标体系（A）	市场运营能力（B_1）	市场份额（C_{11}）	定量指标	行业统计数据
		企业品牌形象（C_{12}）	定性指标	专家评判
		业务推广能力（C_{13}）	定性指标	专家评判
		服务质量满意度（C_{14}）	定性指标	客户随机调查
		市场信息敏感性（C_{15}）	定性指标	专家评判
	资源利用能力（B_2）	物流设施设备（C_{21}）	定性指标	专家评判
		员工受教育程度（C_{22}）	定量指标	企业统计数据
		物流技术创新能力（C_{23}）	定性指标	专家评判
		物流信息化程度（C_{24}）	定性指标	专家评判
		财务运营状况（C_{25}）	定量指标	企业财务报表
	组织管理能力（B_3）	企业文化（C_{31}）	定性指标	专家评判
		领导素质水平（C_{32}）	定性指标	专家评判
		企业员工流动率（C_{33}）	定量指标	企业统计数据
		企业规章制度健全度（C_{34}）	定性指标	内部随机调查
		企业凝聚力（C_{35}）	定性指标	专家评判
	环境控制能力（B_4）	环境管制政策适应（C_{41}）	定性指标	专家评判
		企业低碳发展规划（C_{42}）	定性指标	专家评判
		低碳设施技术利用（C_{43}）	定性指标	专家评判
		环境保护投资比（C_{44}）	定量指标	企业统计数据
		企业环境标准执行（C_{45}）	定性指标	专家评判

相关指标的具体含义和说明如下。

（1）市场份额：市场份额是企业产品或服务在同行业市场中所占有的比重，是企业市场竞争地位和经营能力的直接反映。本指标为定量指标，由年度统计数据计算而得，经专家将其与同行业企业数据相比较进行打分。计算方法如下：

市场份额＝企业年度产品总销量/本年度市场产品总销量×100%

（2）企业品牌形象：企业品牌形象是在长期的经营活动中形成的企业形象的缩影，它一方面体现出企业在市场竞争中产品和服务的差异，另一方面也反映了企业对消费者的吸引力和影响力。

（3）业务推广能力：业务推广能力是指企业在市场竞争中挖掘、开发新的客户资源的能力，是企业扩大市场业务的关键。良好的业务推广能力是企业在激烈的市场竞争中获取胜利的重要保障。

（4）服务质量满意度：服务质量直接决定了消费者的服务体验，是企业保留客户资源的关键。坚持为消费者提供高质量的服务能够最大限度地提升客户的消费忠诚度，帮助企业与客户建立良好的关系，促进企业与客户长期合作，保障企业市场运营持续稳定。

（5）市场信息敏感性：市场信息敏感性是企业对市场发展变化的预测和判断能力，物流行业发展日新月异，物流企业必须具有高度的市场信息敏感度，才能在激烈的市场竞争中占得先机。

（6）物流设施设备：物流设施设备是物流企业的核心固定资产，是保障物流企业正常运作的基本条件，物流企业的设施设备主要包括运输车辆、储存仓库、装卸设备、分拣设备等。完善的物流设备设施是物流企业竞争力发展水平较高的直观体现。

（7）员工受教育程度：企业的发展运作依靠企业员工，员工学习能力、接受能力的强弱、素质水平的高低是企业能否发展强大的重要影响因素。受教育水平是员工素质的重要体现，企业员工的受教育程度统计数据，能够较为客观地反映企业员工的素质水平。

（8）物流技术创新能力：物流技术是在物流实践作业中不断完善创新的，技术创新是企业前进的源泉。企业在实际运转的过程不断发现问题、思考问题、解决问题，对物流技术不断进行创新，能够极大地提升企业的工作效率，促进企业不断进步。

（9）物流信息化程度：物流信息化是物流行业发展的必然趋势，物流信息化的发展将物流企业之间的竞争带入一个更高的层次。在现代物流技术的基础上，构建物流信息化网络平台，实现了车辆调度、订单处理、货物查询、车辆跟踪等物流过程完全信息化，极大地提升了物流企业的运作效率。

（10）财务运营状况：企业的财务状况是最能说明企业目前竞争状况的指标。对企业的财务状况，我们可以通过企业的会计报表信息进行了解，通过计算，比较企业的现金流量比率、资产负债率、资产利润率等，以多个指标来客观判断企业的财务状况。

（11）企业文化：企业文化是企业在不断的发展和经营过程中所积累和沉淀的精神财富，是企业竞争软实力的集中体现。良好的企业文化氛围，能够鼓励员工积极进取，促进企业内部和谐发展，增进企业与利益相关者的伙伴关系，最终提升企业的竞争实力。

（12）领导素质水平：企业的领导层既是企业发展战略的制定者，也是企业内部组织管理的实施者，企业的领导层最终决定了企业的发展方向。企业领导层综合素质能力的高低，对企业的发展有着重大的影响，尤其是对发展中的中小民营物流企业而言，领导层的决断能力、管理能力、社交能力、创新能力强弱成为企业是否能够在激烈的行业中立足的关键因素。

（13）企业员工流动率：企业员工离职率在一定程度上反映了企业内部员工的组织管理效率。企业员工离职率是一个逆向指标，企业员工离职率越低说明企业内部管理越有效，员工对企业管理的认可程度也越高，企业的组织管理能力也就越强。

企业员工流动率 = 当期员工离职人数/（期初员工总数 + 新进员工数） × 100%

（14）企业规章制度健全度：完善的管理制度是一个成熟企业的标志，也是企业健康发展的基本保障。企业的规章制度建设，是企业组织管理工作的重中之重，健全的企业规章制度不仅提升了企业管理的工作效率，也推动员工自律自强，有助于企业发现自身存在的问题，进而改进和提升企业的竞争力水平。

（15）企业凝聚力：具有高度凝聚力的企业才能健康、快速发展，企业凝聚力体现了公司内部的工作氛围，只有积极向上、和谐团结、凝聚力强的企业才能使企业内部资源形成合力，进而在激烈的市场竞争中勇往直前，持续保持竞争优势。

（16）环境管制政策适应：环境管制政策对企业的竞争力将产生直接和间接的压力，物流企业要通过对企业内部资源的优化整合，不断提升对环境管制政策的适应能力。在日益严格的环境管制标准下，适应能力强的企业能够将环境管制成本实现内部转化，将环境管制的压力转化为企业成长的动力，最终转化为竞争优势。

（17）企业低碳发展规划：物流企业低碳发展规划是对环境管制政策和低碳经济发展趋势的积极响应，发展低碳物流也是未来物流行业发展的必然趋势。物流企业明确低碳发展规划，积极做好低碳发展准备工作，将使物流企业在未来竞争中享有先发优势。

（18）低碳设施技术利用：低碳物流技术的运用，将大大减少物流企业的碳排放。物流企业的低碳技术和设备利用率越高，物流企业的环境控制能力就越强，在低碳时代其市场竞争能力也就越强。

（19）环境保护投资比：环境保护投资比，即物流企业投资于环境保护的资金占企业年度支出资金的比重。企业环境保护投资比反映了企业对环境保护的重视程度和社会责任感的大小，环境投资比越高的企业，其绿色发展的目标就越明确，其市场竞争力的潜力也就越大。

环境保护投资比 = 年度环保投资/年度投资总支出 × 100%

（20）企业环境标准执行：企业绿色发展战略不能只停留在口号和形式上，必须认真贯彻实施，才能更有效地转化为市场竞争力。环保标准执行率能够最真实地反映企业对于绿色发展战略的重视程度和诚意，企业的环保标准执行率越高，绿色发展战略就越能顺利执行。

4.2.4 评价指标权重的确定方法

在完成评价指标体系的建立之后，下一步的重要工作就是确定各个评价指标的权重。评价指标的权重反映了该项指标在整个评价系统中的贡献程度。由于各项指标对于整个评价系统的重要性和贡献大小各不相同，这种对于整个评价系统贡献的差别反映在数值上就被视为指标权重，指标权重的计算也就成为保障整个多指标评价系统科学性的关键。

目前所使用的指标权重确定方法有很多（金碚，2003a；霍佳震、马秀波，2005），根据赋权主体的差异我们可以将之分为主观赋权法和客观赋权法两种。主观赋权法主要采用综合查询评分的方法来进行权重确定，主要有指数比较法、专家评价法、层次分析法等。客观赋权法，主要根据各个评价指标之间的相互关系和指标值的变异程度来确定指标权重，主要方法有：主成分分析法、因子分析法、熵值法等。主观赋权法和客观赋权法，各有各的优点和缺点，这两种赋权方法对比分析如表 4 - 2 所示。

表 4 - 2　评价指标赋权方法对比

类型	主要方法	优点分析	缺点分析
主观赋权法	专家评价法、层次分析法等	方法清晰明了，以实际经验为依托，能够反映评价指标的实际重要性	受个人主观判断的影响较大
客观赋权法	主成分分析法、熵值法、多目标规划法等	以数据为基础，有效避免人工判断的误差	需要足够多的样本数据作为应用支撑，计算过程较为复杂，有时结果与实际情况相差较大

由表 4 - 2 的对比分析可以看出，在对低碳时代物流企业的竞争力进行综合评价分析的时候，客观赋权的方法并不适用，客观赋权法对于企业发展统计数据和调研数据的依赖性很强，在数据过少或者数据不够精确的情况下，客观赋权法所得的权重结果往往误差很大，并不能真实地反映评价指标的实际重要性。因此，本研究选择使用主观赋权法，在主观赋权法中，层次分析法清晰明了，逻辑严谨，能够准确地透析问题的本质，因此易于被研究者所接受，在评价指标权重确定的研究中有着广泛的认可度。

层次分析法由美国著名运筹学家 T. L. Saty 教授于 20 世纪 70 年代提出，对解决多层次、多目标决策的问题十分有效。层次分析法在应用的时候，首先要从问题内部的因果关系出发，根据不同的作用关系将复杂问题分成不同的逻辑层次结构，然后通过建立判断矩阵，将每一层中的影响要素按照之前设定的准则进行两两比较，再运用数学方法计算出各层要素的最大特征值和特征向量，并依次进行一致性检验；对通过一次性检验的各个要素确定初步计算的权重值，并根据各个层次之间的逻辑关系，对各个要素的权重进行排序、组合，从而最终完成整个评价问题的指标赋权。结合层次分析法的一般步骤，本研究根据实际需求，对层次分析法的实施步骤设计如图 4-1 所示。

在运用层次分析法测算评价指标体系权重过程中，必须考虑评价系统的误差问题。以调查问卷形式咨询专家加以选择判断的时候可能存在主观随意性，导致最终判断矩阵的结果并不能通过一致性检验，这就需要从构建判断矩阵的过程中找出问题所在。在此我们运用德尔菲法，以多次匿名征询的方式，进行多次调查和讨论，经过反复论证，以减少实验误差，最终使所得的判断结果通过一致性检验，同时通过反复讨论、返回、整理、汇总，得到最终趋于一致的实验结果。

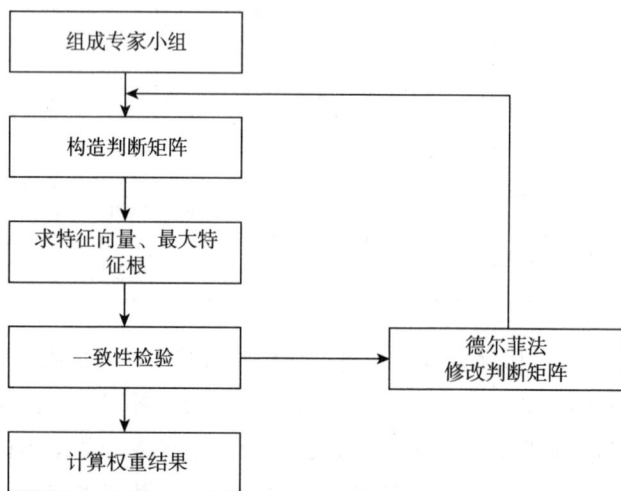

图 4-1　层次分析法实施步骤示意图

4.2.5　评价指标权重的设置流程

（1）构建判断矩阵

在前面的研究中我们已经完成了低碳时代物流企业竞争力综合评价指标体系层次结构的构建，低碳时代物流企业的竞争力评价指标体系分为目标层、准则层、指标层三层，准则层由市场运营能力、资源利用能力、组织管理能力、环境调控能力四个要素组成，指标层由 20 个评价指标组成。在完成评价指标体系的构建之后，根据各层指标之间的隶属关系就可以建立每一层指标的两两比较判断矩阵。

在构建评价指标判断矩阵的过程中，我们将选择在物流专业领域内具有理论研究素养和实际工作经验的专家组成评价小组，以调查问卷的形式，将相关资料和数据发放给专家小组，由各个专家独立评价判断，并将最终的评价结果汇总处理，通过一致性检验后，确定最终的判断矩阵，并计算出各个评价指标的权重值。

在确定评价指标体系的层次结构之后，即可根据上下层指标之间的从属关系来建立判断矩阵，以评价指标体系目标层元素 A_k 和准则层元素 B_k 为例，准则层元素 B_k 隶属于目标层元素 A_k，就能由此构建以目标层元素 A_k 为判断准则的指标层元素 B_1，B_2，B_3，$\cdots$，B_n 之间的两两比较判断矩阵，本处以 T. L. Stay 教授的 1～9 标度法为指标元素进行赋值（许树柏，1998），1～9 标度法的标度含义如表 4－3 所示。

表 4－3 标度含义

标度值	判断矩阵值	标度含义
1	$b_{ij} = 1$，$b_{ji} = 1$	B_i 与 B_j 同样重要
3	$b_{ij} = 3$，$b_{ji} = 1/3$	B_i 比 B_j 稍微重要
5	$b_{ij} = 5$，$b_{ji} = 1/5$	B_i 比 B_j 比较重要
7	$b_{ij} = 7$，$b_{ji} = 1/7$	B_i 比 B_j 十分重要
9	$b_{ij} = 9$，$b_{ji} = 1/9$	B_i 比 B_j 绝对重要

最后得到目标层元素隶属下的指标层判断矩阵（如表 4－4 所示），我们将此判断矩阵记为判断矩阵 $A - B = (b_{ij}) n \times n$，在矩阵 $A - B$ 中，矩阵元素 b_{ij} 即表示元素 B_i 相对于元素 B_j 的重要程度。在矩阵 $A - B$ 中，$b_{ij} > 0$，$b_{ij} = 1/b_{ji}$，$b_{ii} = 1$，矩阵 $A - B$ 是一个互反矩阵。

表 4－4 指标层判断矩阵

$A - B$	B_1	B_2	...	B_j	...	B_n
B_1	b_{11}	b_{12}	...	b_{1j}	...	b_{1n}
B_2	b_{21}	b_{22}	...	b_{2j}	...	b_{2n}
...	...	...	...	...	...	...
B_i	b_{i1}	b_{i2}	...	b_{ij}	...	b_{in}
...	...	...	...	...	...	...
B_n	b_{n1}	b_{n2}	...	b_{nj}	...	b_{nn}

在完成第一轮的判断矩阵构建之后，回收并汇总专家小组的判断结果，计算所得的矩阵各个元素的均值与离差，n 个专家的判断矩阵各个元素的离差和均值的计算见公式 4 - 1。

$$dy = \frac{1}{n} \sum_{p=1}^{m} (b_{py} - \overline{b_y})^2, \overline{b_y} = \frac{1}{n} \sum_{p=1}^{n} b_{py} \qquad (4-1)$$

然后将计算结果返回给专家小组，并要求各位专家在新的计算基础上重新构建判断矩阵，重复这个步骤，直到所得的判断矩阵结果的离差不超过原先设定的标准值，此时说明各位专家的意见已经趋于一致。

（2）计算权重向量

在确定判断矩阵之后，评价指标的权重值就可以通过公式计算获得，计算方法如公式 4 - 2 所示。

$$W_i = \frac{\sqrt[n]{\prod_{j=1}^{n} b_{ij}}}{\sum_{k=1}^{n} \left(\sqrt[n]{\prod_{j=1}^{n} b_{ij}} \right)}, (i = 1, 2, \cdots, n) \qquad (4-2)$$

由此计算公式，得到判断矩阵的特征向量 $W = [W_1, W_2, \cdots, W_i]^T$（i = 1，2，…，n），由于判断矩阵为正向互反矩阵，则有：

$$AW = [W * (1/w_1, 1/w_2, \cdots, 1/w_i)_i] W = \lambda W \qquad (4-3)$$

由于 W 为判断矩阵 $A - B$ 的特征值，λ 为特征根，得到判断矩阵的最大特征根计算公式为：

$$\lambda_{max} = \frac{1}{n} \sum_{i=1}^{n} \frac{(AW)_i}{W_i} \qquad (4-4)$$

（3）一致性检验

在进行多指标综合评价的时候，评价指标影响因素的复杂性将会直接影响专家小组在两两比较过程中的判断决策，甚至会造成判断结果之间互相矛盾。为保证获得可靠的评价结果，必须对判断矩阵的结果进行一致性检验。因此，在求得判断矩阵的最大特征根之后还需进行一致性检验，这是一个非常必要的过程。在进行一致性检验的时候，首先要根据判断矩阵最大特征根计算出一致性指标 CI，具体计算方法如公式 4 - 5 所示。

$$CI = \frac{(\lambda_{max} - n)}{n - 1} \qquad (4-5)$$

一致性指标 CI 的大小主要由最大特征根和判断矩阵的阶数 n 来确定，不同阶数的判断矩阵，其 CI 值也互不相同。正常情况下，一致性指标 CI 随着判断矩阵阶数的增多而变大，为了核算不同阶数以判断矩阵的满意一致性，我们需要引入平均随机一致性指标 RI 来进行比较修正（表 4 - 5 给出了 $1 \sim 10$ 阶矩阵的平均随机一致性指标值）。一致性指标 CI 与平均随机一致性指标 RI 的比值组成了检验判断矩阵的一致性比率 CR，见公式 4 - 6：

$$CR = \frac{CI}{RI} \qquad\qquad (4-6)$$

一般情况下，判断矩阵的一致性比率 $CR < 0.1$，说明判断矩阵基本符合完全一致性检验的判断标准；$CR \geq 0.1$，说明该判断矩阵并不具备完全一致性的检验标准，这时就需要专家小组对判断矩阵中的元素取值进行修正。如此经过反复检验和修正，最终使所得的判断矩阵结果令人满意。

表 4 - 5　判断矩阵的平均随机一致性指标值

矩阵阶数	1	2	3	4	5	6	7	8	9	10
RI	0.00	0.00	0.58	0.90	1.12	1.24	1.32	1.41	1.45	1.49

4.3　低碳时代物流企业竞争力的综合评价

4.3.1　综合评价方法的选择

在国内外学者的研究中我们可以发现，对国家、区域、企业等发展绩效的综合评价方法有很多，而且这些方法也都在不断地发展和完善，就目前来看，常用的综合评价方法有：数据包络分析法（DEA）、灰色关联度分析法（GRA，Grey Relational Analysis）、人工神经网络法（ANN，Artificial Neural Network）、聚类分析法（CA，Cluster Analysis）、模糊分析法（FE，Evaluation Fuzzy）等，邱东（1991）、金芳芳等人（2013）、耿勇（2014）等人的研究对这些评价方法都有着较为详细的介绍，本书不再赘述，只将常用的几种综合评价方法优缺点汇总如表 4 - 6 所示。整体来看这些方法各有优缺点，互有侧重方向，结合本书的研究目的，在对低碳时代物流企业竞争力进行综合评价的时候，要根据物流行业的发展现状，以及深入企业实地调研所获取的数据资料，选择最为科学客观的评价方法。

表4-6 常用综合评价方法对比

评价方法	主要优点	主要缺点
数据包络分析法（DEA）	在投入-产出模型的决策中有着极大的优越性，有效控制主观原因造成的评价误差	对评价指标设计要求较高，由于以投入、产出两大类指标为基础，指标选取受到很大限制
灰色关联度分析法（GRA）	对统计、调研数据的依赖性较弱，能够有效减少由于信息不对称造成的误差	具有较强的主观性，在评价过程中需要求出各项指标的最优值，计算过程较为复杂
聚类分析法（CA）	能够清晰、直观地反映指标数据之间的关系，方法快捷，便于扩展	聚类分析需要提前确定分类数目，而当样本数量较大时，不便于获得聚类分析的结论
模糊分析法（FE）	对多层次、多指标的综合评价问题有着较好的处理结果，能够较好地解决定性指标的量化问题	评价结果较为绝对，评语等级的划分还需要再严谨一些
人工神经网络法（ANN）	能够快速处理定量和定性问题的分析，具有很强的容错性	对于神经网络中指标的精确分析有一定的欠缺，尤其是对于一些必须得出结果的问题分析较为困难

考虑到低碳时代物流企业竞争力评价是一个多指标的综合评价问题，且在评价的过程中要对大量的定性指标进行量化分析，参考以上各种评价方法的对比结果，数据包络分析法和人工神经网络法对研究人员的数学技能要求较高，且操作过程较为复杂；聚类分析法和灰色关联分析法要依托定量数据来进行定性结果的研究；而选择模糊分析法，能较好地处理界定模糊的定性指标量化的问题，且综合评价法的发展已经较为成熟，能够较为客观地对多指标、多层次的综合问题作出评价。综合以上各点，本书选择模糊分析法来对低碳时代物流企业竞争力进行综合评价。

4.3.2 综合评价过程

在确定综合评价方法之后，下面就是多级模糊综合评价的具体实施。多级模糊综合评价主要分为四个步骤，首先要确定综合评价集，其次要确定评价指标隶属度，再次要构建多级模糊评价矩阵，最后是对模糊评价结果进行分析。

（1）确定综合评价集

本研究采用五级评价标准，确定综合评价集 $V = \{v_1, v_2, v_3, v_4, v_5\}$，其中 v_1, v_2, v_3, v_4, v_5 分别代表强、较强、一般、较弱、弱 5 个级别，由此所确定的评价等级分行向量矩阵为：$C = (c_1, c_2, c_3, c_4, c_5) = (0.9, 0.7, 0.5, 0.3, 0.1)$

（2）确定评价指标隶属度

假设 $r_{ij} = (i = 1, 2, \cdots, n; j = 1, 2, \cdots, n)$，$r_{ij}$ 表示指标层评价指标 B_{ij} 相对于第 j 级指标 v_j 的隶属度，在计算隶属度的时候，要将专家小组的评分结果进行汇总整理，得出某一指标层的评分结果，计算公式如下：

$$r_{ij} = \frac{v_{ij}}{\sum_{j=1}^{n} v_{ij}}, (j = 1, 2, \cdots, n) \qquad (4-7)$$

简单来说，其中 v_{ij} 表示专家小组对于指标层某一指标 B_{ij} 的评价人数，$\sum_{j=1}^{n} v_{ij}$ 表示专家小组的成员总数。

（3）获得模糊综合评价集

在计算了单个指标的隶属度之后，我们确定指标层的单因素评价矩阵：

$$R_i = \begin{bmatrix} r_{11} & r_{12} & r_{13} & r_{14} & r_{15} \\ r_{21} & r_{22} & r_{23} & r_{24} & r_{25} \\ r_{31} & r_{32} & r_{33} & r_{34} & r_{35} \\ r_{41} & r_{42} & r_{43} & r_{44} & r_{45} \\ r_{51} & r_{52} & r_{53} & r_{54} & r_{55} \end{bmatrix}$$

由指标层的判断矩阵，结合前文所计算的各个评价指标的权重值 W_{ij}，就可以计算准则层下的模糊评价集合，记为 Q_i，具体如下：

$$Q_i = W_{ij} \cdot R_i = (W_{i1}, W_{i2}, W_{i3}, W_{i4}, W_{i5}) \begin{bmatrix} r_{11} & r_{12} & r_{13} & r_{14} & r_{15} \\ r_{21} & r_{22} & r_{23} & r_{24} & r_{25} \\ r_{31} & r_{32} & r_{33} & r_{34} & r_{35} \\ r_{41} & r_{42} & r_{43} & r_{44} & r_{45} \\ r_{51} & r_{52} & r_{53} & r_{54} & r_{55} \end{bmatrix}$$

$$= (q_{i1}, q_{i2}, q_{i3}, q_{i4}, q_{i5}) \qquad (4-8)$$

其中：$i = (1, 2, 3, 4)$；此时其所对应的 n 值为 $(5, 5, 5, 5)$。

最后，由准则层模糊综合评价集，获得最终的目标层下最后的模糊综合评价集，将其记为 Q，计算结果如下：

$$Q = W_i \cdot \begin{bmatrix} Q_1 \\ Q_2 \\ Q_3 \\ Q_4 \\ Q_5 \end{bmatrix} = (w_1, w_2, w_3, w_4) \begin{bmatrix} q_{11} & q_{12} & q_{13} & q_{14} & q_{15} \\ q_{21} & q_{22} & q_{23} & q_{24} & q_{25} \\ q_{31} & q_{32} & q_{33} & q_{34} & q_{35} \\ q_{41} & q_{42} & q_{43} & q_{44} & q_{45} \end{bmatrix}$$

$$= (q_1, q_2, q_3, q_4, q_5) \tag{4-9}$$

（4）评价结果分析

确定最后目标层下的模糊综合评价集之后，最终的模糊综合评价结果，即低碳时代物流企业竞争力的综合评价值（用 G 表示）计算如下：

$$G = Q \cdot C^T \tag{4-10}$$

其中：Q 为目标层下模糊综合评价集合，C^T 为竞争力综合评价等级分行向量的转置矩阵。

最终的评价结果 G 表示低碳时代物流企业竞争力发展水平指数，数值结果区间为 $[0, 1]$，参考过往学者的研究，并结合低碳时代物流企业竞争力评价的综合意义，在最终的综合评价区间内我们将最终的评价结果分为三个等级，汇总如表 4-7 所示：

表 4-7　低碳经济背景下物流企业竞争力评价结果分级

综合评价等级	弱	一般	强
低碳时代物流企业竞争力发展水平指数	$0 \leqslant G < 0.5$	$0.5 \leqslant G < 0.7$	$0.7 \leqslant G \leqslant 1$

在这三个等级中，$0 \leqslant G < 0.5$ 时，说明被评价的物流企业在市场竞争中处于较为被动的状态，与其他企业相比并不具有竞争优势，即竞争力等级为弱；$0.5 \leqslant G < 0.7$ 时，说明被评价的物流企业与同行业其他企业相比具备了一定的竞争优势，竞争力水平为一般，该物流企业还有继续提升竞争力的空间；$0.7 \leqslant G \leqslant 1$ 时，说明被评价的物流企业具有较强竞争优势，企业基本实现了环境保护与经济利益的均衡发展。

4.4　低碳时代物流企业竞争力评价的
案例研究

4.4.1　案例公司简介——DB 物流公司

DB 物流公司是我国"5A 级"物流企业，总部位于上海市青浦区，企业始建于 1996 年，在近 20 年的发展历程中，DB 物流公司始终坚持以客户为中心，以诚信为承载，以助力成功为目标的服务理念，通过持续建设自营物流网店，不断深入优化物流线路，坚持为客户提供快速、高效、便捷的物流服务，得到了广大顾客的广泛好评，在我国民营零担物流企业中拥有一定的行业影响力。截止到 2014 年，DB 物流公司拥有员工 65000 余名，自营运输车辆 8800 多台，年营业总额已经突破 100 亿元，在全国开设了4800 多家直属营业网点，物流网络已经基本上覆盖全国所有城市和东中西地区，所建设的现代化物流转运中心总面积合计超过 103 万平方米。2013年 11 月，DB 物流公司正式上线了快递业务，使企业服务业务得到进一步的扩展。

DB 物流公司也特别重视绿色发展，企业领导对于国内目前刚刚起步的绿色物流有着独到的见解，为减少物流营运过程中的环境污染，DB 物流公司也在积极发展绿色物流。在物流运输方面，DB 物流公司坚持购买低排量的进口卡车，从污染源头进行控制，并通过对物流运输路线优化处理，最大限度地减少物流运输过程中的碳排放；在仓储配送方面，通过引入现代化的物流技术提升仓库分拣效率，构建系统的物流信息管理平台，将货物信息、车辆信息、客户信息进行分类整合，以信息化、网络化、专业化保障整个物流过程的高效运转，减少物流环节，节省企业成本；在人才战略方面，企业完善的管理制度，不仅为人才的培养提供了广阔的空间，也为企业的发展保存了最为重要的竞争力。

4.4.2　DB 物流公司竞争力综合评价体系

（一）构建评价指标判断矩阵

为了确定评价指标的权重系数，我们按照层次分析法的基本思想，采用专家评价法，邀请了 15 位物流行业的相关专家，组成专家评判小组，以匿名反馈的方式，用 1~9 标度打分评价的形式，构建了评价指标判断矩阵，然后对判断矩阵进行一致性检验，对于没有通过一致性检验的评价矩阵用德尔菲法经过反复确认，最终得到一致性判断矩阵，整理如表 4-8、表 4-9、表 4-10、表 4-11、表 4-12 所示。

表 4-8　准则层判断矩阵

$A-B$	B_1	B_2	B_3	B_4
B_1	1	1/2	2	3
B_2	…	1	4	3
B_3	…	…	1	1
B_4	…	…	…	1

通过计算，目标层 - 标准层特征值和特征向量如下所示：$W_A = $ （0.2799，0.4708，0.1265，0.1228），$\lambda_{max} = 4.0457$，最终得到一致性检验比例：$CR = 0.0171$，即 $CR < 0.1$，符合一致性检验要求。

表 4-9　市场运营能力指标层判断矩阵

B_1-C	C_{11}	C_{12}	C_{13}	C_{14}	C_{15}
C_{11}	1	1/2	1	1/3	1
C_{12}	…	1	3	1	3
C_{13}	…	…	1	1/3	1/2
C_{14}	…	…	…	1	3
C_{15}	…	…	…	…	1

通过计算，指标层 - 市场运营能力的特征值和特征向量如下所示：$W_{B1} = $（0.1223，0.3119，0.0981，0.3382，0.1295），$\lambda_{max} = 5.0780$，最终得到一致性检验比例：$CR = 0.0174$，即 $CR < 0.1$，符合一致性检验要求。

表 4-10　资源利用能力指标层判断矩阵

B_2-C	C_{21}	C_{22}	C_{23}	C_{24}	C_{25}
C_{21}	1	5	5	3	1
C_{22}	…	1	1/2	1/3	1/5

续表

$B_2 - C$	C_{21}	C_{22}	C_{23}	C_{24}	C_{25}
C_{23}	⋯	⋯	1	1	1/3
C_{24}	⋯	⋯	⋯	1	1/2
C_{25}	⋯	⋯	⋯	⋯	1

通过计算，指标层－资源利用能力的特征值和特征向量如下所示：$W_{B2}=$（0.3793，0.0587，0.1069，0.1392，0.3158），$\lambda_{max}=5.0768$，最终得到一致性检验比例：$CR=0.0171$，即 $CR<0.1$，符合一致性检验要求。

表 4 – 11　组织管理能力指标层判断矩阵

$B_3 - C$	C_{31}	C_{32}	C_{33}	C_{34}	C_{35}
C_{31}	1	1	7	5	3
C_{32}	⋯	1	5	3	3
C_{33}	⋯	⋯	1	1	1/3
C_{34}	⋯	⋯	⋯	1	1/2
C_{35}	⋯	⋯	⋯	⋯	1

通过计算，指标层－组织管理能力的特征值和特征向量为：$W_{B3}=$（0.3902，0.3294，0.0606，0.0779，0.1419），$\lambda_{max}=5.0739$，最终得到一致性检验比例：$CR=0.0165$，即 $CR<0.1$，符合一致性检验要求。

表 4 – 12　指标层环境控制能力判断矩阵

$B_4 - C$	C_{41}	C_{42}	C_{43}	C_{44}	C_{45}
C_{41}	1	5	3	3	7
C_{42}	⋯	1	1	1/2	3
C_{43}	⋯	⋯	1	1/2	3
C_{44}	⋯	⋯	⋯	1	5
C_{45}	⋯	⋯	⋯	⋯	1

通过计算，指标层－环境控制能力的特征值和特征向量如下所示：$W_{B4}=$（0.4792，0.1192，0.1320，0.2216，0.0480），$\lambda_{max}=5.0832$，最终得到一致性检验比例：$CR=0.0186$，即 $CR<0.1$，符合一致性检验要求。

（二）计算评价指标权重

在完成评价指标的判断矩阵的构建，并经过一致性检验之后，通过计算即可确定低碳时代物流企业 DB 的竞争力综合评价指标的权重系数，汇总如表 4－13 所示。

表 4－13　低碳时代物流企业 DB 的竞争力综合评价指标权重汇总

目标层	准则层	指标层	W_C	指标层权重系数
低碳时代物流企业竞争力综合评价指标体系（A）	市场运营能力（B_1）$W_1 = 0.2799$	市场份额（C_{11}）	0.1223	0.0342
		企业品牌形象（C_{12}）	0.3119	0.0873
		业务推广能力（C_{13}）	0.0981	0.0275
		服务质量满意度（C_{14}）	0.3382	0.0947
		市场信息敏感度（C_{15}）	0.1295	0.0363
	资源利用能力（B_2）$W_2 = 0.4708$	物流设施设备（C_{21}）	0.3794	0.1786
		员工受教育程度（C_{22}）	0.0587	0.0276
		物流技术创新能力（C_{23}）	0.1069	0.0503
		物流信息化程度（C_{24}）	0.1392	0.0656
		财务运营状况（C_{25}）	0.3158	0.1487
	组织管理能力（B_3）$W_3 = 0.1265$	企业文化（C_{31}）	0.3902	0.0494
		领导素质水平（C_{32}）	0.3294	0.0417
		企业员工流动率（C_{33}）	0.0606	0.0077
		企业规章制度满意度（C_{34}）	0.0779	0.0099
		企业凝聚力（C_{35}）	0.1419	0.0179
	环境控制能力（B_4）$W_4 = 0.1228$	环境管制政策适应（C_{41}）	0.4792	0.0588
		企业低碳发展规划（C_{42}）	0.1192	0.0146
		低碳设施技术利用（C_{43}）	0.1320	0.0162
		环境保护投资比（C_{44}）	0.2216	0.0272
		企业环境标准执行（C_{45}）	0.0480	0.0058

（三）确定评价指标隶属度

根据本书的研究目标，我们选择以匿名调查问卷的形式，邀请物流企业 DB 的 10 位中高层管理人员和相关技术人员进行了问卷调查，最终 10 份调查问卷全部顺利回收。经检验，问卷结果也全都符合标准，现将这 10

份调查问卷中对低碳时代物流企业 DB 的竞争力综合评价指标评价情况统计如表 4 – 14 所示。

表 4 – 14 低碳时代 DB 公司的竞争力综合评价指标评分结果

指标层	强	较强	一般	较弱	弱
C_{11}	–	3	7	–	–
C_{12}	6	4	–	–	–
C_{13}	2	8	–	–	–
C_{14}	3	7	–	–	–
C_{15}	–	3	5	2	–
C_{21}	4	6	–	–	–
C_{22}	2	5	3	–	–
C_{23}	–	–	6	3	1
C_{24}	2	5	3	–	–
C_{25}	–	4	5	1	–
C_{31}	6	4	–	–	–
C_{32}	4	4	2	–	–
C_{33}	1	3	6	–	–
C_{34}	–	3	5	2	–
C_{35}	–	–	3	4	3
C_{41}	1	2	6	1	–
C_{42}	–	1	4	3	2
C_{43}	–	2	3	5	–
C_{44}	–	–	2	5	3
C_{45}	–	–	4	4	2

根据评价指标的问卷调查汇总统计，即可得到综合评价指标的隶属度矩阵，对指标层评价指标的隶属度矩阵汇总如下：

$$R_1 = \begin{bmatrix} 0.00 & 0.30 & 0.70 & 0.00 & 0.00 \\ 0.60 & 0.40 & 0.00 & 0.00 & 0.00 \\ 0.20 & 0.80 & 0.00 & 0.00 & 0.00 \\ 0.30 & 0.70 & 0.00 & 0.00 & 0.00 \\ 0.00 & 0.30 & 0.50 & 0.20 & 0.00 \end{bmatrix} \qquad (4-11)$$

$$R_2 = \begin{bmatrix} 0.40 & 0.60 & 0.00 & 0.00 & 0.00 \\ 0.20 & 0.50 & 0.30 & 0.00 & 0.00 \\ 0.00 & 0.00 & 0.60 & 0.30 & 0.10 \\ 0.20 & 0.50 & 0.30 & 0.00 & 0.00 \\ 0.00 & 0.40 & 0.50 & 0.10 & 0.00 \end{bmatrix} \quad (4-12)$$

$$R_3 = \begin{bmatrix} 0.60 & 0.40 & 0.00 & 0.00 & 0.00 \\ 0.40 & 0.40 & 0.20 & 0.00 & 0.00 \\ 0.10 & 0.30 & 0.60 & 0.00 & 0.00 \\ 0.00 & 0.30 & 0.50 & 0.20 & 0.00 \\ 0.00 & 0.00 & 0.30 & 0.40 & 0.30 \end{bmatrix} \quad (4-13)$$

$$R_4 = \begin{bmatrix} 0.10 & 0.20 & 0.60 & 0.10 & 0.00 \\ 0.00 & 0.10 & 0.40 & 0.30 & 0.20 \\ 0.00 & 0.20 & 0.30 & 0.50 & 0.00 \\ 0.00 & 0.00 & 0.20 & 0.50 & 0.30 \\ 0.00 & 0.00 & 0.40 & 0.40 & 0.20 \end{bmatrix} \quad (4-14)$$

4.4.3　多级模糊综合评价分析

（一）指标层模糊综合评价

前面已经计算出综合评价指标的权重系数，并且构建了评价指标的模糊评价矩阵，下面就按照步骤对物流企业 DB 进行多级模糊综合评价。根据指标层的指标权重系数集，并结合所构建的模糊评价矩阵，即可求得指标层的模糊综合评价集：

$$Q_i = W_{ij} \cdot R_n = (W_{i1}, W_{i2}, \cdots, W_{i5}) \cdot \begin{bmatrix} r_{11} & r_{12} & r_{13} & r_{14} & r_{15} \\ r_{21} & r_{22} & r_{23} & r_{24} & r_{25} \\ r_{31} & r_{32} & r_{33} & r_{34} & r_{35} \\ r_{41} & r_{42} & r_{43} & r_{44} & r_{45} \\ r_{51} & r_{52} & r_{53} & r_{54} & r_{55} \end{bmatrix} = (q_{i1}, q_{i2}, q_{i3}, q_{i4}, q_{i5})$$

其中：$i = (1, 2, 3, 4)$；此时其所对应的 n 值为 $(5, 5, 5, 5)$

以市场运营能力指标层为例，计算出该项指标的模糊评价向量 Q_1：

$$Q_1 = W_{ij} \cdot R_1 = (W_{11}, W_{12}, \cdots, W_{15}) \cdot \begin{bmatrix} r_{11} & r_{12} & r_{13} & r_{14} & r_{15} \\ r_{21} & r_{22} & r_{23} & r_{24} & r_{25} \\ r_{31} & r_{32} & r_{33} & r_{34} & r_{35} \\ r_{41} & r_{42} & r_{43} & r_{44} & r_{45} \\ r_{51} & r_{52} & r_{53} & r_{54} & r_{55} \end{bmatrix}$$

$$= (0.1223, 0.3119, 0.0981, 0.3382, 0.1295) \cdot \begin{bmatrix} 0.00 & 0.30 & 0.70 & 0.00 & 0.00 \\ 0.60 & 0.40 & 0.00 & 0.00 & 0.00 \\ 0.20 & 0.80 & 0.00 & 0.00 & 0.00 \\ 0.30 & 0.70 & 0.00 & 0.00 & 0.00 \\ 0.00 & 0.30 & 0.50 & 0.20 & 0.00 \end{bmatrix}$$

$$= (0.3082, 0.5155, 0.1504, 0.0259, 0.0000) \tag{4-15}$$

同理，我们也可以得出资源利用能力、组织管理能力、环境控制能力等指标层的模糊综合评价集，具体计算步骤省略，结果如下：

$$Q_2 = (0.1913, 0.4529, 0.2814, 0.0637, 0.0107)$$

$$Q_3 = (0.3719, 0.3294, 0.1838, 0.0723, 0.0426)$$

$$Q_4 = (0.0479, 0.1342, 0.4383, 0.2797, 0.0999)$$

（二）准则层指标模糊综合评价

准则层指标的模糊综合评价结果，可以按照如下公式计算出来：

$$Q = W_i \cdot \begin{bmatrix} Q_1 \\ Q_2 \\ Q_3 \\ Q_4 \end{bmatrix}$$

$$= (0.2799, 0.4708, 0.1265, 0.1228) \cdot \begin{bmatrix} 0.3082 & 0.5155 & 0.1504 & 0.0259 & 0.0000 \\ 0.1913 & 0.4529 & 0.2814 & 0.0637 & 0.0107 \\ 0.3719 & 0.3294 & 0.1838 & 0.0723 & 0.0426 \\ 0.0479 & 0.1342 & 0.4383 & 0.2797 & 0.0999 \end{bmatrix}$$

$$= (0.2293, 0.4157, 0.2516, 0.0807, 0.0227) \tag{4-16}$$

4.4.4　DB 物流公司综合评价结果分析

在获得准则层模糊评价集合之后，根据前文构建的低碳时代物流企业竞争力综合评定标准，结合综合评级向量 $C = (0.9, 0.7, 0.5, 0.3,$ $0.1)$，利用综合评级公式 $G = Q \cdot C^T$（公式 4 – 8），最终得到低碳时代物流企业 DB 的竞争力综合评价值 G_{DB}。

$$G_{DB} = Q \cdot C^T = (0.2293, 0.4157, 0.2516, 0.0807, 0.0227) \begin{bmatrix} 0.9 \\ 0.7 \\ 0.5 \\ 0.3 \\ 0.1 \end{bmatrix} = 0.6496$$

$$(4 - 17)$$

评定结果显示，低碳时代物流企业 DB 的竞争力综合评定值为 0.6496，大于 0.5，小于 0.7，说明在环境管制不断加强的大背景下，物流企业 DB 已经具备较强的竞争力，但是仍然存在继续提升的空间。

从指标权重系数和隶属关系的情况来看，DB 物流公司在市场运营和资源利用上都具有很强的实力，和行业内很多企业相比，具有明显的比较优势，企业管理制度相对比较完善，拥有良好的企业凝聚力和企业文化，对于目前的环境管制政策有着良好的适应性。但是企业在强化低碳发展规划，加强环境保护投资，强化企业内部的管理等方面还有很大的发展空间。对于物流企业 DB 来说，顺应环境管制的发展趋势，积极发展低碳物流，对企业的长期发展和竞争力的提升将有着十分重要的作用，同时也能够为行业内其他企业起到模范标杆作用。

4.5　本章小结

本章首先阐述了构建低碳时代物流企业竞争力综合评价模型的内涵和基本原则，详细介绍了构建低碳时代物流企业竞争力综合评价模型的基本流程。在此基础上，从市场运营能力、资源利用能力、组织管理能力、环境控制能力四个方面确定了物流企业竞争力综合评价指标体系以及指标权重的计算方法，详细论述了对低碳时代物流企业竞争力进行综合评价的过程。最后，以物流企业——DB 物流公司为例进行了案例研究。在简要介绍了 DB 物流公司的基本发展情况之后，在前文所建立的低碳时代物流企业竞争力的综合评价模型的基础上，运用层次分析法和多级模糊综合评价方法对 DB 物流企业的竞争力进行了综合评价，评价结果显示，在环境因素的外部压力下，DB 物流公司虽然已经具备较强的竞争力，但是在低碳发展规划和企业内部组织监管方面还需要进一步加以完善，低碳化发展大背景下 DB 物流公司的综合竞争力还有很大的提升空间。

5

低碳时代我国物流业的
碳排放测算研究

5.1　开展物流业碳排放测算研究的意义

2014 年中央经济工作会议指出，现在环境承载能力已经达到或接近上限，必须顺应人民群众对良好生态环境的期待，推动形成绿色低碳循环发展新方式。目前，我国经济发展进入"新常态"时期，全国政协副主席周小川指出，"新常态"下 GDP 增长的质量，包含对环境的重视。物流业作为能源消耗大户，碳排放量也非常大，是第三产业中的高碳行业。国际能源署（International Energy Agency，IEA）2012 年的年度报告显示，2010 年全球交通用油总量占全球石油消耗总量的 61.5%，全球交通部门 CO_2 排放量占全球 CO_2 排放量的 22.3%。

在国内，随着近年来我国工业化、城市化的推进以及"十一五"和"十二五"规划的支撑，我国物流业得到飞速的发展，2013 年中国物流市场占全球物流市场的 18.6%，超过美国 15.8% 的水平，中国已经成为世界物流总量第一大国。2014 年，物流业增加值为 3.5 万亿元，占 GDP 的 5.6%、服务业的 11.6%。我国目前正处于快速发展阶段，未来物流业规模还会进一步扩大，随之而来的就是碳排放的增加，我国要实现国家制定的减排目标就必须将物流业作为减排重要领域。

要实现有效的碳减排，很多专家都认为首先须有科学的碳排放核算体系，以便制定合理的减排指标，无论是对减排的奖励还是对减排不力的惩罚，都应有一个科学的依据，即测算物流业的碳排放是发展低碳物流的第一步。物流业作为碳排放大户，目前国内学者正在逐步开展关于低碳物流的研究，但从碳排放测算角度定量探究碳减排指标的相关研究较少，国内学者对物流业碳排放测算的研究还处于起步阶段，基本上都是近几年的研究，对我国物流业系统整体的宏观研究较少且政策体系研究不足，并且多采用直接能耗法进行测算，误差较大。同时针对物流业碳排放的环境库兹涅茨曲线（Environmental Kuznets Curve，EKC）及其影响因素的研究并不多，且很多研究并没有对实证数据及结果做进一步的检验，可靠性低。本书立足物流业的低碳化发展，对我国物流业碳排放量进行测算，对我国物流业经济增长与碳排放关系进行研究，以及对物流业碳排放影响因素进行分析，最后提出相关管制政策建议，为我国物流业减排指标及政策的制定提供借鉴，具有如下研究意义。

（1）理论意义

首先，对国内外碳排放测算方法以及国内外物流业碳排放测算相关研究进行梳理总结及分析，为其他学者开展碳排放测算等相关研究提供一条清晰的研究脉络；其次，采用投入产出间接能耗法对我国物流业碳排放测算进行研究，为其他学者应用此方法提供参考，同时有助于完善国内间接碳排放测算理论体系，为减排指标的制定提供数据支撑。此外，通过 EKC 模型对我国物流业经济增长与碳排放关系以及碳排放影响因素进行研究，把握我国物流业碳排放整体现状及影响因素，为碳减排政策的制定提供理论借鉴。

（2）现实意义

首先，通过分析物流业能源消费结构、能源碳排放量以及整体物流业碳排放量，为我国物流业能源消费结构的改善、能源效率的提高以及减排指标的制定提供基础；其次，通过国家政策的引导，物流业可以完成从"高碳"到"低碳"模式的转型，提升产业竞争力，推动自身长远发展；最后，推进我国低碳物流及低碳经济的发展，进而推动我国可持续发展。

5.2　国内外碳排放测算方法的梳理与研究动态

5.2.1　碳排放测算方法研究

国际上系统地提出碳排放相对完整的核算体系并没有多长时间，《联合国气候变化框架公约》在 1992 年就提出要将大气中温室气体的浓度控制在一定范围内，但由于没有具体的量化的减排指标，缺乏可操作性，直至政府间气候变化专门委员会（Intergovernmental Panel on Climate Change, IPCC）温室气体排放清单的编制及算法的提出，温室气体排放核算体系的新时代才正式开启。目前国内外关于碳排放核算方法的研究相对较丰富，方法种类较多，但并没有形成统一的、系统的、较完善的测算方法体系。目前关于碳排放测算的思路主要是基于能源消耗的核算，基于非能源碳排放的测算方法研究特别少（Neelis et al.，2005）。为此，本研究主要对基于能源消耗的碳排放测算方法研究及应用现状进行梳理总结，以了解碳排放测算方法及研究动态；除实测法外，根据《产品寿命周期核算与报告标准》对温室气体核算范围的划分（世界可持续发展工商理事会、世界资源研究所，2013），将测算方法分为直接能耗法和完全能耗法。

（一）直接能耗法的碳排放测算研究动态

直接能耗是指产品或服务在生产过程中直接消耗的能源。国内外学者对直接能耗碳排放测算的研究方法主要包括 IPCC 碳排放系数法和基于投入产出表的直接消耗系数法及碳足迹计算器法。其中碳足迹计算器法主要是依据计算器提供的碳排放因子，对居民个人及家庭日常生活方式等能源消耗造成的碳排放进行统计的网络计算法。

（1）IPCC 碳排放系数法测算研究

碳排放系数是指能源在使用过程中单位能源所产生的碳排放量，根据 IPCC 的假定，某种能源的碳排放系数是不变的，IPCC 碳排放系数法被广泛认可，被认为是最权威的方法。将生产某种产品消耗的能源量同其相应的碳排放系数相乘即可获得相应的碳排放量。整体上看，IPCC 碳排放系数法是基于生产责任的排放核算，考虑的是直接碳排放，操作简单但没有考虑间接碳排放，计算结果不够准确、不够可靠。

IPCC 指南中主要介绍了三种基于碳排放系数的碳排放计算方法：分部门计算法、特定因子计算法以及基于能源表观消费量的计算法。分部门计算方法需要统计各个部门的能源消耗量，能避免由于能源非燃料用途而造成的重复计算，虽比基于能源表观消费量法而计算的结果更为精确，但对数据要求较高，获取难度大，目前国内外采用此种方法的相对较少。代表性的研究成果有：Stefan Gössling 等（2005）和石培华等（2011）通过分部门构建模型并利用碳排放系数对旅游业的碳排放作了估算；娄伟（2011）将城市碳排放划分为几个部分，并以城市能源消费和土地利用碳排放两部分为例，构建了基于碳排放系数的计算模型并作了实证研究。特定排放因子法是三种方法中最精确的，但由于需要对各国或各地区的碳排放因子作测算，操作成本高，国内外相关研究中都很少运用（Bin & Dowlatabadi，2005）。基于能源表观消费量法，由于城市尺度的统计数据限制，目前国内外运用较多，如冯蕊（2011）、陈飞等（2009）基于此法对居民生活消费碳排放作了测算研究，虽然运用此法估算碳排放较为简单，但其只适用于统计数据不详尽的情况，适用于宏观碳排放的研究，由于采用的不是本地碳排放系数，故存在一定的计算误差。

（2）基于投入产出表的直接能耗法测算研究

关于环境投入产出模型，早期的投入产出理论为其奠定了良好基础，美国经济学家里昂惕夫（Leontief）从 1931 年就开始研究并编制投入产出表以研究美国经济结构。二战爆发后，美国政府同 Leontief 合作编制年投入产出表并开展研究，资源环境被纳入投入产出经济分析（Leontief & Ford，1970，1972），此后投入产出法得到了很大的发展。其中，有学者将其应用到能源消耗研究中，如 Bullard 和 Herendeen（1975）以美国 1967 年投入产出数据库为基础，对美国各部门能源消耗进行了测算。中国社会科学院也于 1974～1976 年编制了中国第一个国民经济投入产出表。

投入产出表直接能耗法，是指通过投入产出表得到直接消耗系数矩阵，利用直接消耗矩阵和碳排放系数，得到直接碳排放量。其中，直接消耗系数矩阵由直接消耗系数组成。此方法只测算生产过程中直接消耗能源产生的碳排放，但与 IPCC 的方法相比相对复杂且忽略间接碳排放。虽目前国内外对此方法都有一定的应用，但应用研究较少，且几乎没有单独采用直接能源消耗法的碳排放测算方法，更多是在将其与间接碳排放相对比时才采用，而且很多学者，如 Manfred Lenzen（1998）和 Machado G. 等（2001）也有一致的结论：间接碳排放比直接碳排放估算更准确，且间接排放量远高于直接排放量。国内孙建卫等（2010）和徐盈之等（2011）也在相关研究中应用了此种方法，温单辉（2013）在对碳关税对中国经济影响的研究中提出了直接能源消耗法、完全能耗法及混合计算法，分别采用三种方法对中国外贸碳排放量进行了比较，并发现直接能源消耗法与完全消耗法碳排放量相差 10 倍。

（二）全部能耗法的碳排放测算研究动态

全部能耗法是指考虑产品所涉及的整个生产链，包括其他关联行业对其投入的产品在生产过程中所消耗的能源在内所排放的 CO_2，直至产业链前端、上游开采时的碳排放。国内外学者对全部能耗碳排放的测算研究方法主要有三种思路：其一是以价值流为基础的投入产出法，从前到后统计最终产品所消耗的各行业的投入价值量，然后以各行业单位产值能耗量为基础求出各行业的间接能源消耗所造成的碳排放；其二是以物质流为基础的生命周期法，从后到前估算产品生产全部过程所消耗的全部能源的物质量，再按照各种能源物质量与标准煤之间的转换关系求出间接能源消耗量所造成的碳排放，此方法主要用于产品、项目或企业的碳排放核算；其三是将前两种方法相结合的混合分析法。下面对这三种思路的相关研究成果作一归纳性的介绍。

（1）投入产出完全能耗法碳排放测算研究

基于投入产出表的完全能耗法是指对产品生产过程包括间接碳排放在内的测算，间接碳排放也是非常重要的一部分，早在 20 世纪 70 年代，Leontief（1970）在他关于经济结构与环境的文章中，就提出在建筑环境背景下，传统观点认为重点是提高建筑物的能源效率，而其他建筑生命周期阶段通常被认为不太重要。这种看法是有问题的，应更多地关注建设阶段，包括使用材料本身的碳排放，并基于早年的投入产出理论，采用生命周期法，以芬兰国家数据为基础，对温室气体排放与原材料以及建筑之间的关系进行了评价。该方法能够考虑到产品生产所造成的间接碳排放，有学者认为投入产出法是一个很好的计算框架，适用于多国间完全碳足迹估算（Wiedmann，2009），但数据量大、难以收集，故适用于宏观层面计算。同时，由于采用价值量计算能耗以及分部门计算能耗会产生结果估算偏差，目前，很多国内外学者采用以价值流为基础的投入产出法测算产品间接碳排放，针对国际贸易碳排放以及居民消费品碳排放的应用研究较多。

投入产出法既适用于直接碳排放测算又适用于间接碳排放测算，从研究层次来看，既有国家层面的碳排放研究，也有具体到行业的中观层面研

究，代表性成果有：Annemarie 等（2009）、马述忠等（2010）以投入产出
表为基础，从国家宏观层面出发对出口贸易的直接碳排放和间接碳排放进
行了估算；Ahmad 和 Wyckoff（2003）、Maenpa 和 Siikavirta（2007）、齐晔
等（2008）基于各自国家的投入产出表，通过计算消耗系数得出隐含能
源，并对国际贸易中商品隐含碳进行了测算研究；孟祺（2010）、黄敏等
（2010）采用投入产出模型对我国外贸出口商品的隐含碳进行了测算，研
究发现，出口商品的隐含碳排放量逐年增长；傅京燕和张珊珊（2011）采
用投入产出法对中国 16 个制造行业的对外贸易隐含碳进行了估算比较，认
为中国的高碳排放行业具有比较优势。Pachauri 和 Spreng（2002）基于投
入产出表对历年印度居民家庭生活对能源的直接与间接需求进行了分析研
究；Claude 等人（2005）基于投入产出表对巴西居民家庭的直接与间接能
源消费的碳排放进行了研究，研究结果都表明间接能源需求量占较大分
量。也有学者通过自行编制投入产出表对碳排放进行研究，例如周平和王
黎明（2011）就利用价值型投入产出表及能源消费实物量相关数据，编制
出能源投入产出表，并对居民消费的直接与间接碳排放量分别进行了计
算，结果也显示间接碳排放高于直接碳排放。从事类似研究的还有 Manfred
Lenzen 等（2004），他们研究认为现代城市人的生活需要大量的自然资源，
城市内间接能源消耗同直接能源消耗一样重要。此外，投入产出方法在制造
业、包装工业（周建伟、许晨，2010）、建材行业（何琼，2010）等领域都
有应用，可见该方法目前应用研究较为丰富，理论体系相对成熟。

（2）生命周期法碳排放测算研究

生命周期法是对产品或服务活动在整个生命周期内所消耗的能量造成
的排放量的研究。此法最早应用于 20 世纪 60 年代，即 1969 年美国研究所
对 Coca-Cola 公司饮料包装瓶作的评价研究（杨建新、王如松，1998）。20
世纪 70 年代能源危机使能源消耗造成的污染问题受到广泛关注，自此，生
命周期法研究领域向公共领域延伸。直至 1990 年，国际环境毒理学和化学
学会（Society of Environmental Toxicology and Chemistry，SETAC）提出的生
命周期评估法（Life Cycle Assessment，LCA）使该方法的理论体系得到进
一步完善，该学会 1993 年出版的《LCA 纲要：实用指南》为其提供了一
个基本技术框架，成为生命周期评价方法论研究起步的一个里程碑。除此
之外，国际标准化组织（International Organization for Standardization，ISO）

将生命周期法纳入环境管理体系系列，其中 SETAC 和 ISO 评价框架前三步都为目标确定、清单分析、影响评价。不过，我国对生命周期评价展开研究的时间比较晚，直到 20 世纪末期才有学者真正开始关注，但发展速度却非常快（孙启宏等，2000）。

生命周期法主要包括三种方法：一是基于产品的核算，以英国标准协会 2008 年 10 月颁布的《商品和服务在生命周期内的温室气体排放评价规范》（简称 PAS2050，即 Publicly Available Specification）规范为代表，这也是世界第一份碳足迹方法标准；二是基于企业或组织的核算，以《温室气体协议：企业核算和报告准则》[简称"企业核算 GHG 协议"，即 The Greenhouse Gas（GHG）Protocol]为代表，测算范围涵盖产品从一个企业运到另一个制造商企业的碳排放（世界资源研究所，2006）；三是基于项目的碳排放核算，以清洁发展机制（Clean Development Mechanism，CDM）为代表，测算范围涵盖产品的整个生命周期，包含原料、制造、分销和零售、消费者使用，甚至包括最终的废弃或回收阶段的温室气体碳排放的核算（Gössling & Ecotourism，1999）。

生命周期法用于估算某个项目从投入到最终产出整个过程中温室气体的排放量，是按照不同产品进行分类计算的，可以避免采用平均法而产生的误差，能为政府决策提供有力支持。早在 1997 年 Rice 和 Clift 就提出，测量和评估碳排放作为减排的一个重要步骤，LCA 的技术方法就是一个很好的选择。目前 LCA 方法在很多行业的碳排放研究中得到应用，特别在工程项目碳排放研究中应用较多（周咏馨、苏瑛，2010），同时在对居民生活能源消费、对外贸易（刘强，2008）、旅游、食品（马爱进、赵海珍，2010）等行业的碳排放测算研究中都有应用。关于此方法的应用研究，学者都是从整个生命周期角度出发，分阶段、分部门地构建基于碳排放系数的模型从而进行测算研究。如 Wei Yiming（2007）等人采用生命周期法对居民家庭生活的能源消耗量或 CO_2 排放量作了估算，发现居民的间接能源消费量更大；Burchart（2011）采用生命周期法对超低 CO_2 排放炼钢法（Ultra Low CO_2 Steelmaking，ULCOS）的碳排放进行了评估，认为该方法有助于减少碳排放。但我国并没有关于具体行业或具体设备的碳排放标准系数，由此可能会造成测算误差以及测算过程复杂化，如姜志威等（2012）采用生命周期思路，构建了基于碳排放系数和各种原料消耗量的高架建造

周期内 CO_2 排放量的计算模型，并选取一个工程案例进行实证研究，能源及能耗工程的 CO_2 排放系数采用的是 2006 年 IPCC 指南中提供的 CO_2 排放系数，测算结果有一定误差。总体来看，生命周期法的评价范围有一定局限性，这是因为 LCA 只考虑了生态环境、资源消耗等方面的环境问题，不涉及技术、经济或社会效应等，且此运用方法时需要提供非常详细的产品生命周期内的各种数据，数据获取非常困难。

目前，基于生命周期思路确定的最完整的碳排放测算方法是 PAS 2050 规范法，也是评价产品碳足迹应用较多的方法。在 PAS 2050 规范中，任何商品或服务的碳足迹都有五个基本步骤：绘制流程图、检查边界并确定优先顺序、收集数据、计算碳足迹、检查不确定性，该方法包含对直接能源消耗与间接能源消耗碳排放的测算。目前 PAS 2050 在产品或服务层面的碳排放核算研究成果比较丰富，如付延冰等（2013）在对高速路碳排放的研究中，就是先对整个生命周期的排放源进行分析，接着确定测算边界并构建模型，然后采集数据并计算碳排放量。

（3）混合分析法

投入产出法根据部门的投入和产出推算出该部门的完全消耗，是由前到后的宏观算法，会存在一定误差。相比之下，生命周期法是从微观角度由后到前测算产品从生产到最终废弃或回收的各个阶段的能源消耗。为了得到更准确的结果，Bullard 和 Pilati（1978）将投入产出法和生命周期理论结合，提出了混合分析法，这样两种方法相互补充，有效弥补了各自的缺点，可得到更加准确的结果。目前混合分析法在国外运用较多，代表性成果有：Weber 和 Matthews（2008）将区域间投入产出分析模型和生命周期法结合，对国际贸易对美国家庭碳排放的影响进行了研究；斯德哥尔摩环境研究所（Stockholm Environment Institute，SEI）在 2006 年将过程分析法和投入产出法相结合对英国学校的碳足迹进行了计算，并得出学校集中供暖所造成的温室气体 75% 来自间接碳排放；Benders 等（2001）详细介绍了混合分析法在家庭消费碳排放测算中的设计和应用流程。

（三）实测法研究动态

实测法主要通过环境检测部门采集排放气体样本，并测量其流速、流量、浓度，用环保部门认可的测量数据来计算气体的排放总量。实测法的基础数据来源于环境监测站，优点是测算结果的精确度非常高，缺点也非常明显，譬如要求样品有代表性，而且需要多次测定，且检测范围非常有限，测算成本高。因此，实践中该方法的应用较少，主要是用于锅炉、农林、森林等领域的碳排放研究。美国是烟气排放连续监测系统（Continuous Emission Monitoring System，CEMS）最发达的国家，我国目前还没有自己的监测系统，但是我国已经开始重视连续监测系统，将逐步建立和完善温室气体排放的统计监测和分解考核体系，为实现 2020 年的碳减排目标提供保障。目前我国有些学者对碳排放实测法也有一定的研究与应用，如吴晓蔚等（2010）利用 U23 多组分红外气体分析仪及 TH880F 烟尘分析仪对全国 30 台具有代表性的火力发电机组排放的 CO_2 和 N_2O 进行在线检测，以测算我国发电行业温室气体排放状况及排放因子。

5.2.2　物流业碳排放测算研究

IPCC 关于交通碳排放的测算主要包括两种方法：一种是由前到后的测算方法，即从产业链前端的总交通能源消耗量出发，用之乘以相应的碳排放系数对碳排放进行统计；另一种是由后到前的测算方法，即从交通运输末端出发，用各种交通方式的运输距离乘上每种运输方式单位运输距离消耗的能源量来统计总的能源消费量，然后再乘上相应的碳排放系数即可。由后到前的交通运输碳排放统计方法可以对不同的运输方式的碳排放进行统计，可以为不同运输方式的减排政策提供很好的理论借鉴，但是缺点是要采用的数据相对复杂、工作量大，统计及处理难度也较大，且可能存在较大的误差。

（一）国外物流业碳排放测算研究动态

国外关于物流业碳排放测算的研究相对较早，McKinnon 和 Woodburn（1996）初步构造了一个量化物流活动 CO_2 排放的模型框架，关于物流业碳足迹的概念，最早是由英国的 Weber 和 Matthews（2008）提出的。学者们对物流业碳排放的研究视角也较为丰富，除了宏观把握物流业碳排放外，还包括从海事部门出发对国际供应链的碳足迹的研究（Leonardi & Browne，2010）、碳排放交易下对道路货物运输碳足迹的研究，还有对城市交通业碳排放的研究（Li，2015）、对居民传统购物方式和网上购物物流配送最后一公里所造成的碳排放的对比研究（Brown & Guiffrida，2014）、闭环供应链的碳足迹研究（宫艳雪，2011），等等。国外相关研究主要分为两类，其一是对物流碳排放测量方法的研究及应用，其二是在碳排放测算基础上将其作为影响因素对物流活动进行深入研究。

（1）国外物流业碳排放测算方法研究

国外在物流业碳排放测算的研究方面，方法较为丰富，主要包括基于运距的碳排放系数法、生命周期法、投入产出法、IPCC 碳排放系数法、网络碳计算器法、直接测量法、构建模型法等。由于采用国际通用的碳排放系数，IPCC 碳排放系数法的测算结果存在较大误差，国外的应用研究相对较少（Rizet et al.，2012）。整体上，前三种方法在国外研究中应用较多，其他方法应用较少，网络碳计算器法主要应用于微观层面，也有国外学者采用此法对物流业活动的碳排放作计算研究，如 Cholette 和 Venkat（2009）基于运输规模采用网络碳计算器法对每个运输链和储存点的能源消耗的碳排放进行了计算，发现供应链配置不同会对碳排放产生很大影响。要求较高的直接测量法在国外物流业碳排放测算中也有相关应用研究，如 Lee（2011）通过直接测量法对一个供应商样本进行了碳足迹测算。

第一种：基于运距的碳排放系数法。基于运距的碳排放系数法是根据交通工具的运输距离及单位运输距离油耗和燃油的碳排放系数来测算碳排放的方法，国外应用研究较多。只是不同学者围绕单位运输距离的油耗采用了不同方法，很多学者采用的都是恒定速度的单位距离油耗测算法（Palmer，2007），如 Ubeda 等（2010）以西班牙的一个著名的食品物流配送公司作为绿色物流研究对象，用基于运输距离的碳排放系数法对其物流配送过程中的碳排放进行了测算，以研究其对环境的影响，随后提出通过车队的管理、路径的优化等来实现运输减排和提升效率的双重目标。但 Woensel 等（2001）指出，采用恒定速度的单位距离油耗有误差，建议采用动态的单位距离油耗量来计算碳排放。

第二种：生命周期法。国外许多学者基于产品的生命周期通过构建基于碳排放系数的模型，对物流供应链碳排放进行了测算研究，代表性成果有：Chaabane A. 等人（2012）采用 CLA 与碳排放因子相结合的方式对铝业供应链进行了研究，并构建了一个整数线性规划模型，对铝业经济和环境权衡下的成本与策略进行了研究；Balan Sundarakani 等（2010）根据产品的生命周期，使用拉格朗日和欧拉运输法构建了供应链碳足迹分析模型，并提出了减排建议。此外，还有学者证明生命周期法测算的碳排放相对准确，Pattara 等（2012）介绍了标准、客观的碳足迹计算工具，并采用生命周期法对葡萄酒供应链进行了测算研究。

第三种：投入产出法。运用投入产出法对物流业的碳排放进行测算，结果普遍显示，物流业的碳排放量所占比重较大。David Bonilla（2015）采用 9 个部门的数据集和环境投入产出表，对欧盟各部门的碳排放水平进行了研究，重点对五个碳排放持续增长的部门进行了深入分析，发现电子工业和纺织工业的碳排放量最高；日本京都的货物运输碳排放量也占总量的 12%，这些研究成果为其他学者采用投入产出法对行业碳排放进行研究提供了借鉴。

第四种：模型构建法。也有学者通过构建模型对交通运输碳排放进行研究，为研究物流业减排问题提供了很好的决策参考。如 Hickmana 和 Ashirub 等（2009）基于伦敦交通构建了一个碳排放仿真模型（TC-SIM）；Palme（2007）构建了一个集成的路线优化模型来估计货运车辆的碳排放；Maja 和 McKinnon（2009）计算了常态、乐观、悲观三种政府应对情况下英国道路货物运输的燃油效率及燃料碳排放强度的变化，并对 2020 年的碳排放进行了预测，研究发现常态下和乐观情境下，碳排放量都会大幅度下降，这一结果为政府减排政策的制定提供了理论指导。

（2）国外物流业碳排放测算应用研究

一些国外学者将测算的碳排放结果作为影响因子纳入物流及运输的操作决策中并进行研究，取得了一定成果，为物流业减排提供了理论支撑。他们主要是对碳排放与成本关系进行研究，Tavakkoli-Moghaddam 等人（2014）给出一个在温室气体排放不确定的情况下的混合整数线性规划（Mixed-Integer Linear Programming，MILP）模型，模型目标不仅包括车辆运距及利用率的最小化，还包括燃料消耗和温室气体排放量及总成本的最小化，研究发现减少碳排放和节约成本能够同时发生。但 Harris 和 Naim 等人（2011）研究了基础设施成本优化对物流成本和碳排放的影响，分析认为基于成本的优化设计并不是减少 CO_2 排放的最佳解决方案。此外，也有关于碳排放对供应链运作影响的研究，如 Timo 和 Hoffmann（2007）研究了碳排放对企业风险管理的影响，结果显示如果企业不考虑和管理碳排放将会对供应链及合作伙伴带来负面影响。

（二）国内物流业碳排放测算研究动态

目前国内关于物流业碳排放的测算，相较于国外，起步较晚，研究不够深入，主要是针对某一方面交通的碳排放研究（欧阳斌等，2015），如客运碳排放、以城市为主体的交通碳排放等，针对整体物流系统的碳排放测算研究相对较少。目前国内相关研究中，关于物流业碳排放测算方法的研究及应用，主要包括四种方法，一是 IPCC 碳排放系数法，国内大量采用这一研究方法，且已有一定的研究深度，应用研究相对成熟。二是基于运输距离的碳排放系数法，与国外相比这方面的应用研究较少。三是生命周期法，四是投入产出法。其中前两种属于直接能耗法，即只对物流产业链中的碳排放进行测算，后两种测算范围更广，包括为生产活动服务的其他行业的间接碳排放，应用研究也较少。

IPCC 碳排放系数法使用的数据相对易采集、计算过程简单，目前我国学者在研究物流碳排放时使用较多，对我国整体物流业的碳排放状况已初步得出结论：我国物流业碳排放总量增长趋势明显（张晶、蔡建峰，2014），柴油消费碳足迹所占比例最大（罗希等，2012）。我国物流业碳排放量存在地域不平衡性问题，中东部大部分省份的碳排放量要高于西部省份，其中东部地区的碳排放总量和增速均明显大于中西部地区，单位货物周转量碳足迹呈下降趋势，但从单位货物周转排放的 CO_2 来看，西部大部分地区要高于中东部地区（周叶等，2011）。另外，从测算范围来看，主要是对物流过程直接能源消耗碳排放量进行计算，如陈婧（2013）在采用碳排放系数法估我国物流业碳排放时，对物流业碳排放测算范围作了界定（包括物流业活动幕后的物流园区所消耗电力的固定碳排放和物流活动中运输过程的交通燃油消耗碳排放），为其他学者的相关研究提供了参考。周叶等人（2011）、张晶和蔡建峰（2014）对我国各省市物流业 CO_2 排放量的测算也是对直接能源消耗碳排放的测算，并没有涵盖为物流业提供中间产品或服务的其他行业的间接碳排放量。段向云（2013）在研究物流业发展与碳排放的关系时发现，浙江省的物流业增长与碳排放量呈线性关系。徐雅楠等（2011）通过对我国物流业发展与碳排放的关系进行研究，认为我国交通运输业碳排放量逐年增长且与 GDP 呈正相关，这从侧面反映出我国物流业发展还处于以破坏环境为代价换取经济增长的阶段。

基于运距的算法是指以运输车辆单位运输距离的耗油量为基础，对物流业的运输部门碳排放进行测算的方法。虽然此方法可以为政府制定减排政策提供借鉴，如曲艳敏等（2010）采用此方法对湖北省骨干公路网在三种不同情境下的碳排放进行了预测研究，谢菲菲（2013）采用 IPCC 碳排放系数法对北京各种交通方式的碳排放量进行了测算研究，但 IPCC 碳排放系数与根据我国实际状况计算的碳排放因子存在较大误差。

国内学者在对物流业碳排放测算进行研究时，生命周期法应用研究较多，为物流业碳排放测算及测算范围的界定提供了重要的借鉴，但实证研究较少。楚龙娟和冯春（2010）以 PAS 2050 规范为指导，对物流链条进行了分析，对物流活动碳排放的计算方法进行了理论研究，对其他学者进行碳排放测算研究有一定的参考价值，但其并没有进行实证研究。龙江英（2012）提出的交通体系碳排放测算范围不仅包括物流活动中的化石燃料消费及电力消耗，还包括化学反应、二次建材、建筑材料以及施工过程中的碳排放。史祎馨（2014）根据 PAS 2050 规范，对第三方物流企业的物流活动进行了分析，并对物流服务中的碳排放范围作了界定，主要包括固定的碳排放活动（行政管理、合同管理、仓库建设及维护管理等作业）和非固定碳排放活动（运输、搬运、分拣、包装、配送等作业）。也有学者对冷链物流测算范围加以界定，主要包括原料生产过程、配送过程以及预冷、储存、废弃造成的碳排放，为物流业碳排放测算范围研究提供借鉴（刘倩晨，2010）。蔡依萍等（2015）采用 LCA 法对不同运输方式下的碳排放量作了对比，研究发现，海运产生的碳足迹为公路的 36%，废弃阶段的碳排放量也较大，这为减排政策制定提供理论支撑。

国内目前几乎没有采用投入产出法对物流业碳排放进行研究的文献，仅有的采用此法的研究中包括国家层面和省域层面的物流业碳排放测算，且主要是对直接与间接碳排放的测算以及碳排放构成的分析，结论是物流业的隐性碳主要集中于本行业（刘佩，2014）。李烨啸（2013）考察了最终消费、资本形成、出口、进口、净输入量几方面在物流业直接与间接碳排放中的比例构成，发现对物流业碳排放有较大贡献的行业有建筑业、物流业、批发零售及其他服务业，且隐性碳中隐形排放的重点来源是最终消费及出口，这对减排指标的制定有一定启示。

5.2.3 物流业减排路径研究

（一）国外物流业减排路径研究

2003 年英国能源白皮书《我们能源的未来：创建低碳经济》首次提出了低碳经济概念，即低碳经济是低能耗、低排放、低污染及高能效的经济发展模式。低碳经济概念的提出拉开了国际社会发展低碳经济的序幕，与此同时，许多国家都通过颁布相关的法律法规对绿色物流进行推广。英国在《更加绿色的未来》一书中，依据不同的运输方式提出了不同的减排方法和途径，在低碳城市交通方面，提出通过采用新清洁能源、转变结构战略和使用新技术来实现减排。美国在 2002 年出版的《美国国内产业自律型的能源消耗说明书》中提出，通过投入充足的资源来推动设备的改进并实现减排，2007 年出台的《美国能源独立与安全法》也对增强车辆燃烧经济性等方法作了介绍。日本政府在 2008 年制定的《实现低碳社会行动计划》中对日本低碳经济的发展目标及指南作了规定，《绿色经济与社会变革》草案的出台也完善了其减排措施。此外，2005 年生效的《京都议定书》为推进全球减排工作做出了重要贡献，国际上出台了各种合作减排方案，主要包括碳排放交易政策、测算"净碳排放量"、绿色开发机制、"集团方式减排"四种方案。

除了国家层面对低碳物流的推进，国内外学者也对物流减排路径开展了一系列研究。相比之下，国外学者研究较早，James Coopert 等（1991）出版的《欧洲物流业》对低碳物流问题进行了专门研究，指出物流改革主要集中在运输、配送及货运经营这三个方面，还指出了运输对生态环境产生的影响，认为可以采取改进运输工具的设计、鼓励联合运输及提高公路运费等手段来实现低碳化发展。英国交通部（2009）指出可以将企业实施低碳物流的步骤分成九个：①重新构建物流整体系统；②重新构建整个供应链；③重新构建配送系统；④分离货物模态；⑤优化运输路线；⑥有效评估资产利用率；⑦评估企业的能源利用效率；⑧不断开发和利用新能源；⑨碳补偿。David 和 Waston 等人（2008）认为，促进低碳技术向发展中国家转移是关键因素，而实现转移的技术基础就是混合驱动汽车。南非学者 Marianne 等（2010）指出，随着南非经济社会的发展，运输行业对能源的需求越来越大，对环境也将产生更多不利影响。他在总结欧洲发展经验的基础上，探寻了南非节能减排之路。Satish（2010）认为，政府管理和速度优化可以有效减少运输过程的碳排放，其中约20%的 CO_2 减排量是可以通过技术手段实现的。Ubeda（2010）认为要实现物流低碳排放就要着力解决路径问题，即选择 CO_2 排放最少的路径——干净路径，并将其合并。Loureiro 等（2013）对西班牙交通减排路径进行了分析，认为低碳燃料是较好的、公众可接受的方案。

（二）国内物流业减排路径研究

关于我国物流业的减排路径，国内学者也进行了广泛的研究。蒋国平和尤大鹏（2008）总结日、美、欧等发达国家及地区绿色物流发展与实践中的成功经验，提出了低碳物流立法、提高绿色物流标准、制定应急方案、调整产业结构等多项低碳物流优化建议。任稚苑（2010）认为交通运输和仓储是发展低碳物流的核心环节，并指出应该大力支持和推进节能环保技术，引进和鼓励节能技术创新。周戈文（2010）通过分析低碳物流在国内外的发展现状，认为阻碍和制约我国低碳物流发展的因素主要包括五个方面：一是与低碳相关的政策法规滞后，二是低碳技术落后和专业人才缺失，三是物流园区规划不合理，四是运输车辆老旧现象严重，五是全社会低碳意识薄弱。潘瑞玉（2011）提出建立一个以物资资源为纽带，以整合资源为目的，通过信息技术连接各企业主体及政府职能部门的全社会大物流系统：意识体系是前提、信息体系是保障、政策体系是支撑，通过这三个体系配合运作，构建社会物流系统，实现整体物流效用最大化，减少物流系统能源消耗，实现节能减排。总之，大多研究普遍认为运输是碳排放的重要一环，尤其是公路物流应该作为物流业减排的突破点，创新运输模式，优化综合运输结构，优先发展公共交通，发展清洁低碳能源。如关高峰和董千里（2011）分析得出，煤炭公路运输与 CO_2 排放的关联较为显著，水路与铁路运输相差不大，因此，要实现公路与铁路、水路的有效对接，应大力发展海运和铁路运输，发展多式联运。

5.2.4　国内外相关研究述评

从研究内容上看，国外目前关于碳排放及物流业碳排放测算的研究成果相对丰富且深入，碳排放测算研究尺度及行业覆盖范围非常广，近些年针对物流业系统、整体的碳排放测算以及低碳物流发展途径的研究兴起，其中针对物流业中某一部门碳排放测算的研究也开始增多。国内关于碳排放及物流业碳排放测算的研究起步较晚，覆盖行业包括食品行业、制造业、包装业、重工业、建筑业、旅游业、农业等，关于物流业碳排放测算的研究较少。近几年，关于物流业碳排放测算及低碳政策的研究兴起，但尚处于起步阶段，对物流业系统的、整体的碳排放测算的研究几乎没有，同时政策体系不够系统全面，难以为实践层面提供具有可操作性的建议。

从碳排放测算研究方法上看，目前关于碳排放或具体到某一行业碳排放的测算研究并没有形成统一确定的方法。直接能耗法只考虑了生产过程的直接碳排放，相对于完全能耗法数据相对易于采集，操作过程简单，具有广泛适用性。国内学者对物流业碳排放测算多采用较简单的 IPCC 碳排放系数法，但其采用相同碳排放因子，计算结果相对粗糙。实测法和完全能耗法测算结果相对准确，但由于其数据获取及处理难度大或操作困难，目前国内很少有学者采用完全能耗法对物流业间接碳排放进行实证研究，特别是对整个物流系统的整体间接碳排放的研究几乎没有。近几年很多学者都提出间接碳排放不容忽视，并试图探索较复杂的包括间接碳排放在内的测算方法。

5.3　我国物流业碳排放测算研究

运输是物流行业中能源消耗所占比例最大的环节，不论公路、铁路、水路、航空还是管道，五种运输方式均需要消耗化石燃料以作为运营的前提，其所涉及的能源有原油、煤炭、汽油、柴油、煤油、天然气、热力以及电力等。由于我国物流发展较晚，缺乏相关能源直接统计数据，运输是物流系统中最重要的一环，又称"小物流"，其不仅涉及运输这单一功能，还要牵连仓储、装卸搬运、信息处理、流通加工甚至配送相关环节。因此，在测算运输过程中能源消耗以及计算碳排放量时，本研究以《中国能源统计年鉴》"交通运输业、仓储和邮政业"这一行业的统计数据作为物流业指标。

5.3.1 我国物流业的发展现状分析

(一) 我国物流业取得的成就

我国经济发展与物流运输业发展相辅相成，一方面，运输在很大程度上助推和支撑我国经济的发展；另一方面，经济发展又不断完善运输业基础设施，固定资产投资不断增加，我国公路网、铁路网、水路网等不断完善，货物和货物周转量逐年增加，这都大大带动了交通运输的发展，从而促进物流业的发展（见表 5 – 1）。

表 5 – 1　2000 ~ 2013 年我国物流业发展基本概况

年份	货运量（万吨）	货物周转量（亿吨公里）	固定资产总投资（亿元）	运输线路总长度（万公里）	与同期比较增加值（亿元）	就业人数（万人）
2000	1358682	44321	3641.94	339.54	6161	501.7
2001	1401786	47710	4116.43	347.08	6870.3	564.4
2002	1483447	50686	4393.98	362.62	7492.9	602.9
2003	1564492	53859	6289.4	378.89	7913.2	636.5
2004	1706412	69445	7646.2	415.6	9304.4	631.8
2005	1862066	80258	9614	558.64	10666.2	613.9
2006	2037060	88840	12138.1	581.91	12183	612.7
2007	2275822	101419	14154	618.27	14601	623.1
2008	2585937	110300	17024	645.28	16362.5	627.3
2009	2825222	141837	24974.7	648.4	16727.1	634.4
2010	3241807	141837	30074.5	706.72	19132.2	631.1
2011	3696961	159324	28291.7	789.81	22432.8	662.8
2012	4100436	173804	31444.9	783.18	24660	667.5
2013	4098900	168014	36790.1	878.97	27282.9	846.2

资料来源：数据来自《中国统计年鉴》《中国交通年鉴》。

从表 5 – 1 看出，近年来我国交通运输业得到了长足发展，货运量从 2000 年的 1358682 万吨逐年增长到 2013 年的 4098900 万吨，增幅达到 200%，这说明我国经济得到持续强劲的发展。2013 年我国交通运输行业货物周转量达 168014 亿吨公里，比 2000 年的 44321 亿吨公里增长 2.79 倍。而且，随着我国经济的发展，交通业的基础设施和固定资产投资不断扩大，公路运营线路、铁路运营线路以及水路、航空运营线路不断扩展，逐步形成纵贯南北、横跨东西的综合运输网络。根据中国高速网的统计数据，截至 2015 年年底，我国已形成 7 条首都放射线、9 条南北纵线、18 条东西横线、长达 12.53 万公里的国家高速公路网（简称"7918"网）。据交通运输部 2013 年 6 月颁布的《国家公路网规划（2013 - 2030 年）》报告，预计到 2030 年，我国国家公路网总规模将达到约 40 万公里。铁路方面，据中国铁路总公司的统计数据，截止到 2014 年年底，全国铁路总营业里程已突破 11.2 万公里，其中高速铁路营业里程突破 1.6 万公里，位居世界第一；中西部铁路营业里程达到 7 万公里，占全国铁路营业总里程的62.3%，我国铁路占世界铁路总营业里程的 6%，却完成了世界铁路 25%的工作量，成为世界上完成铁路运输量最大的国家之一，也是运输量增长最快、运输设备利用效率最高的国家，铁路运输已经成为我国最重要和主要的运输方式。随着对外开放体制的不断推进，中国国际贸易额逐年增加，除了水路这一传统国际贸易的运载方式外，中欧、郑欧等铁路直接使内地与中亚、欧洲紧密联系，节省了水路的运送时间，降低了运输成本，加强了沿线国家的经济联系。

2009 年十大产业调整振兴规划中，物流被评为唯一一个不是制造业的行业，物流在支持和创造经济 GDP 上立下汗马功劳。自 2000 年起，交通运输业创造的经济增加值呈现连续增长的态势，短短十余年，从 2000 年的6000 亿元增长到 2013 年的 27000 亿元，可见物流在支撑国民经济发展方面的重要性。随着电子商务的发展，快递行业得到跨越式发展，国家邮政局发展研究中心和德勤研究联合公布的《中国快递行业发展报告 2014》显示，2013 年我国快递企业累计完成交易量 92 亿件，为世界第二，同比增长 61.6%；全国日均快件处理量超过 2500 万件，2013 年我国所有快递企业实业收入突破 1000 亿元，达 1442 亿元人民币，为经济的增长做出了突出贡献，而本行业就业人数自 2000 年至 2009 年比较稳定，2013 年就业人数猛增至 850 万人，在促进经济发展的同时也提供了丰富的就业岗位。

（二）我国物流业发展存在的突出问题

首先，我国物流业区域发展不均衡。我国各地物流运输业发展水平与物流需求不同，对我国东部沿海地区来说，由于经济发展较快，物流需求大，故而物流基础设施设备较健全，在固定资产投资、物流作业标准化程度、物流信息化程度上较中部和西部地区而言有领先优势。反过来，中西部由于起步晚，国家相关鼓励政策、制度不健全，物流运输在该区域没有起到对经济的拉动和支撑作用。

其次，我国物流业的专业化水平低。由于我国物流业整体发展历程短，和国外先进、大型的物流公司相比，在标准化、专业化水平上处于劣势。就物流企业而言，在整个物流行业中，投资少、进入市场门槛低，加上市场监管不力，导致整个物流运输市场呈现鱼龙混杂之景，不合理运输现象严重，空驶、重复、迂回运输现象普遍，这直接导致运输成本居高不下。

最后，我国物流业的现代化水平较低。与发达国家相比，我国物流运输业的基础设施设备依旧落后，机械化水平低，过多地依靠传统形式的人力来完成作业，这导致货损和货差率极高，服务质量不高，客户满意度较低。

5.3.2 我国物流业碳排放测算方法

目前，国内外关于碳排放的测算方法主要有基于能源消耗的直接碳排放系数法、投入产出法、生命周期法及实测法，根据数据可得性，本书采用被广泛认可的 IPCC 清单法，即直接碳排放系数法。简单来说，碳排放系数法是指将生产某种产品消耗的能源量同其碳排放系数相乘得出碳排放量。IPCC 假定，某种能源碳排放系数是不变的，据此，物流业碳排放量的计算公式如下：

$$CO_2 = EC_k \times \beta_k \times (NCV_k \times CEF_k \times COF_k \times 44/22)，(k = 1,2,3,4) \quad (5-1)$$

其中，CO_2 表示物流业 CO_2 总排放量；EC_k 表示第 k 种能源的消耗量；β_k 表示第 k 种能源的折标准煤系数；NCV_k 表示第 k 种能源的平均低位发热量；CEF_k 表示第 k 种能源的单位热值含碳量；COF_k 表示第 k 种能源的碳氧化率；44/22 为 CO_2 的分子量；k 表示能源种类。各种能源具体指标见表 5 - 2。

表 5 - 2　各种能源的标煤折算系数及 CO_2 排放系数

名称	平均低位发热量（KJ/kg）	折标准煤系数（kgce/kg）	单位热值含碳量（吨碳/TJ）	碳氧化率（%）	CO_2 排放系数（kg-CO_2/kg）
原煤	20908	0.7143	26.37	0.94	1.9003

名称	平均低位 发热量（KJ/kg）	折标准煤 系数（kgce/kg）	单位热值含碳量 （吨碳/TJ）	碳氧化 率（%）	CO₂ 排 放系数（kg-CO₂/kg）
汽油	43070	1.4714	18.9	0.98	2.9251
煤油	43070	1.4714	19.5	0.98	3.0179
柴油	42652	1.4571	20.2	0.98	3.0959

注：平均低位发热量（NCV_k）来源于《2013 年中国能源统计年鉴》附录 4；折标准煤系数（β_k）来源于《综合能耗计算通则》（GBT2589 - 2008）；单位热值含碳量（CEF_k）及碳氧化率（COF_k）来源于《省级温室气体清单编制指南》（发改办气候［2011］1041 号）；其中，1GJ = 106KJ，1TJ = 109KJ。

值得一提的是，电力属于二次能源，就整个行业甚至整个国家来说，电力本身的碳排放量很小，可以忽略不计，也就是电力的碳排放系数可以考虑为 0，但生产电力的发电厂本身要消耗煤炭。虽然我国有水力发电厂、核电厂以及风力发电厂等，但就目前来说火电厂依旧是主力，因此本研究将运输过程中所消耗的电力能源定义为我国火电厂耗煤所致，因而在计算运输过程中因消耗电力而产生的碳排放时，需要将消耗的电力总量折成标准煤数量，然后再用折后的数据乘以煤炭的碳排放系数，从而得到运输过程中消耗电力所产生的碳排放量。电力折标准煤系数为 0.1229kgce/（kW.h）及电力 CO₂ 排放系数（0.801kgCO₂/kW.h），该数据来源于《省级温室气体清单编制指南》（发改办气候［2011］1041 号），电力 CO₂ 排放系数取自华中地区平均 CO₂ 排放系数。

5.3.3 我国物流业碳排放总量分析

根据前面的碳排放测算思路，分别计算得出我国物流业因消耗煤炭、柴油、汽油、煤油、燃料油、天然气以及电力所产生的碳排放量，计算结果见表 5 - 3。

表 5 - 3 2000~2013 年我国物流运输业碳排放总量

单位：万吨

年份	煤炭	柴油	汽油	煤油	燃料油	天然气	电力	合计
2000	1197.53	14854.17	6642.78	2379.75	3850.58	13.16	65.67	29003.64
2001	1141.95	15427.77	6801.85	2489.85	3873.22	16.37	72.23	29823.24
2002	1156.45	16527.27	6972	3182.87	3860.09	24.44	70.77	31793.89

年份	煤炭	柴油	汽油	煤油	燃料油	天然气	电力	合计
2003	1300.83	18648.61	8327.01	3293.57	4259.6	28.11	95.03	35952.76
2004	1123.89	22482.05	10150.19	4084.14	5211.63	39.07	105.01	43195.98
2005	1101.07	26564.14	10565.84	4229.4	5712.52	56.76	100.49	48330.22
2006	1045.11	29526.61	11271.55	4487.49	6707.3	70.55	109.15	53217.76
2007	998.89	32399.54	11362.12	5017.88	7972.72	70.02	124.22	57945.39
2008	903.21	34496.28	13437.15	5215.98	5176.85	106.86	133.53	59469.86
2009	869.94	35590.55	12529.11	5836.18	5665.5	136.01	144.1	60771.39
2010	867.68	38416.35	13934.98	7109.89	6009.84	159.35	171.54	66669.63
2011	876.67	42775.62	14668.03	7310.92	6093.71	206.62	198.14	72129.71
2012	833.79	48375.96	16318.13	7935.89	6269.38	230.75	213.78	80177.68
2013	797.1	51361.25	17301.73	8137.37	6358.39	479.02	236.44	84671.3
合计	14214.11	427446.17	160282.47	70711.18	77021.33	1637.09	1840.1	753152.5

从上表计算结果可以明显看出，2000～2013 年我国运输业各种能源碳排放量呈现整体上涨趋势。具体来说，柴油、汽油增幅明显；柴油从 2000 年的 14854.17 万吨——以平均 10.12% 的增长率——至 2013 年达到 51361.25 万吨，总涨幅超过 246%；因消耗汽油产生的碳排放量也从 2000 年的 6642.78 万吨增长至 2013 年的 17301.73 万吨，增幅为 160%。煤炭是我国的主要能耗来源，但随着我国整体经济转型，以及新型替代能源的开发利用，煤炭的消耗逐步减少，尽管 2000～2003 年因消耗煤炭而产生的碳排放量较大，但 2003 年以后，我国交通运输业用煤量逐步下降，碳排放量也逐步减少。2013 年因煤炭消耗而排放的碳为 797.1 万吨，较 2003 年的 1300.83 万吨减少了 503.73 万吨，降幅接近 40%。而煤油、燃料油是仅次于柴油、汽油的碳排放来源，其中煤油平均增幅为 10.87%，燃料油 2008 年碳排放量较 2007 年减少约 2796 万吨，2009 年碳排放总量也只比 2008 年的增加了约 1302 万吨，这是由于受美国金融风暴影响，物流货运量较往年较低。近年来，随着天然气用量增加，其碳排放量也逐年扩大，不过较煤炭、石油等传统化石燃料而言增幅较小，近 5 年的年均增量为 74.43 万吨。

从图 5-1 可以看出，我国碳排放量的多少同能源消耗成正比，因此，有效改善能源消费结构，控制运输过程中石油消耗量，不断更新运输设施设备，逐步加大天然气、电力、风电等清洁能源的消费比例，可有效缓解我国碳排放的巨大压力。

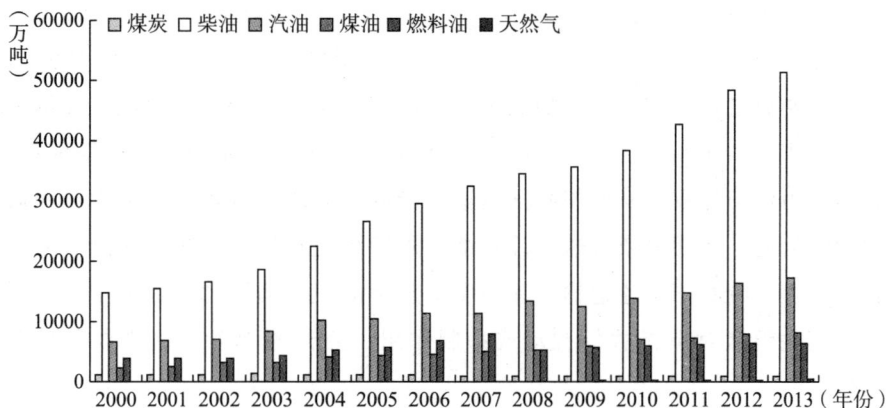

图 5 - 1　2000～2013 年我国运输业能源碳排放量汇总

从图 5 - 2 中明显看出，2000～2013 年我国碳排放量逐年增加，2013 年较 2000 年碳排放总量增加了 55667.66 万吨，年增长率为 8.69%。从图 5 - 2 中的增长率来看，增长幅度起伏较大，2000～2003 年增长率直线上升，但 2004～2009 年增长率又急速下降，2009 年受欧美金融危机的影响，我国物流运输业发展受阻，直接导致碳排放总量较 2008 年略有增加，这从侧面反映出物流业是我国经济发展的"晴雨表"。

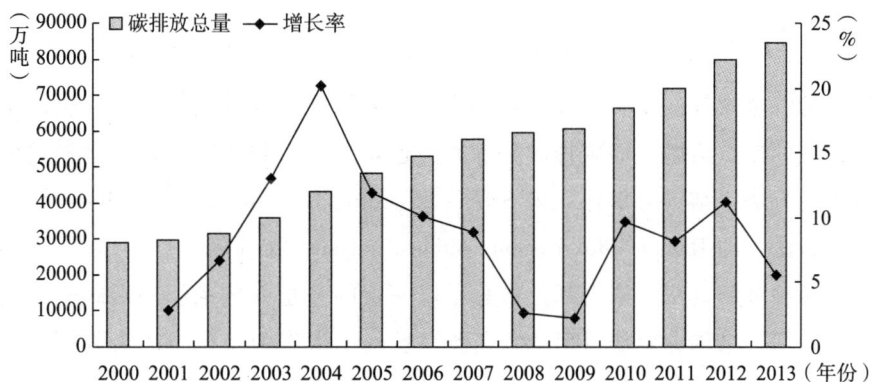

图 5 - 2　2000～2013 年我国物流业碳排放总量趋势及增长率

尽管电力是我国的新能源，但受技术限制，早期我国物流运输过程中采用新式电车的情况较少，随着我国政府部门不断鼓励物流企业大力使用混合电动汽车，并给予较大的扶持政策，2000～2013年我国运输业的电力消耗累计增加了89万吨标准煤，对应碳排放量也累计增加170.77万吨。

综合上述结果可知，天然气、电力等新能源较石油、煤炭相对清洁，相关碳排放量低，但在我国物流过程中所占份额依旧很小，因此，要不断开发和积极利用新能源，逐步摆脱对柴油、汽油等高碳能源的过度依赖，提高电力消费比重，从而使我国运输业能源消耗趋于合理化、科学化和低碳化。为此，下面将依据这一计算结果进行相关碳排放影响因素的分解分析，挖掘影响我国物流运输过程中碳排放量的积极因子和消极因子，从而了解相关因素对碳排放的拉动或抑制作用，分析各因素对碳排放量的贡献值。

5.3.4 我国物流业碳排放影响因素的模型构建

从前文碳排放量计算结果来看，能源消耗结构与碳排放量有着不可分割的联系，然而，除此之外，还有哪些因素、环节影响碳排放量的大小？下面将研究相关分解模型，并构造出适合本行业的碳排放量因素分解模型，计算各个影响因子对碳排放量的贡献情况，总结出哪些因子能推动碳排放量的增加，与碳排放呈正向的拉动效应；哪些因子抑制碳排放量，与之呈负向的抑制效应（昝东亮，2015）。

（一）碳排放因素的分解方法

随着全球气候变暖，温室气体排放不断增加，碳排放控制成为全球学者谈论的热点话题，而碳排放分解方法近年来也日趋成熟，目前已形成两种常用方法：结构分解法，即 SDA（Structural Decomposition Analysis）；指数分解法，即 IDA（Index Decomposition Analysis）（郭朝先，2010）。事实上，两种分解方法实质上都是将总量以一定的分量并按乘积的形式表达出来。然而，结构分解法（SDA）需要以投入产出表为基础，所需数据多而复杂，而使用指数分解法时（IDA）只需将各部门、各行业的数据加总汇合即可，不需要编制投入产出表，因此，在能源行业中运用最多。所谓指数分解法，其原则就是在模型的分解过程中采用指数的方法，将总数据用各分解因素、指标相乘，从而确定各因素对总量的影响程度（邓君、蒋喆慧，2010）。

指数分解法又可分为拉斯拜尔指数法（Laspeyres Index，LI）、简单平均分解法（Simple Average Division，SAD）、自适应权重分解法（Adaptive Weighting Division，AWD），这三种方法的辨别依据就是各个分解因素的指标权重。所谓简单平均分解法（SAD）是指将某一指标在某一个时间段内的某种平均值作为该指标的权重，进一步来说，根据平均值的计算方法的不同，又可以有很多种分解方法。Boyd 等提出将始年和末年的平均值作为因子权重，并采用对数方法计算相应因素的增量，这种方法较 Laspeyres 法计算更为简单，应用最为广泛。但由于在计算各因素的增量时需要采用对数来计算，基础数据中存在 0 值时，将无法继续计算或出现无意义的状况（Boyd et al.，1988），故 Ang 等（2004）在 SAD 的基础上并没有采用基期基础数据或者各因素的算术平均值来计算权重，而是提出直接采用对数方法来计算因素权重，此法可不考虑因 0 值出现的问题或者残差值，它就是对数平均迪氏分解法（Logarithmic Mean Divisia Index，LMDI）。该方法具有如下几个优势：①在众多分解出的因素中，其结果不存在残差或不能解释的现象；②因为 LMDI 可分为乘法分解（Multiplicative Decomposition）和加法分解（Additive Decomposition），两者在结果上是互通的并且存在一致性；③其整体计算结果和分解开来的因素效用加总是一致的，因而不存在分解的部分和整体结果不一致的情况。

提到 LMDI 我们不得不了解一下 Kaya 恒等式。Kaya 恒等式是日本教授 Yoichi Kaya 于 1989 年在 IPCC 的一次研讨会上提出的，它用简单的乘积形式将一国或地区的碳排放量与经济、人口和能源的消耗联系起来，这是 LMDI 的雏形和基础，其基本表达式如下：

$$E^{CO_2} = \frac{CO_2}{PE} \cdot \frac{PE}{GDP} \cdot \frac{GDP}{POP} \cdot POP \qquad (5-2)$$

其中 PE 为一次能源消耗量，而 POP 为国内人口总数。此后，随着研究的不断深入，Kaya 恒等式得到了扩展和完善（刘洪久、胡彦蓉，2012），公式如下：

$$C = \sum_{i,j} C_{ij} = \sum_{i,j} \frac{C_{ij}}{E_{ij}} \cdot \frac{E_{ij}}{E_i} \cdot \frac{E_i}{Q_i} \cdot \frac{Q_i}{Q} \cdot \frac{Q}{P} \cdot P = \sum_{i,j} R_{ij} * e_{ij} * I_{ij} * S_{ij} * G * P$$

$$(5-3)$$

式了中 C 表示各种能源消费导致的 CO_2 排放总量；i 表示产业或部门；j 表示化石能源的消费类型，如煤炭、石油、天然气等；P 表示人口；Q 表示 GDP；Q_i 为某产业或部门的产值；E_i 表示 i 产业或部门的能源消耗；E_{ij} 表示 i 产业或部门的燃料 j 的消耗量；C_{ij} 表示 i 产业或部门的燃料 j 的 CO_2 排放量；G 表示人均国民生产总值；$S = Q_i/Q$，代表产业结构；$I_i = E_i/Q_i$，代表能源消耗强度；$e_{ij} = E_{ij}/E_i$，代表能源消费结构；$R_{ij} = C_{ij}/E_{ij}$，代表 i 产业或部门的燃料 j 的 CO_2 排放系数。

（二）我国物流业碳排放分解模型的构建

根据上述碳排放因素分解方法，我们从 IDA 中筛选出 LMDI 来进行影响物流业碳排放的因素剖析。依据碳排放测量计算公式以及 Kaya 恒等式，结合物流业实际情况，分析得出：影响物流业碳排放量大小的五个因素分别为货运量因素、运输方式因素、能源消耗结构因素、能源消耗强度因素以及碳排放强度因素。

考虑到物流运输业的发展波动特征，可以设计两种基期、当期方案。第一种是将 2000～2013 年这 14 年数据分为 5 年、5 年、4 年共三个阶段，即 2000～2004 年、2005～2009 年、2010～2013 年三个不同阶段，根据 LMDI 相关原理，分别定义 2000 年、2005 年、2010 年为三个阶段各自的基期，2004 年、2009 年、2013 年分别为相应阶段的当期。第二种方案是以 2000 年为研究基期，2001～2013 年分别为相应的当期值。为提高计算的针对性和准确性，本书采取第二种研究方案，依据 Kaya 恒等式，将碳排放测算公式扩展如下：

$$CE = \sum_i \sum_j CE_{ij} = \sum_i \sum_j \frac{CE_{ij}}{T_{ij}} * \frac{T_{ij}}{T_i} * \frac{T_i}{F_j} * \frac{F_j}{F} * F = \sum_i \sum_j Q_{ij} \cdot S_{ij} \cdot I_{ij} \cdot M_j \cdot F$$

$$(5-4)$$

在这里，我们定义 $Q_{ij} = \dfrac{CE_{ij}}{T_{ij}}$；$S_{ij} = \dfrac{T_{ij}}{T_i}$；$I_{ij} = \dfrac{T_i}{F_j}$；$M_j = \dfrac{F_j}{F}$

其中 i 表示各种能源种类，j 为各种运输方式，这里 $i = \{$煤炭、柴油、汽油、燃料油、煤油、天然气、电力$\}$，$j = \{$铁路、公路、水路、航空$\}$；Q_{ij}、S_{ij}、I_{ij}、M_j、F 分别为碳排放系数、能源消耗结构、能源消耗强度、运输方式因素以及货运量，Q_{ij} 单位为 kgC/kg（m^3）；I_{ij} 单位为万吨标准煤/

万吨；F 单位为万吨。

在此，本研究利用 LMDI 得到影响物流运输碳排放量大小的五个因素，分别为 Q_{ij}（碳排放系数因素）、S_{ij}（能源消耗结构因素）、I_{ij}（能源消耗强度因素）、M_j（运输方式）以及 F（货运量大小）。这五个因素彼此相互联系。

由于 LMDI 分为乘法与加法分解两种，而且两种方法在最终计算结果上具有一致性和相通性，故本研究选择两者之中的加法分解来衡量各影响因素对运输碳排放量的贡献值。根据 Ang 的研究以及相关文献，现将扩展后的 LMDI 分解模型进行加法分解：

$$\Delta CE = CE^t - CE^0 = I^t \cdot F^t \sum_{ij} Q_{ij}^t \cdot S_{ij}^t \cdot M_j^t - I^0 \cdot F^0 \sum_{ij} Q_{ij}^0 \cdot S_{ij}^0 \cdot M_j^0 \quad (5-5)$$

$$= \Delta CE_{str} + \Delta CE_{qia} + \Delta CE_{int} + \Delta CE_{mod} + \Delta CE_{fre} \quad (5-6)$$

其中，I^t、F^t、Q_{ij}^t、S_{ij}^t、M_j^t 分别代表第 t 年的能源消耗强度、货运量、第 t 年第 i 种能源的碳排放强度、能源消耗结构及第 j 种运输方式的货物周转量；I^0、F^0、Q_{ij}^0、S_{ij}^0、M_j^0 代表基期年份的能源消耗强度、货运量、第 i 种能源的碳排放系数、能源消耗结构以及第 j 种运输方式的货物周转量。ΔCE_{str}、ΔCE_{qia}、ΔCE_{int}、ΔCE_{mod}、ΔCE_{fre} 分别为能源消耗结构因素、碳排放系数因素、能源消耗强度因素、运输方式因素、货运量对总的运输碳排放量的影响程度，单位是万吨碳。

根据 Ang 所给的 $\Delta V_{xk} = \sum_i L(V_i^t, V_i^0) \ln\left(\dfrac{x_{k,i}^t}{x_{k,i}^0}\right)$，可以得到各影响因素对碳排放量的影响程度：

$$\Delta CE_{str} = \sum_{ij} L(S_{ij}^t, S_{ij}^0) \ln\left(\frac{S_{ij}^t}{S_{ij}^0}\right) \quad (5-7)$$

$$\Delta CE_{int} = \sum_{ij} L(I_{ij}^t, I_{ij}^0) \ln\left(\frac{I_{ij}^t}{I_{ij}^0}\right) \quad (5-8)$$

$$\Delta CE_{qia} = \sum_{ij} L(Q_{ij}^t, Q_{ij}^0) \ln\left(\frac{Q_{ij}^t}{Q_{ij}^0}\right) \quad (5-9)$$

$$\Delta CE_{mod} = \sum_{ij} L(M_j^t, M_j^0) \ln\left(\frac{M_j^t}{M_j^0}\right) \quad (5-10)$$

$$\Delta CE_{\text{fre}} = \sum_{ij} L(F^{\text{t}}, F^0) \ln\left(\frac{F^{\text{t}}}{F^0}\right) \tag{5-11}$$

这里，$L(V_{\text{i}}^{\text{t}}, V_{\text{i}}^0) = \dfrac{V_{\text{i}}^{\text{t}} - V_{\text{i}}^0}{\ln V_{\text{i}}^{\text{t}} - \ln V_{\text{i}}^0}$，因此，可将上述五式完善为：

$$\Delta CE_{\text{str}} = \sum_{ij} \frac{CE_{ij}^{\text{t}} - CE_{ij}^0}{\ln CE_{ij}^{\text{t}} - \ln CE_{ij}^0} \ln\left(\frac{S_{ij}^{\text{t}}}{S_{ij}^0}\right) \tag{5-12}$$

$$\Delta CE_{\text{int}} = \sum_{ij} \frac{CE_{ij}^{\text{t}} - CE_{ij}^0}{\ln CE_{ij}^{\text{t}} - \ln CE_{ij}^0} \ln\left(\frac{I_{ij}^{\text{t}}}{I_{ij}^0}\right) \tag{5-13}$$

$$\Delta CE_{\text{qia}} = \sum_{ij} \frac{CE_{ij}^{\text{t}} - CE_{ij}^0}{\ln CE_{ij}^{\text{t}} - \ln CE_{ij}^0} \ln\left(\frac{Q_{ij}^{\text{t}}}{Q_{ij}^0}\right) \tag{5-14}$$

$$\Delta CE_{\text{mod}} = \sum_{ij} \frac{CE_{ij}^{\text{t}} - CE_{ij}^0}{\ln CE_{ij}^{\text{t}} - \ln CE_{ij}^0} \ln\left(\frac{M_j^{\text{t}}}{M_j^0}\right) \tag{5-15}$$

$$\Delta CE_{\text{fre}} = \sum_{ij} \frac{CE_{ij}^{\text{t}} - CE_{ij}^0}{\ln CE_{ij}^{\text{t}} - \ln CE_{ij}^0} \ln\left(\frac{F_{ij}^{\text{t}}}{F_{ij}^0}\right) \tag{5-16}$$

其中，I^0、F^0 为能源消耗强度以及货运量，它们不随某种能源的变化而变化，为保持公式前后的一致性，故在下标处分别标上了 i，其不影响最终的计算结果。

5.3.5 我国物流业碳排放影响因素分析

构建了 LMDI 模型后，利用前文相关能源消耗量、碳排放量以及通过《中国能源统计年鉴》《中国统计年鉴》查找各年的货运量，以及各年、各能源的碳排放系数，将所有数据代入前文公式，即可获得以 2000 年为基期，其余各年为 t 值时的运输碳排放贡献值。下面对每一个因素分别进行分析。

（一）能源消耗结构因素对碳排放量的影响分析

能源消耗结构因素是指各运输部门在具体运输过程中各种能源消耗比例对运输碳总的排放的影响——可能是正驱动的增加作用，也可能为负驱动的抑制作用。因此，根据前面的 5-12 公式以及能耗数据，我们可以看出煤炭、柴油、汽油、煤油、燃料油、天然气、电力各能源对运输碳排放量贡献值的大小，如表 5-4 所示。

表 5 - 4　能源消耗结构对碳排放量的贡献值

单位：万吨

年份	煤炭	柴油	汽油	煤油	燃料油	天然气	电力	ΔCE_{str}
2000	0	0	0	0	0	0	0	0
2001	- 86.40	174.65	- 18.07	45.95	- 79.13	2.82	4.74	44.55
2002	- 146.54	268.44	- 280.65	555.64	- 335.95	9.65	- 1.02	69.56
2003	- 162.77	239.72	95.82	314.54	- 454.45	10.75	12.43	56.03
2004	- 526.99	436.56	275.03	471.44	- 395.93	16.61	6.59	283.30
2005	- 671.22	1629.52	- 306.82	240.17	- 500.16	28.67	- 6.14	414.02
2006	- 817.96	1976.87	- 575.12	132.42	- 203.19	37.07	- 7.39	542.69
2007	- 940.11	2313.98	- 1233.18	244.00	287.67	33.83	- 3.64	702.55
2008	- 1030.29	3199.68	- 7.94	287.02	- 1834.29	62.14	0.41	676.74
2009	- 1072.13	3498.92	- 851.94	657.78	- 1598.81	84.64	5.93	724.38
2010	- 1168.35	3252.74	- 769.27	1190.49	- 1813.32	98.18	15.56	806.03
2011	- 1244.52	4220.28	- 1070.66	986.58	- 2144.19	130.38	24.77	902.64
2012	- 1371.05	5057.36	- 1117.91	930.99	- 2556.15	141.42	22.29	1106.96
2013	- 1437.69	5480.34	- 1081.08	820.01	- 2764.13	249.35	30.21	1297.01

从表 5 - 4 可以看出，2000～2013 年在物流运输过程中，能源消费组合和结构不同，导致各年碳排放值亦不相同。由于我国物流业对煤炭的能源消耗依赖程度下降，煤炭对整个碳排放基本呈负向的抑制作用，再加上天然气、电力等新能源利用比例的上升，汽油、燃料油对碳排放的贡献值也在多个年份出现负值，这充分说明能源消费结构的优劣与物流运输碳排放量直接相关。但我国运输尤其陆路运输还是过度依赖柴油等高碳能源，2000～2013 年，柴油的能源消耗比例依旧较大，其对整个运输碳排放依旧保持着正向的拉动和推动作用，因此从对整个能源结构的贡献来看，仍然呈正贡献值。从表 5 - 4 可以看出能源结构的优化依旧是抑制运输碳排放的主要发展方向，我国物流业在能源结构优化方面仍有很大操作空间。此外，电力和天然气属于新兴的清洁能源，在我国交通运输业中的消费比重虽有所上升，却总体依旧保持较低比例，因此，国家要大力进行清洁能源的宣传，做好政府、行会、企业三者有力结合，对物流企业多给予国家政策性支持和鼓励性优惠，加大核电、风电等清洁能源的开发和利用力度。

从图5-3我们可以看出，以2000年为研究基期，2001~2013这13年整体上能源消耗结构对于运输碳排放依然起积极的推动作用，并整体上呈现逐年增加的趋势，这说明我国物流行业依旧过度依赖柴油等化石高碳能源，消费结构呈现不合理的局面。因此，我们要加大电力、天然气甚至热能等低碳能源的利用力度，逐步摆脱对柴油的消耗。

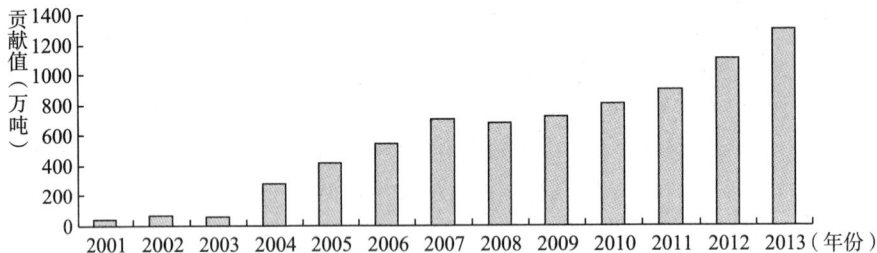

图5-3　2000~2013年能源结构因素碳排放贡献值

（二）运输货运量因素对碳排放量的影响分析

水路、铁路、公路、航空以及管道这五种运输方式，其主要职能是将货物或者商品从始发地运往目的地，实现实体流动。自2001年加入世贸组织以来，中国逐步打开国际市场同世界接轨，中国进出口贸易额也不断刷新历史纪录，有力促进了中国经济的增长。物流作为经济的排头兵，物流货运量和周转量也随着经济的发展呈现不断增加的趋势。据国家统计局统计，2000年我国货运总量达到1358682万吨，创下历史新高，而且以每年9.6%的增幅保持增长，至2013年达到4098900万吨。2000~2013年也是中国经济大发展时期，经济呈现逐年高速增长的态势，平均增幅达14%，2000年GDP总值达到99214亿元，到2007年达到265810亿元，较2000年涨幅为168%；2008年、2009年虽然GDP依旧保持增长，但2009年涨幅出现下滑，为8.1%。货运量与经济发展在趋势上是高度一致的，受2008年国际金融危机的影响，我国进出口受阻，2009年货运量为2825222万吨，比起2008年的2585937万吨，增幅为9.25%，这也是2000~2013年14年内GDP涨幅最小的两年。图5-4为2000~2013年我国GDP和相应的货运总量。

从图5-4中可以明显看出，货运量和经济发展态势是保持高度一致的。两者从2000年起保持稳定增长，在2008年、2009年同时出现涨幅较小的现象，这符合经济学相关原理。

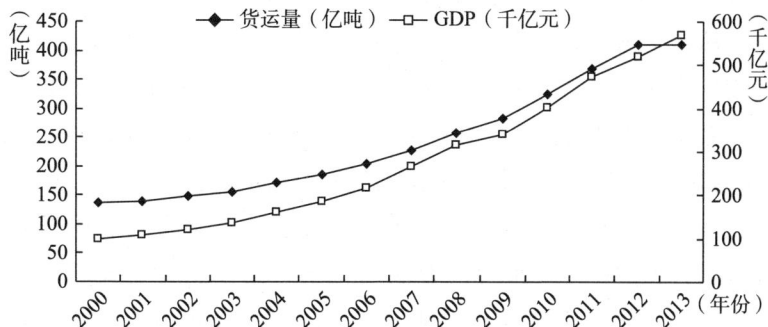

图 5 - 4 2000～2013 年我国 GDP 及各年货运总量

因此，利用公式 5 - 16 以及 2000～2013 年货运量数据，可得出货运量因素所引起的运输碳排放值的变化情况。

从图 5 - 5 中可以看出，货运量对运输碳排放起着正向的拉动作用，是增加碳排放的重要因素，以 2000 年为基期，货运量所引起的碳排放量的变化呈现逐年上升的趋势，2001～2013 年货运量与运输碳排放量呈平稳上升的正向效应，2012～2013 年货运量虽也在很大程度上拉动碳排放总量的增加，但增长幅度有所缓和；2000～2013 年因货运量变化而引起的运输碳排放量值增加了 30 亿吨。此结果和相关文献的经济规模效应所引起的碳排放量变化是基本一致的。

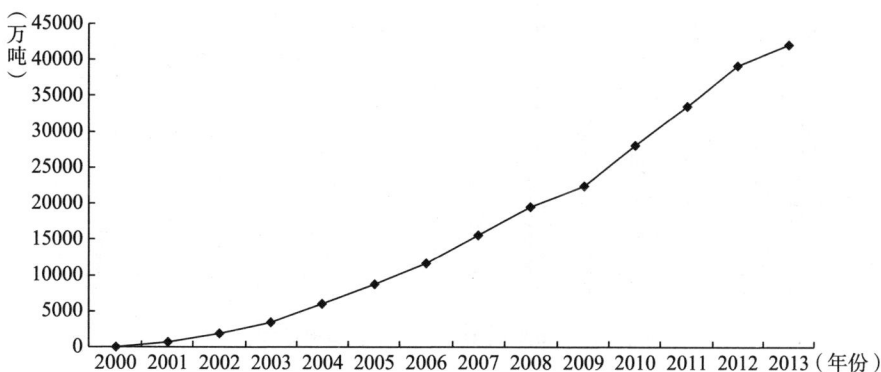

图 5 - 5 2000～2013 年货运量对运输碳排放贡献值

（三）能源消耗强度因素对碳排放量影响分析

所谓能源消耗强度因素或者效应，是指单位货运量消耗的能源量的变化所引起的运输碳排放总量的浮动。单位货运量所消耗的能源值越小，说明物流运输效率越高，从另一层面可以说，经济发展或者货运量对能源的依赖程度的高低，与经济发展水平、物流设施设备、物流的自动化程度及技术性有着千丝万缕的关系。通过公式 5 – 13 可分别计算出 2000～2013 年这 14 年的能源消耗强度变化所引起的碳排放量的变化情况。

从图 5 – 6 可以看出，2000～2013 年柴油、汽油能源消耗强度呈弧形变化，从 2000 年至 2006 年呈现上升趋势，这表明经济发展或者货物运输过度依赖柴油、汽油等化石能源，但随着经济转型、能源消费结构的优化，物流业逐步减轻了对高碳能源的依赖程度，但总体上看，柴油、汽油仍然是物流运输的能源消耗主力；煤炭近年来在我国物流行业中的消耗比例越来越低，不再如蒸汽时代那样运输能源过度依赖煤炭，从这一点来看，我国经济转型取得较大的成就。而天然气、电力等新能源所占份额虽然较低，但比例有上升的趋势。如果我国物流发展依靠效率高、污染小的新型清洁能源，那将有效改善我国物流碳排放的压力，大大改善生态环境，从而达到经济发展、社会和谐与生态环境保护协同推进的目的。

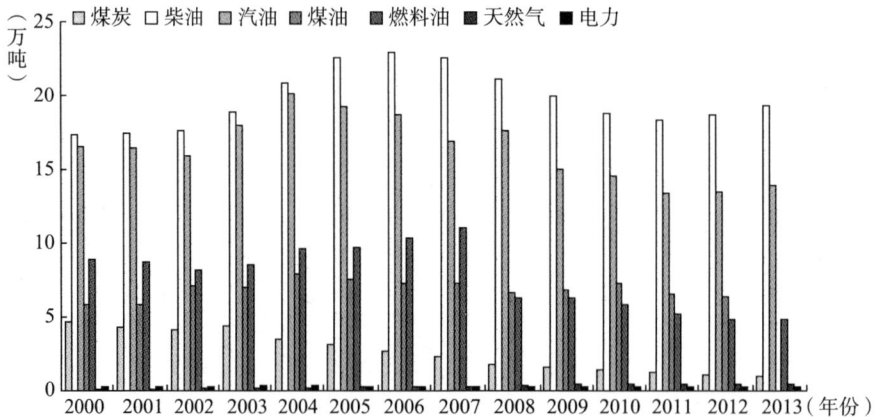

图 5 – 6　2000～2013 年能源消耗强度变化

通过公式 5 – 13 计算出的能源消耗强度所引起的物流业碳排放的变化情况，见表 5 – 5。从横向来看，2000～2013 年能源消耗强度因素对碳排放量的贡献，有正向的促进作用和负向的抑制作用。具体来说，2001 年及2010～2013 年，显然能源消耗强度很好地抑制了碳排放的增长，均为负值。而 2002～2009 年该因素大大拉动了运输碳排放量，最终贡献值依旧为正值——7294 万吨，这说明物流运输的发展还是较多地依赖高能耗能源，能源消耗强度依旧保持高值。

从纵向来看，煤炭对运输碳排放的贡献值一直保持负值，这说明物流运输的发展不再过度依赖煤炭这种高碳能源，其在 2000～2013 年对碳排放的贡献值基本呈逐年降低的态势；然而柴油恰恰相反，其"积极"地拉动碳排放的增长；天然气、电力虽然总体来说所引起的碳排放的变化量为正值，但从另外一个角度说明物流的发展对天然气、电力等新能源的消耗比例有所增加。

表 5 – 5　2000～2013 年能源消耗强度对运输碳排放的贡献值

单位：万吨

年份	煤炭	柴油	汽油	煤油	燃料油	天然气	电力	ΔCE_{int}
2000	0	0	0	0	0	0	0	0
2001	− 92.11	100.77	− 50.87	34.07	− 97.97	2.75	4.40	− 98.97
2002	− 144.48	295.92	− 268.72	560.48	− 329.19	9.68	− 0.90	122.80
2003	− 72.79	1441.86	632.99	517.20	− 162.44	12.17	18.15	2387.13
2004	− 338.05	3433.69	1622.19	985.29	336.33	20.48	20.24	6080.17
2005	− 458.47	5360.80	1258.87	835.92	374.18	34.20	9.02	7414.51
2006	− 605.85	6023.04	1083.40	761.97	772.03	43.54	8.82	8086.96
2007	− 763.58	5940.31	184.01	814.00	1200.60	39.31	11.16	7425.82
2008	− 965.86	4639.06	587.53	510.18	− 1557.61	64.90	6.32	3284.52
2009	− 1077.98	3363.37	− 904.93	635.77	− 1625.65	84.34	5.36	480.28
2010	− 1220.14	1998.30	− 1267.19	971.86	− 2058.70	95.21	9.98	− 1470.68
2011	− 1350.67	1496.57	− 2115.95	533.27	− 2648.37	123.13	12.39	− 3949.61
2012	− 1473.52	2161.80	− 2215.86	460.49	− 3062.23	133.67	9.50	− 3986.15
2013	− 1486.71	4013.81	− 1635.99	586.63	− 3013.32	242.89	23.56	− 1269.13

从图 5 – 7 我们可以看出，能源消耗强度依旧是影响碳排放量的重要因素，2000～2013 年其对碳排放的贡献呈"N"形，而 2009 年为贡献值由正转负的关键一年。这一方面说明我国经济的发展甚至物流运输业的发展，还是比较依赖能源的消耗的，反映了我国能源利用效率依旧较低，相关能源利用设备、技术不够成熟，以及我国大多数企业依旧实行高能耗、高排

放的发展模式等问题；另一方面表明，我国经济发展逐步转型，能源消耗强度不断下降。这为推动我国经济结构转型、改善生态环境以及保护不可再生资源带来启示。

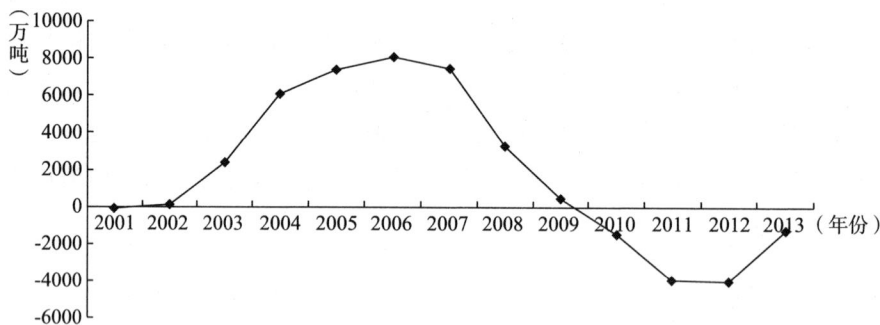

图 5 – 7　能源消耗强度对碳排放贡献值

（四）碳排放系数因素对碳排放量的影响分析

所谓能源碳排放系数就是各能源的单位低位热值含碳量，也就是能源燃烧或使用过程中单位能源所产生的碳排放量。碳排放系数等于各能源的碳排放因子乘以相应的氧化率、燃料热值及相应的碳排放因子。燃料热值即燃料发热量，是指单位质量（指固体或液体）或单位体积（指气体）的燃料完全燃烧，燃烧产物冷却到燃烧前的温度（一般为环境温度）时所释放出来的热量，换句话说，就是 1kg 某种燃料完全燃烧放出的热量。燃料热值有高位和低位之分，高位就是能源全部燃烧所产生的水蒸气液化成水的状态，也称毛热；低位即净热，即在燃烧过程中水蒸气为气态时的热量值。从某种意义上说，燃料热值也是固定不变的。氧化率一般变化不大，其上下变动幅度在 ±5%，对结果的影响可以完全忽略。碳排放因子等于单位热值含碳量乘以 44 再除以 12，44 和 12 分别为 CO_2 和碳的分子量。综上所述，我们可以得出，随着年份不同，伴随经济发展水平不断提高、能源消耗与燃烧技术及设施设备的不断更新与创新，碳排放因子会有所下降，所以碳排放系数因素就是指碳排放因子随着年份变动而导致碳排放总量的变动。下面将研究碳排放因子对碳排放量的贡献值。

前面我们了解到煤炭、柴油、汽油、燃料油、煤油、天然气的碳排放因子不变，故其碳排放系数也可视为不变。但电力由于其特殊性，我们将电力本身的碳排放系数忽略为 0，但在我国整个区域范围内，电力调入与调出经常发生，这个过程中会产生很多的温室气体。由一定地理边界内的活动引起的但排放发生在电力产生的地理边界外的这种现象被称为间接排放。对于电力而言，其所产生的间接碳排放是很大的，因此，对由电力碳排放因子变化所引起的碳排放的变化进行研究是有意义的。

由图 5 - 8 可以得知，随着科学技术的发展，发电水平不断提高，每一度电所产生的碳量整体呈降低态势，但具体来看，2004 ~ 2005 年、2008 ~ 2009 年呈下降的态势，但 2005 ~ 2008 年出现了上升的趋势，2009 ~ 2013 年整体趋稳但略有下降。从整体上看，2000 ~ 2013 年电力的排放因子变化不大，从这个角度我们就可以看出，其所引起的碳排放的变化也较小。

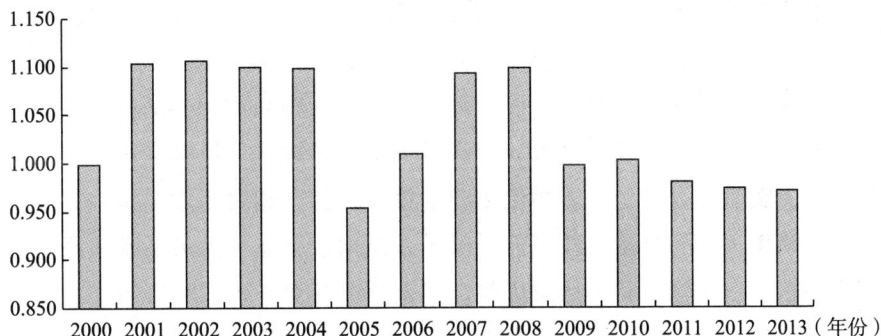

图 5 - 8 2000 ~ 2013 年电力碳排放因子变化趋势图

资料来源：数据源自各年度区域电网基准线排放因子公告。

通过公式 5 - 14 及各年碳排放系数值，我们可以算出因碳排放系数的各年变化而带来的碳排放量的变化值。

从图 5 - 9 中我们可以得出，碳排放系数随年份的变动而引起的碳排放的整体变化幅度为 0。具体来看，2001 ~ 2004 年因其变化而引起的碳排放量增加了 25.23 万吨；2005 年碳排放减少 13.58 万吨；2006 ~ 2010 年贡献值为 18.44 万吨；2011 ~ 2012 年贡献值为 - 30.09 万吨。综合来看，因碳排放系数变化而对碳排放量的贡献值为 0，碳排放系数对碳排放量的变动无影响。

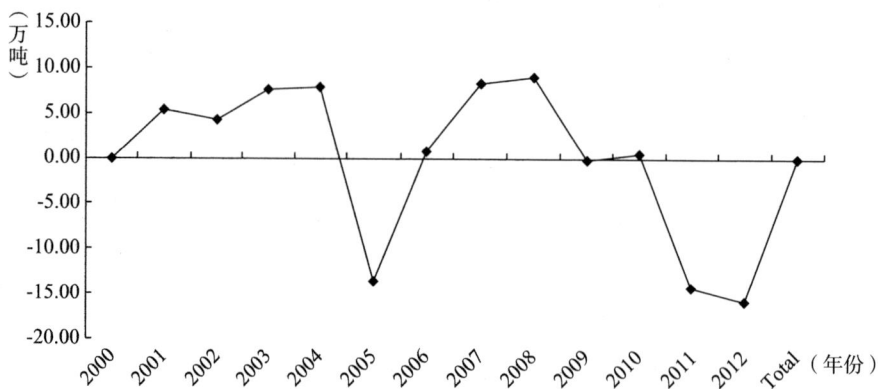

图 5 - 9　2000 ~ 2012 年碳排放系数因素的碳排放贡献值

（五）运输方式对碳排放量的影响分析

我国物流运输方式主要为公路运输、铁路运输、水路运输、航空运输、管道运输这五种，各自有优缺点。公路运输可以实现门到门的服务，但总体受经济距离的限制，不适合过远的长途运输。航空运输可实现及时、迅速、安全到达的目的，但仅限于运输应急物品或奢侈品等。水路运输是五种运输中运输成本最低、运量最大的运输方式，但其受限于自然地理因素。铁路可以说是大多物流企业的第一选择，相对于水路运输，其不受限于风雨天气等自然条件，但受限于铁路网，不能自由灵活地实现门到门服务。管道运输有其天然的优势，但就物流行业来讲，将管道作为主要运输途径的企业较少。因此，本书主要考虑公路运输、铁路运输、水路运输、航空运输这四种运输方式，管道运输暂不考虑。

运输方式选择的不同对碳排放量的变动有直接的影响，我国公路运输主要燃料有柴油、汽油、燃料油、天然气及电力；水路运输中货轮则主要消耗重柴油或重油，也有多式轮船主要消耗燃料油；航空运输主要消耗航空煤油或汽油；铁路中一般列车大多采用内燃机车，主要燃料为柴油，而动车大多为电能牵引功率。从这一角度来说，各运输方式采用的燃料大同小异，鲜有差别，故而本书就以柴油、汽油、燃料油、天然气、电力为分析重点，以铁路、公路、水路、航空四种运输方式为研究对象，利用公式 5 - 15 量化各运输方式对碳排放的贡献值，结果如表 5 - 6 所示。

表 5 - 6 2000～2013 年各运输方式对运输碳排放的贡献值

单位：万吨

年份	铁路	公路	水路	航空	$\triangle CE_{mod}$
2000	0	0	0	0	0
2001	1393. 90	- 427. 25	1454. 34	- 5036. 51	- 2615. 51
2002	1515. 08	- 482. 48	1808. 66	- 1845. 13	996. 13
2003	2803. 07	- 994. 30	3712. 16	- 1088. 50	4432. 43
2004	3723. 67	- 1667. 05	7052. 63	4036. 05	13145. 30
2005	3613. 15	- 2239. 56	10190. 94	4876. 33	16440. 85
2006	2934. 93	- 2401. 07	12107. 38	6755. 08	19396. 33
2007	2055. 51	- 2484. 13	13181. 51	8282. 64	21035. 54
2008	- 1201. 60	- 1309. 98	9905. 06	3595. 35	10988. 83
2009	- 4612. 62	- 643. 04	9653. 96	3655. 13	8053. 43
2010	- 7054. 93	- 558. 14	11726. 61	8193. 07	12306. 62
2011	- 9949. 42	- 108. 28	11576. 02	1916. 21	3434. 53
2012	- 16097. 57	- 843. 24	10816. 93	- 4265. 15	- 8702. 56
2013	- 15760. 11	- 949. 58	21427. 00	- 2868. 69	1848. 62

从表 5 - 6 我们可以得出，各运输方式对碳排放影响不一。就纵向来看，2000～2013 年水路的贡献值为正，并在 2013 年达到最大值。铁路、公路、航空在一定程度限制了碳排放的增加，但整体来看，依旧起着正向驱动作用。具体来看，铁路自 2001 年以来一定程度上增加了整体运输碳排放量，但从 2008 年以来，其有效抑制了碳排放的增加，2008～2013 年共抑制碳排放 54676. 25 万吨。航空运输总体上仍然保持正值，而且有力地推动了碳排放量的增加，但 2001～2003 年以及 2012～2013 年这两个阶段抑制了物流碳排放。公路运输是我国物流企业必不可少的运输方式，从数据上看，2001～2013 年公路运输碳排放贡献值均为负值，有力地抑制了碳排放量的增加，但由于其数值较小，发展公路运输仍然是有效降低运输碳排放的主要途径。从表 5 - 6 也可显然看出，水路运输是碳排放增加的主要运输方式，而且 2000～2004 年运输方式对碳排放影响较小。

从图 5 - 10 可以看出，我国物流运输方式选择依旧不够科学，运输方式得不到优化，运输成本得不到降低，运输能耗得不到下降，这直接导致运输方式对运输总碳排放的贡献为正，换言之，我国物流运输方式选择还不够合理。2000～2013年这14年里，只有2001年、2012年两个年份运输方式有所变动最终导致碳排放减少，因此，我们应该综合考虑货物的品种、形状及特性、运距的远近、运输成本的高低以及货运期限等因素，选择合理的运输方式，避免空驶、重复、迂回等不合理运输现象。

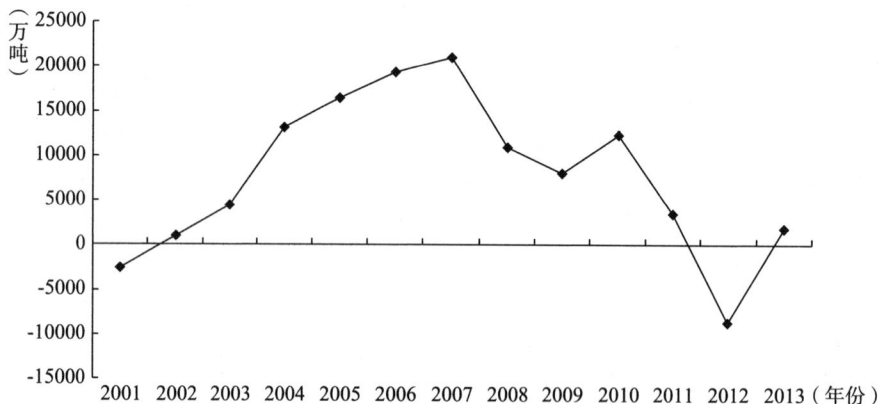

图 5－10　2000～2013 年运输方式对碳排放贡献值的影响

（六）碳排放影响因素的综合分析

前面主要分析了能源消费结构、能源消耗强度、运输方式、货运量及碳排放系数五大因素对物流运输业碳排放量的影响。从整体来看，货运量是影响碳排放量的主要因素。随着经济的发展，物流运输在各行各业的重要性越来越明显，2000年我国货运总量达到1358682万吨，2013年高达4098900万吨；经济的发展、物流的极大需求，需要及时、快速、有效、安全的运输响应机制，从数据上看，因货运量连年增加，我国物流运输业碳排放量不断增加，贡献值为300000万吨，其贡献率为40.17%，也就是说，货运量与碳排放量呈正相关的驱动效应。

我国运输能源消耗高度依赖石油、煤炭等高碳资源，这给经济结构转型以及生态环境造成极大的压力和困扰，因此努力优化和改善能源消费结构，降低运输业对柴油、汽油、煤炭的依赖程度，要不断加大对天然气、电力等新能源的利用。从数据上看，能源结构变化导致碳排放的变化值为7626.46万吨，这说明我国能源消耗结构不合理，依旧推动了我国运输碳排放的增加，故而我国能源消耗结构有待改善，在抑制碳排放量增加上依然有很大的潜力。

随着经济技术的发展，相关设施设备进一步现代化、自动化、低碳化，能源消耗强度随着经济的发展有所下降，但从总体上看，2010~2012年，随着能源消耗强度的下降，碳排放总量不断减少，其引起的变量为 -10675.57 万吨。从一定程度上说，能源消耗强度的下降表明能源利用效率不断提高，也就是单位 GDP 所消耗的能源在不断减少，单位货运量运输所需的能源也在降低，这是基于我国政府不断推动能耗技术研发，提高运输效率而实现的。从数据上看，由能源消耗强度的变化而引起的碳排放量的变动值为 +24507.65 万吨，也就是说，能源消耗强度依旧在某种程度上促进碳排放的增加，其仍然是运输碳排放的正向驱动因素。因此，鉴于能源消耗强度仍然是减排的重要方向，我国要不断加大相关技术研发力度，努力降低能源消耗强度，提高能源利用效率。

由于各能源的碳排放系数基本不变，电力的碳排放因子虽有变动，但总体趋稳，因此从一定程度上讲，可以忽略碳排放因子效应对碳排放的影响，电力的碳排放系数变动导致运输碳排放量变化为 0，也就是说其贡献值为 0。

运输方式的选择对于物流运输企业来讲至关重要，直接关乎企业运输时间、成本、效率，甚至企业信誉等。就目前我国运输企业运输方式的选择来看，依旧存在不合理、不科学的地方，物流调度、路线路径规划系统不健全，不合理运输现象也比较严重。从表 5-7 的数据看出，2000~2013年运输方式因素导致运输碳排放量变动为 +87544.87 万吨，成为仅次于货运量的碳排放正驱动因素。因此，我国物流企业要依靠先进的物流信息系统，根据企业自身商品的特性，根据客户需求，科学规划，尽力发挥各运输方式的最大优势，依据企业自身需要选择公路运输、铁路运输、水路运输、航空运输乃至公铁联运、水铁联运等多式联运方式，最终达到降低运输费用，提高运输效率，扩大企业利润，降低能耗和努力减排的目标。

表 5-7　各影响因素对运输碳排放贡献值总计表

单位：万吨

ΔCE_{str}	ΔCE_{int}	ΔCE_{qia}	ΔCE_{mod}	ΔCE_{fre}	ΔCE_{tot}
7626.46	24507.65	0	87544.87	322513.78	442192.76

为突出对比效果，我们将 2000~2013 分为 2000~2004、2005~2009、2010~2013 年三个阶段，可以很明显地看出货运量对碳排放贡献最大，为322513.78 万吨；其次是运输方式，为 87544.87 万吨；而能源消耗强度在一定程度可抑制碳排放。具体来看，2000~2013 年货运量变化而引起的碳排放量的变化均为正值；2000~2013 年能源消耗结构效应也为正，说明这期间能源消费结构存在很大问题，运输业过度依赖高碳能源，直接导致碳排放量增加。从表 5-7 也可以看出，碳排放系数的变动对运输碳排放量的贡献为 0；2000~2013 年所有影响因素引起的碳排放变量值为 442192.76 万吨。

综上所述，我国物流运输业要不断优化消耗结构，不断减少柴油、汽油等高碳能源的消耗，大力引入新技术、新设备，提高能源消耗效率，降低单位能源消耗强度，在满足运输货运量需求的前提下，不断优化运输方式，减少不合理运输现象，降低运输成本，提高运输效率。

5.4　河南省物流业碳排放测算研究

当前，CO_2 排放量日益增加，全球变暖问题日益严重，人类生存环境和人身健康受到严重威胁，同时世界经济可持续发展受到影响，节能减排迫在眉睫。我国作为碳排放大国，2015 年 11 月，国家主席习近平在巴黎的世界气候变化大会上提出："到 2030 年我国单位 GDP 的 CO_2 排放比 2005年下降 60%~65%。"近期出台的"十三五"规划第五条也明确提出：坚持绿色发展，着力改善生态环境。可以预见，贯彻落实好国家节能减排方针政策，加快实现低碳发展，已经是各级政府今后工作的重点内容之一。物流业作为能源消耗大户，属于高碳行业，自然成为减排工作的重点领域。近年来，河南省凭借独特的区位优势和政策支持，物流业呈现蓬勃增长势头，2014 年物流业增加值占全省 GDP 的 5%，占第三产业增加值的 13%；过去三年里，物流业同比增长率分别为 8.8%、9.6%、10.42%，领跑全省经济增长。为此，河南省要实现低碳经济，离不开物流业的支撑，而如何在保证经济增长的同时实现有效减排则是工作的重中之重。本书以河南省为例开展省级层面的案例研究，探讨物流业碳排放与能源消耗、经济增长之间的关系，明确三者之间的关系与特点，为各省份深入了解本地物流经济发展提供思路，同时也为省级低碳物流政策的制定提供科学依据。

目前，国内外关于环境污染和经济增长关系的研究相对较多，较多的学者基于环境库兹涅兹曲线（Environmental Kuznets Curve，EKC）对环境污染与经济发展的关系进行研究，但研究结论却不一致，主要存在三种观点。其一，EKC 呈"倒 U"形，持这种观点的学者相对较多，如 Thomas M. Selden 和 Daqing Song（1994）基于 EKC，利用面板数据对悬浮颗粒物、二氧化硫、氮氧化物、一氧化碳四种空气污染物进行分析，发现这四种污染物的人均排放量与人均 GDP 的关系曲线呈"倒 U"形；Pao 和 Tsai（2010）在对金砖四国的碳排放与经济增长关系的研究中也得出两者之间呈"倒 U"形；刘辉群和王硕（2010）针对外商直接投资与我国环境污染的 EKC 检验结果，同样支持 EKC 假说；李国志和李宗植（2011）基于我国 1996～2008 年面板数据，对东、中、西三大区域的 EKC 进行了检验，发现东部和中部地区 EKC 呈"倒 U"形；Usama Al-Mulalia 等（2015）采用生态足迹作为评价一个国家环境状况的指标，并将这些国家按照收入进行分类，对 EKC 进行研究，发现中等收入和高收入国家的生态足迹与 GDP 增长之间存在明显的"倒 U"形关系，但这种关系并不发生于中低收入国家，而且这种关系只发生在技术可以提高能源利用效率、实现节能和使用可再生能源的经济阶段；Usama Al-Mulali 和 Ilhan Ozturk（2016）基于 27 个发达经济体 1990～2012 年的面板数据，对 EKC 理论作了进一步验证，证实了 GDP 同 CO_2 排放之间存在"倒 U"形关系。其二，也有学者研究认为，"倒 U"形只是理想状态，可能会出现"N"形或波浪形，如 Martinez 等人（2004）基于政府间国际组织的 22 个国家 1975～1998 年的面板数据研究发现，碳排放（文中指 CO_2 排放）与经济增长之间呈"N"形关系；陈晓峰（2011）对长三角地区的外商直接投资与环境污染的关系进行了实证研究，结果发现二者呈"倒 U"形；赵爱文和李东（2012）、王士轩等（2015）对中国碳排放与经济增长关系的研究中，都得出其关系曲线呈"N"形的结论；龙志和、陈青青（2011）在对我国区域 CO_2 排放因素进行实证研究时发现，全国与东部地区 EKC 呈"倒 N"形。其三，也有学者认为二者关系不明确，如 Yorka 等（2003）研究发现，人口与 CO_2 排放、能源消耗具有比例效应，即具有线性关系，富裕程度单调递增促进 CO_2 排放、增加能源消耗；李国志等（2011）研究发现我国西部地区人均碳排放与经济增长之间呈线性关系；Lantz 等（2006）基于加拿大 1970～2000

年的面板数据，发现人均 GDP 与 CO_2 排放无关；许广月和宋德勇（2010）在对我国区域碳排放 EKC 实证研究中得出西部地区不存在 EKC 的结论。

综上可知，目前，学术界对于经济增长与环境污染关系的研究，并没有得出统一的结论，究其原因，可能是不同地区经济发展水平不一，研究结果会受地区发展、数据采集等因素影响。在研究方法上，较多研究并没有对时间序列数据进行平稳性检验，而是直接回归，易产生伪回归现象。就研究领域来看，主要是针对一国（或区域）整体经济发展与环境污染的关系进行研究，虽然也有针对外商投资、第三产业、酒店业等特定领域的研究（卢愿清、史军，2012；黄崎等，2014），但这方面的成果明显偏少。据此，本节对河南省物流业的碳排放与能源消耗、经济增长的关系开展相关研究。

本节的研究思路如下：首先，对河南省物流业的碳排放总量和碳排放特征进行分析。其次，对河南省物流业碳排放的深层次原因进行剖析，重点从物流业的碳排放与能源消耗、经济增长的关系入手，以揭示三者关系为出发点，在对其时间序列数据进行平稳性检验的基础上，通过协整检验、格兰杰检验分析它们之间的因果关系。再次，运用脉冲响应分析和方差分解分析对三组序列相互之间的动态影响趋势以及冲击贡献率进行分析。最后，根据前面的实证结论提出促进河南省物流业低碳发展的政策建议，以便为有关部门减排政策的制定提供决策依据。

5.4.1 河南省物流业碳排放总量测算与特征分析

河南省物流业的碳排放测算思路基本延续了前文针对全国物流业的测算方法与测算流程，在此不再赘述。此处选取《河南省统计年鉴》中"交通运输、仓储和邮政业"的行业增加值作为物流业经济增长指标，时间跨度均为 2000～2013 年（见表 5-8）。

（一）河南省物流业的碳排放总量研究

表 5-8　2000～2013 年河南省物流企业碳排放总量

单位：万吨

年份	原煤	汽油	煤油	柴油	电力	折算标准煤总量	碳排放总量
2000	67.87	262.54	33.57	239.09	1.83	216.11	604.90
2001	61.08	279.76	31.08	248.11	2.13	220.89	622.17

续表

年份	原煤	汽油	煤油	柴油	电力	折算标准煤总量	碳排放总量
2002	40.72	264.91	31.17	233.99	2.44	200.95	573.23
2003	20.36	301.28	33.30	252.62	2.71	209.73	610.27
2004	7.14	705.34	44.58	701.96	2.95	490.09	1461.98
2005	27.15	710.16	47.03	744.32	3.14	516.99	1531.79
2006	27.15	753.20	56.04	766.88	3.29	542.16	1606.55
2007	27.15	624.08	63.99	1195.43	3.58	639.44	1914.22
2008	21.22	538.00	63.94	1407.44	3.73	675.55	2034.33
2009	23.56	585.34	102.13	1443.53	3.84	717.42	2158.41
2010	34.08	691.78	127.71	1578.86	4.40	812.23	2436.84
2011	54.30	731.68	169.50	1755.74	5.41	908.74	2716.61
2012	0.00	796.24	182.06	2029.97	5.45	995.03	3013.71
2013	11.76	1091.06	200.27	2052.52	7.69	1118.13	3363.30

从表 5-8 可以看出，河南省物流企业的碳排放总量与能源消耗总量都随时间的推移呈增长趋势，但不同时期的增幅不一，阶段性特征也比较明显。从碳排放总量来看，我们可以把河南省物流企业的发展分为平稳期和增长期两个阶段，其中：2000~2003 年，河南物流业的碳排放总量和能源消耗未出现较大幅度的波动，属平稳期；从 2004 年起，河南省物流企业碳排放总量进入高速增长阶段，以每年至少 10% 的速度增加，到 2012 年河南省物流企业的碳排放总量已经突破 3000 万吨，相比于 2003 年增长了近 4 倍，并且这种增长的势头并没有减弱的迹象，2013 年进一步增长至 3363.3 万吨，故 2004~2013 年是河南省物流企业的增长期。

（二）河南省物流业的碳排放强度分析

为了深入考察河南省物流业的经济发展与能源消耗之间的关系，本节引入了碳排放强度。碳排放强度主要是指在一定的时间内，单位产值增加所带来的 CO_2 排放量，它通常反映经济发展对能源消耗的依赖程度。当然，碳排放强度受到技术水平、能源结构、经济发展等多个因素的影响，碳排放强度越低并不直接表明物流企业发展得越好或是运作效率越高，而需要结合物流企业的碳排放总量、生产总值等共同分析。碳排放强度计算公式如下：

$$Q_i = \frac{C_i}{G_i} \tag{5-17}$$

其中，Q_i表示第 i 年物流企业的碳排放强度，C_i、G_i分别表示第 i 年物流企业的碳排放总量和生产总值。为了消除生产总值受价格波动因素的影响，本书以 1995 年为基期计算了历年河南省物流企业的可比价格产值，进而得出 2000～2013 年河南省物流企业的碳排放强度变动趋势，如图5－11 所示。

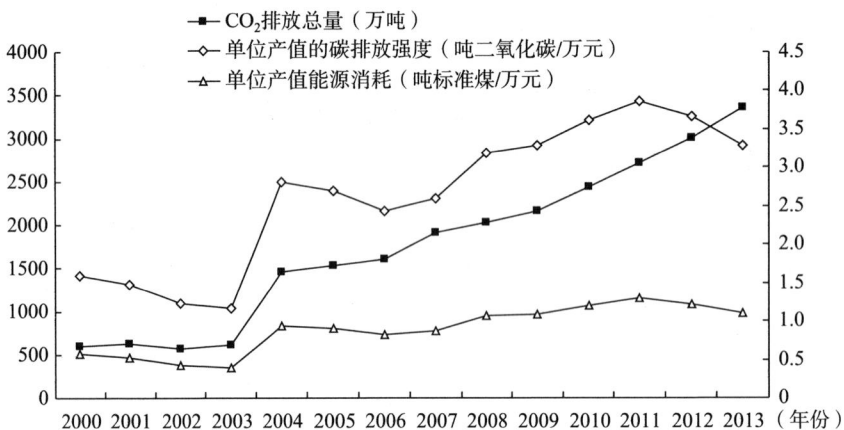

图 5 － 11　河南省物流业的碳排放与能源消耗、经济增长趋势

从图 5 － 11 来看，河南省物流企业的碳排放强度与段向云研究所得的全国物流企业的碳排放强度平均水平基本一致。从变化规律上来看，河南省物流企业的可比产值呈现单调的递增趋势，而碳排放强度呈现先下降后上升中间略有小幅度波动的不规则趋势。具体来说，河南省物流企业碳排放强度的变化同样是以 2003 年为分界点，这与前面碳排放总量研究中的阶段划分相一致。在河南省物流企业发展的平稳期（2000～2003 年），碳排放强度呈较为明显的缓慢下降趋势，而在物流企业发展的增长期（2004～2012 年），虽然在 2007 年时有小幅波动，但整体上仍然保持了单调上升的趋势。从发展趋势看，碳排放强度的上升态势已经逐渐放缓，到 2012 年开始下降。

综合以上数据看出，河南省物流业碳排放总量整体上呈不断增加趋势，尤其是 2004 年、2007 年和 2010 年，增速明显加快。结合物流业能耗不难发现，这几年的能源消耗增速分别为 133.67%、17.94% 和 13.21%，在产值增长一定的情况下，能耗突然增加必然会使碳排放急剧增加。由此推出，能源消耗与碳排放之间存在明显的相关性，需要进一步检验。为此，此处测算了考察期河南省物流业的单位产值的能耗强度和单位产值的碳排放强度（见图 5 - 11）。结果显示，河南省物流业的碳排放强度在 21 世纪初呈下降趋势，其中 2003 年为历史最低水平，万元产值的 CO_2 排放量为 1.1679 吨，此后急速增加，2004 ~ 2007 年基本维持在 2.5 ~ 2.8 吨的水平，2008 年至今均在 3 吨以上，特别是 2011 年为历史最高水平，每万元产值排放 3.8648 吨碳，可见，河南省物流业的碳排放强度整体偏高，节能减排的压力巨大。此外，从河南省物流业单位产值的能耗水平来看，2007 年以来一直在 1 吨以上，虽然 2012 年、2013 年已连续两年呈下降态势，但与全国万元 GDP 的能耗相比，明显偏高。因此，综合碳排放强度和能耗强度不难得出，河南省物流业在快速发展过程中的确存在严重的高消耗和高污染行为。综合三者的演进趋势来看，其整体走势一致，即河南省物流业的碳排放与能源消耗、经济增长之间存在协同增长关系，需要进一步分析它们之间的关系。

此外，本书还借鉴环境 EKC 理论，运用 SPSS 软件对 1995 ~ 2012 年河南省物流企业的碳排放与其可比产值进行了回归拟合，拟合曲线的参数估计结果如表 5 - 9 所示。

表 5 - 9　拟合曲线评估参数

	R^2	F	df_1	df_2	P 值	常数	b_1	b_2	b_3
二次曲线	0.978	329.16	2	15	0.000	662.075	- 2.190	0.006	
三次曲线	0.983	263.85	3	14	0.000	1285.790	- 7.293	0.018	- 9.006E - 6
指数模式	0.919	182.57	1	16	0.000	228.554	0.003		

据表 5 - 9 得出，河南省物流企业碳排放和产值关系的三次曲线函数的拟合结果最优，且二次函数、三次函数、指数函数的显著水平 P 值均小于 0.001，说明都具有统计意义，三者 R^2 均高于 0.9，说明拟合度较高，据此得到河南省物流企业的碳排放与产值的回归方程：

$$y = 1285.790 - 7.293x + 0.018x^2 - 9.006 \times 10^{-6} x^3 \qquad (5 - 18)$$

根据 EKC 理论，并结合三次函数的数学性质，可知河南省物流企业的碳排放与企业产值之间存在显著的相关性，拟合曲线表明河南省物流企业的碳排放随着企业的发展呈现先下降，后快速上升，再下降的"倒 N"形趋势。目前河南省物流企业正处于碳排放总量的快速上升期，且在短期内不会达到下降转变的拐点。

5.4.2 河南省物流业碳排放与能源消耗、经济增长的关系研究

河南省物流业的能源消耗与碳排放数据前文已经测算得出，根据《河南省统计年鉴》得出河南省物流业历年增加值，并以 1990 年为基期剔除价格因素。

为消除时间序列数据中可能存在的异方差问题，且考虑到对时序数据取对数并不影响时序的性质和关系，本节对物流业的碳排放量（CO_2）、能源消耗量（Energy Consumption，EC）、经济增长量（LGDP）三组时间序列取自然对数，分别记为 $LNCO_2$、LNEC、LNLGDP，并且均采用 Eviews 6.0 软件进行数据分析。首先，为避免出现伪回归，对三组时间序列进行平稳性检验，若不平稳则对三组序列进行差分作平稳性检验；其次，通过协整检验，考察序列之间是否存在长期均衡；再次，采用格兰杰检验方法对三组序列之间因果关系进行检验；最后，通过脉冲响应和方差分解分析法对三组序列相互之间的动态影响趋势以及冲击贡献率进行分析。

（一）平稳性检验

采用 ADF 检验法对三组序列的平稳性进行检验，结果发现，$LNCO_2$、LNEC、LNLGDP 三组序列在 1%、5%、10% 的显著水平下，其 ADF 统计值都大于各序列的临界值，三个组序列都存在单位根，即三组序列的水平序列不平稳。为此，对三组序列的一阶差分数列进行检验，结果见表 5 - 10。由表 5 - 10 可知，$\triangle LNCO_2$、$\triangle LNEC$ 两组序列在 5% 的显著水平下及 $\triangle LNLGDP$ 在 1% 的显著水平下，其 ADF 统计值小于各临界值，即 $LNCO_2$、LNEC、LNLGDP 三组序列的一阶差分是平稳的，因此三组时间序列是一阶单整的。

表 5 - 10　ADF 单位根检验结果

检验序列	检验 t 统计量	显著水平	临界值	检验结果
$LNCO_2$	- 2. 084974	1%	- 4. 886426	不平稳
		5%	- 3. 828975	
		10%	- 3. 362984	

续表

检验序列	检验 t 统计量	显著水平	临界值	检验结果
$\triangle LNCO_2$	-4.833844	5%	-4.008157	平稳
LNEC	-2.164140	1%	-4.886426	不平稳
		5%	-3.828975	
		10%	-3.362984	
$\triangle LNEC$	-4.918771	5%	-4.008157	平稳
LNLGDP	-2.246517	1%	-4.992279	不平稳
		5%	-3.875302	
		10%	-3.388330	
$\triangle LNLGDP$	-7.528163	1%	-5.835186	平稳

注：$\triangle LNCO_2$、$\triangle LNEC$、$\triangle LNLGDP$ 分别代表 $LNCO_2$、LNEC、LNLGDP 的一阶差分。

（二）协整检验

三组时间序列虽为非平稳序列，但其线性组合可能为平稳序列。由 ADF 检验结果可知，三组序列具有相同的单整阶数，符合协整检验要求。协整检验从检验对象看可分为两种：一种是基于回归系数的协整检验，即 Johansen 检验；另一种是基于回归残差的协整检验，有协整回归的 Durbin-Watson 统计检验，简记为 CRDW 检验（Cointegration Regression Durbin-Watson）、DF 检验（Degree of Freedom）、ADF 检验（Augmented Dickey-Fuller）。目前运用较多的是 Johansen 检验和 EG 两步法（Engle-Granger），同 EG 两步法相比，Johansen 检验不必划分内生和外生变量，可以给出全部协整关系，功效更稳定。在单位根检验基础之上，本节采用 Johansen 检验法检验 $LNCO_2$ 与 LNEC、LNLGDP 之间的协整关系，考察河南省物流业的碳排放与能源消耗、经济增长之间的长期稳定关系，检验结果见表 5–11。

表 5–11　Johansen 检验结果

特征根检验结果				
原假设	特征值	Trace 统计量	显著水平 5% 临界值	伴随概率 P 值
None*	0.915909	45.33149	29.79707	0.0004
At most 1*	0.692943	15.62129	15.49471	0.0479

特征根检验结果				
原假设	特征值	Trace 统计量	显著水平 5% 临界值	伴随概率 P 值
At most 2	0.114011	1.452613	3.841466	0.2281

最大特征值检验结果				
原假设	特征值	最大特征值统计量	显著水平 5% 临界值	伴随概率 P 值
None*	0.915909	29.71020	21.13162	0.0024
At most 1	0.692943	14.16868	14.26460	0.0518
At most 2	0.114011	1.452613	3.841466	0.2281

注：*表示在 5% 的显著性水平下拒绝原假设。

从特征根检验结果得知，以检验水平 0.05 判断，在 95% 的置信水平上拒绝了"不存在协整关系"以及"至多只有一个协整关系"的原假设，结论显示在 5% 的显著水平上存在两个协整关系。由最大特征值检验结果可知，在 5% 的显著水平上存在协整关系，即统计量和最大特征值统计量的双重检验结果表明：三组时间序列之间存在一个长期稳定的比例关系，即河南省物流业的碳排放与能源消耗、经济增长之间存在长期均衡关系。

（三）格兰杰因果检验

对于时间序列，格兰杰（Granger）检验的含义是如果一个事件 X 是另一个事件 Y 的原因，则事件 X 可以领先于事件 Y，格兰杰因果检验实质上是检验一个变量的滞后变量是否可以引入其他变量方程中，如果一个变量受到其他变量滞后影响，则它们具有格兰杰因果关系。协整检验表明河南省物流业的碳排放与能源消耗、经济增长之间存在长期均衡关系，为深入挖掘三组序列之间是否具有因果关系，本处采用格兰杰因果检验法对其关系进行深入分析，检验结果见表 5 – 12。

表 5 – 12　格兰杰因果关系检验结果

原假设	F 统计量	P 值	滞后阶数	结论
LNEC 不是 LNCO$_2$ 的格兰杰原因	7.48617	0.0210	1	拒绝
LNCO$_2$ 不是 LNEC 的格兰杰原因	7.68412	0.0197	1	拒绝
LNLGDP 不是 LNCO$_2$ 的格兰杰原因	5.68260	0.0384	1	拒绝

原假设	F 统计量	P 值	滞后阶数	结论
$LNCO_2$ 不是 LNLGDP 的格兰杰原因	1.21263	0.2966	1	接受
$LNCO_2$ 不是 LNLGDP 的格兰杰原因	1.96151	0.2107	2	接受
LNLGDP 不是 LNEC 的格兰杰原因	5.69367	0.0382	1	拒绝
LNEC 不是 LNLGDP 的格兰杰原因	1.29513	0.2816	1	接受
LNEC 不是 LNLGDP 的格兰杰原因	1.97713	0.2086	2	接受

由表 5 - 12 知，在 5% 的显著水平下，拒绝 "LNEC 不是 $LNCO_2$ 的格兰杰原因、$LNCO_2$ 不是 LNEC 的格兰杰原因、LNLGDP 不是 $LNCO_2$ 的格兰杰原因以及 LNLGDP 不是 LNEC 的格兰杰原因" 的原假设。首先，LNEC 和 $LNCO_2$ 之间为双向格兰杰因果关系，即河南省物流业碳排放与能源消耗之间互相影响；根据河南省物流业的能源使用状况，基本上采用的都是碳基能源，因此，大量能源消耗必然会导致大量的碳排放；反过来，碳排放又进一步影响能源消耗量，这说明河南省物流业碳排放对碳基能源的依赖度非常高，由此可见，河南省物流业做好调整能源结构工作尤为重要。其次，LNLGDP 是 $LNCO_2$ 的格兰杰原因，反之则不成立，这说明河南省物流经济的发展导致碳排放量增加，但碳排放量的增加不是经济增长的格兰杰原因，即通过牺牲环境推动经济增长的做法行不通。最后，LNLGDP 与 LNEC 之间为单向格兰杰因果关系，物流经济的发展会导致能源消耗的增加，但能源消耗的增加不是物流经济发展的格兰杰原因，这说明，通过资源消耗来换取经济增长的发展思路不可行。结合这几年河南物流业的发展情况不难发现，在郑州航空港、跨境电子商务以及新丝绸之路等一系列利好政策的带动下，河南省物流业发展驶入 "快车道"，快递业务就是最好的代表。2014 年河南省快递业务量为 2.95 亿件，同比增长 51.6%，快递企业数量更是多达 191 家，还有大量中小企业正试图加入这一行业。综合前面的碳排放强度和能耗强度的数据可知，蓬勃发展的物流业背后，其实隐藏的是粗放式的发展模式。2010 年以来，能耗增速和碳排放增速均超过 10%，但巨大的资源消耗和严重的环境污染不一定能促进经济的增长。这说明河南省物流业对能源的利用效率太低，对物流业经济增长没有起到应有的促进作用。

（四）脉冲响应分析

通过协整及格兰杰检验得知，河南省物流业的碳排放与能源消耗、经济增长之间存在长期均衡及因果关系，下面通过脉冲响应函数对三者之间相互的动态影响及影响趋势进行分析。协整检验及格兰杰检验是在外部环境保持稳定的状况下进行的分析，而脉冲响应函数描述的是在外部环境干预下，VAR 模型（Vector Autoregressive Model）中的一个内生变量的冲击给其他内生变量所带来的动态影响。根据格兰杰检验结果，河南省物流业碳排放以及能源消耗不是经济增长的格兰杰原因，故不对其作进一步的冲击分析。为得到脉冲响应函数，首先建立一个 VAR 模型，VAR 模型用于分析随机扰动对变量系统的动态冲击，来解释各经济冲击对经济变量形成的影响。综合考虑方程的拟合度、系数显著性以及 AIC 信息准则和 SC 准则，对 LNCO$_2$ 和 LNEC、LNCO$_2$ 和 LNLGDP 的 VAR 模型最大滞后阶数取 2，对 LNEC 和 LNLGDP 的 VAR 模型最大滞后阶数取 1。VAR 模型参数估计的代数表达式如下：

$$LNCO_2 = -21.643 \times LNEC(-1) + 3.465 \times LNEC(-2) + 21.546 \times LNCO_2(-1) -$$
$$3.090 \times LNCO_2(-2) - 14.278 \qquad (5-19)$$

$$LNCO_2 = 0.430 \times LNCO_2(-1) - 0.232 \times LNCO_2(-2) + 1.369 \times LNLGDP(-1) +$$
$$0.747 \times LNLGDP(-2) - 7.532 \qquad (5-20)$$

$$LNEC = -20.557 \times LNEC(-1) + 3.362 \times LNEC(-2) + 20.487 \times LNCO_2(-1) -$$
$$3.004 \times LNCO_2(-2) - 14.380 \qquad (5-21)$$

$$LNEC = 0.456 \times LNEC(-1) + 1.330 \times LNLGDP(-1) - 4.995 \qquad (5-22)$$

为确定 VAR 模型是否有意义，即是否为平稳系统，对其特征方程根进行了检验。检验结果显示所有特征方程不存在大于 1 的根，根全部落在单位圆内，表明 VAR 模型为平稳系统。

根据格兰杰检验结果，基于 VAR 模型分别考察一个标准差的物流业能源消耗、经济增长量冲击对碳排放当前及未来值的影响，以及一个标准差的物流业碳排放、物流业经济增长量对能源消耗当前及未来值的影响，脉冲响应分析结果见图 5 - 12、5 - 13。

图 5 - 12 中，横轴表示冲击作用的滞后期数，纵轴为 LNCO$_2$ 波动的变化，实线表示脉冲响应函数，代表 LNCO$_2$ 对一个标准差冲击的反应，虚线

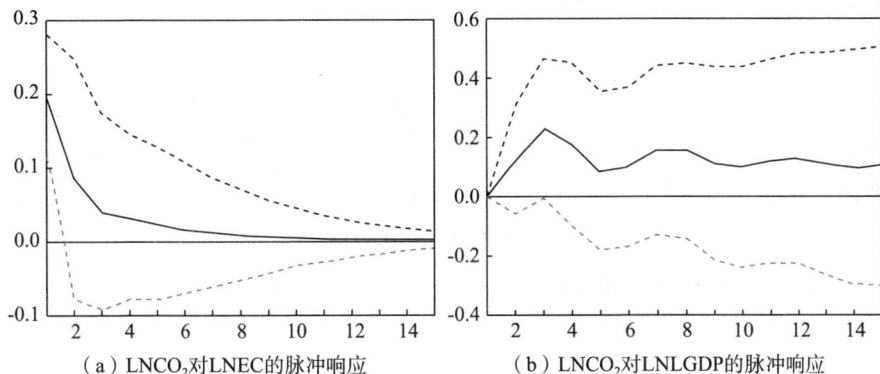

（a）$LNCO_2$对LNEC的脉冲响应　　（b）$LNCO_2$对LNLGDP的脉冲响应

图 5 - 12　$LNCO_2$ 对一个标准单位 LNEC、LNLGDP 正冲击的响应曲线

表示正负两倍标准差偏离带。由图 5 - 12 （a） 看出，当在本期给 LNEC 一个正冲击之后，在滞后一期对 $LNCO_2$ 有最大的正向影响，值为 0.198，一期过后正向影响快速下降到滞后三期的 0.04，之后正影响逐步减弱，到滞后 11 期逐渐趋于 0，第 15 期时为 0.0009，但影响始终为正。这是因为，在发展早期，随着物流行业规模的迅速扩大，必然会有大量运输业务，相应消耗大量产生碳排放的化石燃料，短期内河南省物流业的能源消耗对物流业碳排放的正向影响较大。但随着人们环保意识的提高，清洁能源的推广使用以及能源净化处理技术水平的提高，能源消耗对碳排放的影响会随着时间推移逐渐减小。由图 5 - 12 （b） 看出，当在本期给 LNLGDP 一个正冲击之后，在滞后一期之后对 $LNCO_2$ 波动有较大的正向冲击，到滞后三期达到最大值 （0.23），之后其正向影响呈小幅度上下震荡态势，但正向影响值都相对较大。整体上看，$LNCO_2$ 对 LNLGDP 的脉冲响应曲线呈波动幅度不断减小的 "N" 形趋势。这是因为，在物流业发展初期，过分追求经济增长结果造成了大量的碳排放，随着人们环境保护意识的增强、技术的发展，碳排放量有所下降，但伴随着行业规模的新一轮扩大，碳排放又会出现增长态势，因此，长期来看，物流经济增长使其碳排放呈波动趋势，即物流业经济增长受到正冲击后会正向影响碳排放，且影响作用为长期的波动的持续效应。

同理，本处还分别分析了能源消耗对碳排放和经济增长的脉冲响应，如图 5 - 13 所示，横轴表示冲击作用的滞后期数，纵轴为 LNEC 波动的变化，实线表示脉冲响应函数，代表 LNEC 对一个标准差冲击的反应，虚线表示正负两倍标准差偏离带。由图 5 - 13 （a） 可知，当在本期给 $LNCO_2$ 一个正冲击之后，在滞后一期对 LNEC 波动无影响，但滞后一期之后，正向影响逐步增大，在滞后二期达到最大值 0.128，此后正影响开始下降，到滞后八期之后影响逐渐平滑趋近于 0，但整体上为正向影响。这表明，河南省物流业的碳排放在受到外部冲击之后，前期对能源消耗带来较大正向冲击，对能源消耗量的增加具有正向影响，随着社会环境污染的加重，政府环境管制强度逐步加大，碳基能源使用量受到控制，能源利用率的提高，碳排放对能源消耗的影响逐步减小。由图 5－13 （b） 可知，当在本期给 LNLGDP 一个正冲击之后，在滞后一期对 LNEC 波动无影响，滞后一期之后，有正向影响且逐步增大，到滞后四期达到最大值 （0.141），之后正向影响保持平稳减弱趋势，但都保持较大的正向影响。这说明，物流业增加值的正冲击经市场传递给物流业能源消耗带来正面影响，且影响有较长的持续效应。这是因为，物流业增加值的增长会诱发更多的企业投入该行业中，从而带来大量能源需求，但随之而来的环境恶化，也会推动环境政策的出台；这些政策反过来对碳基能源的使用提出更多限制，使能源消耗有所下降。但整体上看，河南省物流业增加值的增长对碳基能源的依赖性还是比较大。

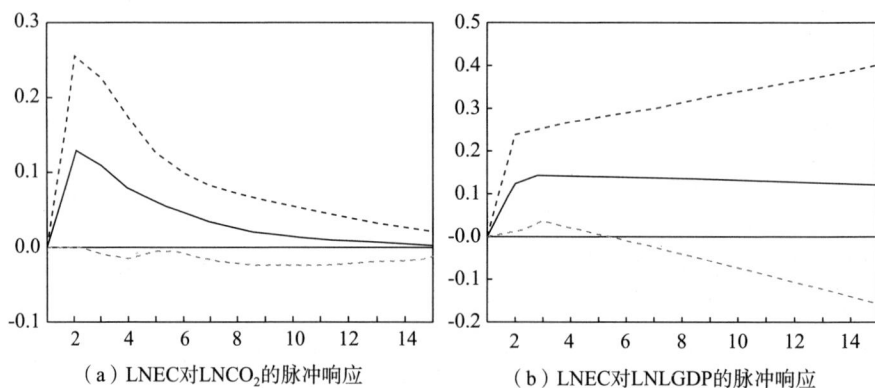

（a）LNEC对LNCO₂的脉冲响应　　（b）LNEC对LNLGDP的脉冲响应

图 5－13　LNEC 对一个标准单位 LNLGDP、LNCO₂ 正冲击的响应曲线

（五）方差分解分析

脉冲响应函数描述的是随着时间推移，VAR 模型中的一个内生变量的冲击给其他内生变量所带来的冲击反应，而方差分解能够通过分析每一个冲击对内生变量变化（通常用方差来度量）的贡献度，进一步评价不同冲击的重要性。下面利用方差分析各序列变量对碳排放变动、能源消耗变动

的贡献程度，方差分解结果如图 5 - 14、5 - 15 所示，其中横轴表示滞后期数，纵轴表示贡献率。

由图 5 - 14 可知，在不考虑碳排放自身贡献率的情况下，增加值与能源消耗对碳排放的贡献率都由快速增长转变为平滑增长且持续时间较长，其中物流业增加值的贡献率最大，最大贡献率达 51.51%，其次是能源消耗，最大贡献率达 45.46%。整体来看，河南省物流业的经济增长与能源消耗对碳排放的贡献率都较大，即都对碳排放有很大的影响。这是因为，在早期，为实现经济的快速发展，粗放的经济发展方式导致能源大量消耗，结果使经济增长和能源消耗对碳排放的贡献率都比较高，物流业也不例外，而且物流业经济增长对碳排放的贡献更大。这种不合理的发展方式导致污染持续加重，这样一来，政府会加强对碳排放的控制以及鼓励新能源的利用或能源处理技术的发明创新，结果又会使能源对碳排放的贡献有所下降。另外，在物流经济达到一定规模之后，经济增长速度有所下降致使经济增长对碳排放的贡献率不再快速增长。

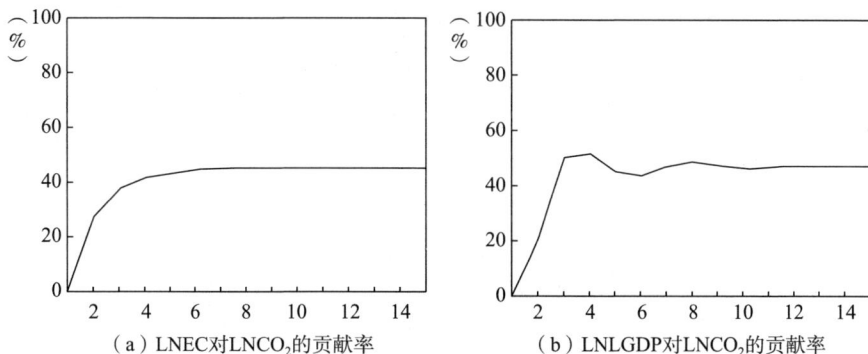

（a）LNEC对LNCO$_2$的贡献率　　　　（b）LNLGDP对LNCO$_2$的贡献率

图 5 - 14　河南省物流业能源消耗、GDP 对 CO$_2$ 排放的贡献率

由图 5 - 15（a）可知，在不考虑能源消耗自身的贡献率的情况下，河南省物流业碳排放对能源消耗的贡献率整体较高，最高值达 99.9%，之后快速下滑到第五期的 57.54%，此后一直维持在 55% 的水平。由图 5 - 16（b）可知，河南省物流业经济增长对能源消耗的贡献率在前五期快速上升，贡献率达 54.85%，第六期及以后呈平稳上升态势。整体上看，河南省物流业的碳排放及经济增长对能源消耗贡献都较大且持续时间较长，但在前期，碳排放对其贡献快速下降，而经济增长对其贡献快速增加。首先，由于前期物流业的快速发展、规模的迅速扩大，碳排放大幅增加，但随着经济的发展，人们也逐步重视环境问题，通过各种手段控制碳排放量，导致碳排放对能源消耗贡献率下降并同时引发能源消耗量下降；其次，前期为实现物流业经济的快速增长，粗放式的经济发展方式导致物流业消耗大量的碳基能源，但随着人们意识的提高，以及经济发展方式的不断转变，经济与环境更加协调发展，物流业的经济增长对能源消耗量的贡献有所减少。

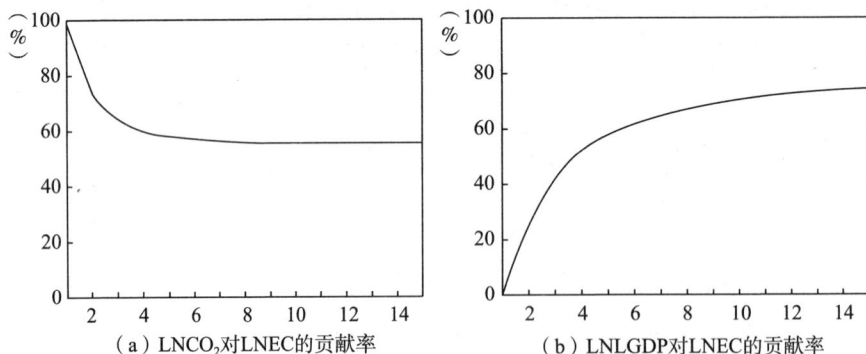

（a）LNCO$_2$对LNEC的贡献率   （b）LNLGDP对LNEC的贡献率

图 5 - 15   河南省物流业碳排放、GDP 对能源消耗的贡献率

5.4.3   结论与建议

（一）结论

本节根据 2000～2013 年河南省物流业的工业增加值、能源消耗以及碳排放数据，对三组序列之间的协整关系及格兰杰因果关系进行了分析，并基于脉冲响应及方差分解方法分析了三组序列之间的动态影响及贡献率，得出如下结论。

（1）河南省物流业的经济增长对能源的依赖度较高且能源利用效率低。由协整检验可知，河南省物流业的碳排放与能源消耗、经济增长之间存在长期的均衡关系。由格兰杰检验及脉冲响应分析可知，河南省物流业的发展对能源消耗有较强的正面影响，且影响有较长的持续效应，但碳排放及能源消耗不一定能促进经济增长。这说明河南省物流业的发展严重依赖能源消耗，但能源利用效率低，对经济增长没有起到应有的促进作用。

（2）河南省物流业能源消费结构不合理、化石能源所占比例较大。从碳排放估算结果看，河南省物流业碳排放整体上呈不断增加趋势，近两年增长速度虽有所缓和，但仍维持在 10% 以上。从能源结构来看，柴油及汽油所占比重较大，且柴油消耗量逐年攀升。由格兰杰检验可知，能源消耗能促进碳排放增加，同时方差分解分析得出能源消耗对碳排放的贡献较大，这说明河南省物流业能源消费结构有待改善，碳基能源消费比例较大。

（3）河南省物流业的经济发展方式粗放，低碳经济尚未成为主流。方差分解分析结果显示，河南省物流业的经济增长与能源消耗对碳排放的贡献率都较大且持续时间较长，其中经济增长的贡献相对更多。这说明河南省物流业经济增长与碳排放之间存在显著相关性，物流业经济增长对能源消耗的带动作用突出，能源消耗致使碳排放大幅增加，即河南省物流业的发展仍是低水平的规模扩张，高能耗、高污染仍是目前的主要特征，低碳化发展面临巨大压力。

（4）河南省物流业碳排放与经济增长之间呈波动幅度不断减小的"N"形关系。由脉冲响应及方差分解可知，河南省物流业的碳排放与经济增长之间呈波动幅度不断减小的"N"形关系，经济增长对碳排放有较大的正向影响且有长期的持续效应；能源消耗对碳排放在短期内有较大正向影响，但该影响随时间推移逐渐减弱。这表明河南省物流业发展初期追求经济增长造成了大量 CO_2 排放；随着人们环境保护意识的增强、技术的发展以及新能源的利用，碳排放有所下降；但随着行业规模的新一轮扩大碳排放量又会上升，因此，总体来说碳排放呈波动趋势，随着发展方式的转变，波动幅度会不断减小，最后达到两者的平衡点。为此，河南省物流业发展应长期坚持转型升级的发展思路，努力缩小波动幅度，尽快实现经济增长与碳排放的平衡。

（二）建议

前面结论已经表明，实现经济增长与碳排放之间的协调发展是河南省物流业面临的重要难题，同时研究结果也表明，"先污染后治理"或"以牺牲经济为代价减少碳排放"的做法都不可行，也行不通。为促进河南省物流业的低碳化发展，特提出如下对策。

（1）政府层面：第一，从源头上调整能源供给结构、多渠道促进能源低碳化处理技术的创新与发展。加快能源消费结构的调整，不断扩大天然气的利用规模，减少对汽柴油的使用；成立新能源产业发展专项资金，通过股权改造、贷款贴息、直接资助等多种方式大力发展水电、核电、风电、光伏发电等新发电模式，减少煤炭发电规模，从源头上调整能源供给结构。第二，制定专项的物流减排激励机制，加大对新能源汽车等新能源产业优质项目的扶持力度。对于使用清洁能源技术的汽车或主动寻求减少碳排放路径的物流企业，政府可通过减免企业所得税、降低融资成本等方式进行激励，必要时可在物流行业优先推行国五排放标准。已有研究表明，国五标准的汽油和柴油同国四标准相比，将至少实现10%和7%的氮氧化物减排。第三，加大低碳发展的宣传教育，鼓励并支持高校物流研究和物流教育，为物流专业化的研究与发展提供人才基础，强化物流企业工作人员的减排意识，促进物流资源的高效利用，减少不必要的浪费与污染。

（2）行业层面：第一，整合行业内部的资源。借助当前我国经济发展换挡期，整合物流业内部资源，大力发展专业化物流公司，提高资源的利用效率。第二，加快物流业信息系统的建设，实现物流各部门的有效对接，加强整个物流行业的合作。通过整合物流园区和区域操作，大力发展区域内同质货物的共同配送业，通过共享直达运输渠道，不同的物流公司把直达目的地的相同货物集合到一起运输，提高运输效率、减少碳排放。第三，加强环境成本核算，加大行业自身的监管力度。建立完善的企业环境成本的确认、计量和归类处理等会计准则，对行业内各物流企业的车辆使用标准进行监督、规范，不断减少对大排量运输货车的使用；对行业内仓储中心的建设进行规范，采用绿色建筑技术，如利用新建筑材料、太阳能电池照明技术等，努力降低物流各环节的能源消耗和碳排放。

（3）企业层面：第一，强化减排责任意识。在货车及能源的使用上，采用符合标准的车辆及能源，短途运输采用新能源车，减少空运。第二，加强与同行业的合作，优化货品的配送路径，同时优化物流配送的上下级和同级节点，在可能的情况下转化运输模式。第三，加强员工培训，规范作业标准。建立定期培训制度和环境事件责任制度，大力宣传国家的减排政策，如提升快递人员的驾驶技术，培育节约资源意识等。

5.5　本章小结

本章首先阐述了开展物流业碳排放测算的重要意义，之后对国内外有关碳排放研究的测算方法、物流业碳排放的测算及减排路径方面的研究成果，尤其是研究动态及趋势进行了系统梳理，在此基础上提出本书的研究思路。其次，采用 IPCC 法（直接碳排放系数法）对我国物流业的碳排放进行了定量测算，并基于 LMDI（对数平均迪氏分解法）构建了物流业碳排放的影响因素分析模型，重点从能源消耗结构、碳排放系数、能源消耗强度、运输方式、货运量五大方面评析了各因素对物流运输总的碳排放量的影响大小。最后，以河南省物流业为例进行了省级层面的案例研究，这一部分首先对河南省物流业碳排放的总体特征和变化规律进行了归纳总结，随后运用格兰杰因果检验、方差分解分析法和脉冲响应分析法等多种计量方法对河南省物流业碳排放与能源消耗、经济增长的关系进行了实证研究，为加快河南省物流业低碳化发展提供了科学决策依据。

6
低碳时代物流企业的环境
技术创新研究

6.1　我国物流企业开展环境技术创新的必要性

下面首先从企业类型、行业属性、市场结构、环境影响、发展趋势五个方面对我国物流企业的发展特征进行分析。

从企业类型来看，基于企业规模和业务范围的差别，现代物流企业可以分为功能型物流企业、综合型物流企业、信息型物流企业。功能型物流企业主要是指发展规模较小，只能提供仓储或运输等有限服务的物流企业；综合型物流企业是指已经具有一定的规模，能够提供完善的物流服务的企业；信息型物流企业也是近些年来逐渐兴起的物流企业类型，主要为客户提供物流系统规划、信息咨询、供应链管理等服务，企业本身并不提供运输、仓储、配送等具体的物流服务。从物流形态的角度来划分，功能型物流企业和综合型物流企业都属于第三方物流，而信息型物流企业则属于第四方物流。从市场份额来看，我国第三方物流企业正处于高速发展的阶段，市场份额快速增加，已经逐渐成为物流行业的主力军，而第四方物流则刚刚起步。所以本书的主要研究对象也就是专业化的综合型第三方物流企业。

从行业属性来看，物流业属于服务型行业，物流企业主要通过对物流活动的组织与经营来获取经济利益，相较于其他行业，物流企业的产品就是服务。无论是只能提供某些特定物流业务的小型功能型物流企业，还是具有一定规模、功能完善的综合型物流企业，或是提供物流信息服务的信息型物流企业，其实质都是通过提供物流服务来满足客户的物流需求。因此在市场竞争中，物流企业的服务质量、服务效率、服务满意度也就是企业市场竞争力的直接表现。

从市场结构来看，我国国内物流企业所属的竞争市场基本上属于完全竞争市场，整体来看，物流行业市场信息相对透明，市场完全开放，企业之间的竞争十分激烈，在服务水平相差不大的情况下，为争夺有限的市场，物流企业间的价格大战时有发生。消费者有着完全的自主选择权，企业的形象口碑对客户的消费选择有很大的影响，这种影响在专业化的第三方零担物流企业和快递企业之间表现得更为突出。以低价吸引消费者也是中小型物流企业常用的竞争策略之一，虽然低价策略在短期内可以提升物流企业的业绩水平，但是长远来看低价策略并不能长久地提升企业的竞争力，低价策略下企业的利润空间受到进一步的压缩，并不能为企业的发展壮大提供足够的资金支持，提升企业的综合竞争力才是企业实现可持续发展的根本途径。

从环境影响角度来看，物流企业是化石能源消耗大户，物流企业的营运过程中带来了巨大的碳排放。我国环境部门统计估算资料显示，我国物流企业在运作过程中的碳排放量仅次于钢铁、化工、建材等重型工业生产企业，在我国物流行业快速发展的背景下物流企业的碳排放增长速度也远远高于其他行业。目前世界范围内对物流企业的环境管制也主要集中在物流碳减排这个方面，包括英国、挪威、美国、加拿大、新西兰在内的 18 个国家和地区已经出台了较为清晰的碳税征收政策，其中欧盟各国走在碳排放管制的最前端，欧盟通过建立碳排放交易制度，运用市场机制激励参与碳减排的企业。这些发达国家及地区的做法对我国的环境管制政策设计有很大的启发，我国相应的环境管制政策也在紧锣密鼓的筹划之中。

从发展趋势来看，自进入 21 世纪以来，我国物流行业发展突飞猛进，取得了举世瞩目的成绩，但从整体来看，物流行业发展不均衡的现象也很明显。我国物流企业虽然总体数量巨大，但中小型民营物流企业却占据了很大比例，且大多数中小型民营物流企业发展较为粗放，运作效率偏低，资源浪费严重，企业竞争力偏弱。环境管制政策的实施将间接促进物流企业之间的整顿合并：一方面，低碳时代缺乏竞争、发展落后、污染严重的物流企业必然遭到淘汰，环境成本控制力强的物流企业则迎来了一个良好的发展机遇，物流行业中优胜劣汰是必然的发展趋势；另一方面，环境管制政策的实施也在一定程度上加快了物流行业规模化发展转型升级的步伐，促进我国物流企业国际竞争力的提升。总而言之，低碳时代的物流企业，机遇与挑战共存。

可持续发展是我国的战略目标，在我国"十二五"规划中有充分的体现。"十二五"规划中纳入了减排目标，预计到 2020 年将我国碳排放量比 2005 年下降 40%～45%（单位 GDP）。从宏观上说，这标志着我国将调整经济结构走低碳经济道路，从微观上来说，这标志着我国从企业到个人、从政府到公众都是这一场革命的主人翁。作为高端服务业的物流的发展，也必须走低碳化道路，对外要提供绿色物流服务，对内要进行企业环境技术创新制度的改革。这是与本书写作的初衷相吻合的，希望能为我国的可持续发展尽绵薄之力。

现代低碳物流管理作为一种新的物流管理方式，符合可持续发展的要求，代表了未来物流管理发展的方向和趋势。概括来说，21 世纪的低碳物流管理将至少呈现以下四个方面的特征：

第一，低碳物流管理将更加有利于高效利用资源、维护地球环境和保护生态平衡；第二，低碳物流管理将是从生产到废弃处理全过程效率化的、信息流与物质流循环化的物流管理；第三，信息技术、计算机技术将成为低碳物流管理的有力支持工具；第四，绿色物流管理将是融现代管理和现代科技为一体的物流管理。

因此，21 世纪的物流活动必须从系统构筑的角度，站在物流与环境共生即低碳物流的立场上，不断推进物流管理的全方位发展，最终在整个经济社会建立起包括生产商、批发商、零售商和消费者在内的循环物流系统。低碳物流作为一种新的物流管理方式，符合时代发展的要求和人类生存发展的根本利益，因而必然成为新世纪物流管理发展的方向。

6.2 物流企业环境技术创新的
国内外研究现状

物流行业作为国民经济的重要组成部分，在为国民经济发展和人民生活水平提高做出贡献的同时，也带来了大量的环境污染问题。尤其是在当前物流业飞速发展的阶段，发展低碳物流、绿色物流已经成为政界、商界和学术界共同商讨的话题之一。在这一背景下，围绕物流企业的低碳化、加快推进物流企业的环境技术创新等方面的研究成果不断涌现，而且低碳物流与物流企业的环境技术创新一脉相承，相互渗透、相互融合（胡彩霞，2014）。

6.2.1 环境技术创新的概念和内涵分析

"创新"一词大家并不陌生，在此，本节从三个方面重新审视一下这个词语。从哲学上说，创新是人的实践行为，是人类对已发现事物的再创造，是人类社会对物质世界的矛盾再创造，即人类通过对物质世界的再创造，制造新的矛盾关系，形成新的物质形态。从社会学上说，创新是人们用已掌握的信息打破陈旧的思维定式而创造出来的具有价值的独特的新物品或新思想的行为。从经济学的概念来说，创新就是人类利用已存在的社会要素或自然资源来创造新的矛盾共同体的行为。

在经济学上，"创新"一词最早是美籍经济学家约瑟夫·熊彼特在1912年出版的《经济发展概论》中提出的。熊彼特指出，创新是将一种新的生产要素和新的生产条件相结合的"新体系"引入生产体系中。20世纪60年代，新技术爆发的革命来势迅猛，经济学家华尔特·罗斯托将"创新"这一概念演变成了"技术创新"，"技术创新"遂占据"创新"的主导地位。

环境技术（Environment Technology，ET）既是一种方法，又是一门科学，指能节约或保护能源和自然资源、减少人类活动产生的环境负荷的方法等，也指研究人类所赖以生存的环境的质量及其保护与改善的一门科学。环境技术和其他技术一样，包括硬、软两方面的技术。硬件技术指的是治理环境的相关设备和技术，比如污染治理设备、环境监控设备及清洁生产技术等；软件技术指的是保护环境的相关管理工作和活动等。从广义上来说，环境技术就是指有利于维持清洁环境这一公共物品的、从污染末端控制到能源替代的一系列技术。

环境技术创新的概念不断演化与发展，随着经济的持续快速发展、城市进程和工业化进程的不断推进，环境污染日益严重，环境负效应越来越显著，环境技术创新的概念也应运而生。环境技术创新具有一定的经济意义。其是实现环境外部不经济性内在化的有效技术手段之一，通过环境技术创新来降低边际生产成本，从而提高经济效益。

环境技术创新的发展历程最早可以追溯到 20 世纪 60 年代，当时提出的是"末端技术"，主要特征是关注污染物的去处与资源化，是对传统创新的一种突破（王丽萍，2013）。A. Rath 和 B. Herbert-Copley（1992）、U. Förster（1995）等人是国外相对较早提出环境技术创新这一概念的学者，他们从三个角度（技术、经济与环境）给出了不同的定义。国外学者 Ruediger（2007）和 H. Joseph（2008）等人对环境技术创新概念作出了清晰界定。

在国内，许健和吕永龙（1999）从环境技术的"硬技术"方面（从企业生产设备、生产方法与规模、产品设计等能够节约或保护资源的角度）对环境技术创新含义作出了解释。钟晖和王建锋（2000）定义和阐释了"绿色技术创新"。刘慧和陈光（2004）分析了绿色技术创新的含义和特点，认为企业进行绿色技术创新是贯彻科学发展观和可持续发展政策的具体表现，是企业长远发展的必由之路。他们认为企业既是促进市场经济发展的微观个体又是实现可持续发展的微观个体，进行绿色技术创新是发展绿色企业不可或缺的一部分。沈斌和冯勤（2004）也从"硬技术"方面来解释环境技术创新，他们把环境技术创新定义为一个保护自然资源、减少污染物排放、降低能耗的新产品或新工艺的从设想到生产再到市场应用的完整过程。王镜宇（2005）认为环境技术创新是解决环境污染的根本手段，环境技术创新在各个阶段的创新应把生态学原理和生态经济规律融合在一起，协调经济发展与生态环境两个大方向，因此，传统的技术创新正在被环境技术创新取代，环境技术创新正成为在可持续发展战略目标的大环境下企业创新研究的新方向。黄健（2008）从提高企业经济绩效和保护环境两个角度出发对环境技术创新作出了系统的定义，认为企业环境技术创新是企业在生产物品及工艺设计、原料的选择、废弃物的处理和产品的销售等所有环节中，从降低污染排放和提高企业经济绩效两方面着手实施的一切活动。戴鸿铁、柳卸林（2009）梳理了国内外有关环境创新的概念，认为"绿色"显得意义含糊，因此突出强调了"环境创新"的概念。综上所述，环境技术创新在我国有着很多相近的概念，如环境技术、绿色技术创新、生态技术创新等。由于这些概念都是指与环境保护相关的技术创新，因此，本章将这些概念的相关研究成果一并进行了梳理。

6.2.2　企业环境技术创新的研究现状

（一）针对企业方面的研究成果

在国外，关于企业实现环境技术创新的研究最初集中在 R & D（Research and Development）上，Winn 总结归纳了 1972～1993 年环境技术管理与开发方面的文献，分析表明其中有不到十篇的文章涉及环境的问题，而且这些问题主要与"废物"有关。因此，涉足环境研究与开发领域的学者尚少，他们多集中在环境工具的研究上，具有战略性的研究则不多见。比如说，Downing 和 Kimball（1982）认为企业管理者对企业环境形象的关心对企业环境行为有正面影响。而 Pargal 和 Wheeler（1996）却有着另外的见解，他们认为企业的规模是企业改善其行为的一个主要的决定性因素，企业规模与企业采用环境技术的可能性成正比。还有学者如 Stanwick（1998）等人研究了企业经营状况是否会对企业节能减排造成不同的影响，他们通过对 120 多家不同行业中的企业进行研究，发现企业经营良好和企业积极地进行污染治理之间没有必然的联系，这也就是说，企业财务状况好并不一定就会采取积极主动的环保措施。最后，Waldman 等人（2008）研究了企业的领导人和决策者对环境技术创新的影响，认为在企业主动作出履行社会责任的决策并且进行活动的过程中，企业的领导人和决策者是非常重要的公关角色。

在国内，马小明和张立勋（2002）认为，企业开发和利用资源导致环境污染，之后再对环境污染进行补偿，所以企业在环境技术创新中的重要地位是显而易见的；在环保投资时，企业决策者不同的偏好主要受到两方面的影响：决策者自身环保意识和决策者所在企业的经济状况。接着，杜晶、朱方伟（2010）指出决策的有限理性是现有理论对企业环境创新解释不足的重要原因，在分析总结了环境技术创新的特点和比较了传统决策和行为决策理论的发展之后，他们以文献研究和调查研究相结合的方法提取了影响企业环境技术创新的主要理性变量和行为变量，在环境技术创新行为决策领域开辟了新的研究路径。而孟庆峰等（2010）提出将计算实验和综合集成方法引入企业环境行为影响因素的研究中，利用实证研究、数理分析与计算实验相结合的综合集成方法来研究企业环境行为影响因素。

与此同时，实验经济学的分析方法也登上了舞台。聂晓文（2010）运用博弈论的分析方法，将生态补偿过程中的相关利益主体作为对象进行博弈行为的分析，并以此为抓手来研究建立生态补偿长效运行的机制中应注意的问题和解决途径。除此之外，刘燕娜等（2011）利用多元线性回归法和单因素方差分析法，对企业环境管理行为决策的影响因素进行了实证研究，结果表明企业环境管理行为决策的影响因素主要有企业的所有制形式、行业污染的程度、企业经营的规模等；除此之外，企业所处的自然环境、实施的绩效管理以及资产周转率等因素对企业环境管理行为的实施没有明显的影响。环境创新和我国资源的可持续发展有着不可分割的关系，范群林、邵云飞、唐小我（2011）探讨了企业环境创新的动力，认为环境不仅影响产业的市场需求，还会对企业的竞争力带来一定的影响，企业的竞争力来自企业的创新行为，现代企业以发展的眼光在日益激烈的竞争中谋求长足的发展，离不开生态、经济和社会三者的可持续作用和三者所在系统的协调发展，因此，融合环境与技术的环境创新将会带来经济和环境作为有机整体的"双赢"。

（二）针对政府方面的研究成果

在国外，Porter 和 Linde（1995）等学者的研究使环境管制逐渐被提上日程，他们认为在其他条件不变的情况下，如果使企业进行有成本的污染，这将会导致企业增加对创新活动的投入；他们通过实证研究证实，大型企业回应政府的环境管制不是改变投入或者降低总产量，而是更倾向于运用技术创新，因此，影响企业环境技术创新的一大不容置疑的因素非环境管制莫属。到了 21 世纪，Montalvo（2002）对环境政策工具进行了分析比较，目的是看哪种政策工具对企业环境创新研发的激励效果比较好，通过对比一系列环境政策工具发现，相比于许可型的政策，标准型的政策对企业的激励效果更好一些。Rosen Dahl 从学习效应和技术外溢这两个方面进行研究，结论是基于自主创新的污染治理相比于学习效应的污染治理应征收比较低的税费，因此，他认为环境管制具有弹性对企业环境技术创新的激励效果更好。

在国内，吕永龙、许健和胥树凡（2000）在对社会大规模调查结果统计分析的基础上提出了促进我国环境技术创新的政策建议。他们具体分析了企业环境技术创新的驱动因素和限制因素，并且归纳总结了发达国家在这方面的优惠政策该研究在企业环境技术创新领域有着较大的影响。紧接着，吕永龙和梁丹（2003）认为利用政策上的收费（如排污收费、排污权交易费）等经济政策手段对企业会产生影响，对企业技术创新具有持续的激励作用；但是命令控制式的政策法规只具有一次性的刺激效果，因此，他们主张将命令控制与环境经济政策相结合的环境政策法规运用于企业管理。另外，在国际贸易中，在环境污染日益严重、资源日益耗竭的背景下，国际环境壁垒浮出水面。王玉婧（2008）认为实施环境技术创新是突破瓶颈和实现可持续发展的关键所在。针对中国出口企业所面临的越来越严峻的环境标准，她认为我们应该站在可持续发展的高度，进行理性的分析，因此提出了环境技术创新思路：实施环境技术创新的关键是从政府制度的制定和企业内部的生产模式这两个大方面入手。孙亚梅、吕永龙等人（2008）认为企业规模对环境技术创新有一定的影响，在构建环境技术创新体系时，尤其需要加强对大中型企业环境技术创新的支持力度，发挥其规模效应。近几年来，不论是在学术上还是在实践中，人们对环境管制、企业环境战略与环境技术创新等问题都给予了很大的关注，但是环境管制局限于宏观制度层面，企业环境战略与环境技术创新涉及企业自身、政策法规和公众，因此，两者是可以结合为一个有机整体的。据此，李云雁（2010）研究了企业内部应对环境管制与技术创新战略的决策行为，尝试在经济与环保两手抓的情况下实现环境管制—企业环境战略—环境技术创新行为的友好互动；同时，作者还认为环境技术创新实现机制不仅取决于企业内部的微观机制，环境的外部性和社会性也不能置之不理。在政策建议方面，孙宁、蒋国华等（2010）从技术的规范、评价制度和推广等方面提出了建议。

综合上述文献可以发现，国内外学者对企业环境技术创新实现机制的研究主要有两大类，其一是对企业自身方面的，即对企业决策者的决策分析，包括两方面的决策分析：工具性分析和行为性分析。工具性分析侧重于从环境政策工具、国际贸易壁垒等客观角度来分析企业实施环境技术创新的决策机理；而基于行为性的分析研究则处于起步阶段，涉足的学者比较有限。其二是对国家政策方面的，即对环境技术创新政策体系的构建和完善，以及政策工具的完善和使用等的研究。国内外学者一直认为政府所采取的措施对企业成功实施环境技术创新而言是很重要的动力因素，单凭企业自身的力量是不够的。

6.2.3　物流企业环境技术创新的研究现状

当今世界，气候变暖正威胁着人类的生存和发展，而造成全球变暖的罪魁祸首就是碳排放量严重超标，"低碳经济"就是在此情况下提出的。国外学者 Kotler 和 Armstrong 等人强调了对环境影响非常严重的因素——碳排放，并且将 20 世纪的 90 年代确定为"地球十年"。学者 Fabian（2000）认为，物流链上的企业自身，以及其合作伙伴、合作供应商、配送通道等都是具有环境责任的，消费品最后的处理方式是否得当也会对环境产生很大的影响。Poist 和 Murphy 等人对一些发达国家及地区（如美国、加拿大以及欧洲）的几百家企业做了面向政府和大众的问卷调查，目的就是研究物流行业里抑制碳排放的措施，后来得出了这样的调查结果：通过政府出台的制度和法规对物流造成的环境污染进行控制，低碳物流会更有活力地开展起来。

国内学者主张，我国走低碳经济道路的主要途径就是进行政策体制创新和技术创新，物流业作为一个高污染高排放的行业，其自身显然还没有做好实施节能减排技术的准备，而我国学者已经摩拳擦掌提出很多针对性的建议。叶蕾、麦强和王晓宁（2009）等人分析了国外发达国家的物流业实行节能减排的具体措施，并与国内的相关政策进行了对比，然后针对我国的具体国情提出了有关政策建议，主要是进行体制创新和技术更新，以提高物流企业竞争力。同样，谢水清、黄承锋（2010）也是从物流与低碳经济着手分析，认为发展现代物流业是我国走低碳经济道路的重要支撑。他们在低碳经济趋势下针对我国物流业现状提出了相应的激励政策、节能减排的技术创新途径和推广建议。杨子岳（2011）也指出，以低能耗、低排放、低污染为目标的低碳物流是建立在低碳经济基础之上的，将整个物流链作为一个整体，单纯依靠低碳储运和低碳包装不可能解决低碳物流的发展问题，而是需要考虑更多环节，这就是政府、企业和技术三方面的复杂现状。昕安（2012）主要分析了日本低碳物流业的崛起，发现日本解决环境压力的有效途径主要是以政策的扶持和制约为保障，最终使自身成功实现依靠技术支撑的产业转型，日本的这一做法对我国有一定的启示。

综上所述，以美国和欧盟为代表的发达国家和地区普遍比较重视低碳物流的发展，很多企业也愿意开展低碳创新，并为此承担一些相关费用，最终形成了企业新的竞争优势，进而在国际舞台上制定新的贸易规则。而国内却是相反的局面，国内的物流行业对于低碳物流的重视程度显然还不够，原因在于低碳化发展对企业的成本控制、管理制度等都提出了比较高的要求，国内的中小企业普遍力不从心。此外，不管是国内还是国外，学者们围绕低碳物流发展提出的建议大部分集中在法律和政策方面，并且没有在环境技术创新方面提出具体的建议，针对环境技术创新的路径研究还比较欠缺，急需深入开展。

6.3 我国物流企业环境技术创新存在的主要问题

与国际巨头相比，我国物流企业在环境技术创新方面还存在明显不足，具体从硬件和软件两方面展开分析（李创，2012）。

6.3.1 我国物流企业实施环境技术创新面临的硬件问题

（1）法制建设缺乏。低碳物流是当今经济可持续发展的一个重要组成部分，它对社会经济的不断发展和人类生活质量的不断提高具有重要的意义。正因为如此，低碳物流的实施不仅是企业的事情，还必须从政府约束的角度，对现有的物流体制强化管理，构筑低碳物流建立与发展的框架，做好低碳物流的政策性建设。发达国家的低碳物流发展经验也证明了这一点，相比之下，我国低碳物流方面的法律法规还不够健全，甚至在一些领域还处于空白状态，难以为低碳物流发展提供有力支撑和制度保障。

（2）低碳技术匮乏，低碳化管理水平落后。发展低碳物流的关键，不仅在于低碳物流思想的确立，物流政策的制定和遵循，更离不开低碳技术的创新、掌握和应用。但我国目前的物流技术和低碳要求还有较大的差距。例如，我国的物流业还没有什么规模，基本上是各自为政，没有很好的规划，物流行业内部存在无序发展和无序竞争问题，对环保造成很大的压力；在机械化方面，物流机械化的程度和先进性与低碳物流要求还有距离；物流材料的使用与低碳物流倡导的可重用性、可降解性也存在巨大的差距；另外，在物流的自动化、信息化和网络化环节上，低碳物流更是无从谈起。

对于企业而言，还有一个问题值得我们注意。低碳物流中的供应链运作与控制同传统物流模式下的供应链运作与控制比较，前者在技术上要求更高。由于低碳物流强调低碳设计、低碳材料、低碳工艺、低碳包装、低碳处理在产品生命周期内的有效集成，因此与传统模式下的供应链相比，低碳物流的供应链运作与控制的内容与范围要广得多，这就加大了供应链管理的难度。例如，首先，在材料的选择上，不仅要考察其价格、质量等传统因素，而且要充分考虑其碳足迹；其次，低碳物流模式强调在供应链上的成员企业内实现知识创新，而由于知识具有区别于传统要素的特征，因此其在管理上对技术提出更高的要求。

6.3.2 我国物流企业实施环境技术创新面临的软件问题

我国物流企业实施环境技术创新面临的软件问题主要有以下三个方面。

（1）低碳化发展的观念有待增强。一方面，各级领导和政府的观念有待转变，低碳物流的发展思想尚未确立。部分政府领导对传统物流的推进尚且放任自流，更何况去面对更先进的低碳物流。目前仅有物流的思想而没有低碳化的概念，还缺乏发展的前瞻性，与时代的步伐存在差距。另一方面，经营者和消费者的低碳经营消费理念仍非常淡薄。经营者展现给我们的是低碳产品、低碳标志、低碳营销和低碳服务，消费者追求的是低碳消费、低碳享用和低碳保障，而其中的低碳通道——物流环节，谁也没有给予足够的重视和关心。因此，加快推进物流企业的环境技术创新，首先要做的就是尽快提高认识，更新思想，把低碳物流作为全方位低碳革命的重要组成部分，构思和描绘低碳物流的未来。

（2）利益分配矛盾重重。物流企业的低碳化发展涉及范围非常广，几乎牵涉供应链上的所有成员。在供应链的各个环节以及各个环节内的各个主体之间分配利益，存在很多现实的问题。具体来说，由于私人收益（成本）与社会收益（成本）不一致，供应链内成员的个体目标与供应链的整体目标可能会出现冲突。从传统制造模式来看，私人收益往往高于社会收益，而私人成本要低于社会成本，同时现有的相关政策体系难以将外部性成本完全内部化，比如在排污费的收取上，现有的排污费标准远低于污染的治理费用。因此，制造商往往情愿选择直接交纳排污费而不是积极治理污染，导致环境污染成本外部化。由此可见，低碳制造的收益外部化与传统制造模式的成本外部化，使得低碳物流模式下供应链内成员企业的个体目标与整体目标相冲突，往往不能使与环境相容的原则在各成员间得到遵循。

（3）合作机制尚未形成。物流企业环境技术创新还特别强调供应链上成员企业的共同创新，但是，在目前的情况下，创新收益还不能完全归创新者所有，即环境技术创新的社会属性使得创新收益具有一定的准公共物品属性，于是就存在供应链上各环节的成员在创新动机上存在动力不足问题。反过来，即使某个成员实现了有效创新，经济人的理性行为决策也会在一定范围内限制其创新成果的扩散，从而其成果不能及时有效地在供应链上的成员企业间实现共享。

总之，我国物流企业的环境技术创新发展与发达国家尚有较大差距，物流低碳化对我们来说，还有相当漫长的一段路要走。展望未来的竞争形势，加入 WTO 以后，中国的国际化步伐进一步加快，国内市场的开放度进一步提高，中国经济已经成为全球经济的一个重要组成部分。在此背景下，一方面，国际上一些大型物流公司纷纷进入中国，跨国物流企业开始抢占中国市场，因此，必须加快国内物流企业的低碳化建设，物流企业必须加大对环境技术创新的投入力度，积极推广和采用先进的环保技术，降低物流各环节的能源消耗和排污水平，提升物流企业的绿色化、低碳化竞争水平。另一方面，由于经济技术发展存在差距，国际跨国物流企业凭借其创新优势，设置准入壁垒、绿色贸易壁垒，这对我国物流企业的国际化发展必将是一个严重的打击和难以逾越的门槛。

6.4　物流企业环境技术创新的理论基础

6.4.1　环境经济学理论

环境经济学，顾名思义是研究经济和环境彼此间关联的科学，同时也是经济学与环境科学相互交叉渗透的学科。环境经济学起源于 20 世纪五六十年代西方发达国家出现的环境污染问题，当时经济的飞速发展所导致的严重污染在社会上引起人们强烈的抗议。在此背景下，许多学者打破了传统经济学的思维模式，将环境和生态纳入经济学的研究中。

站在经济学的角度看，生态环境的破坏和环境污染主要是因为缺乏环境资源的产权制度，并且人们利用环境资源时社会、个体二者间的贴现率不同步。经济学上非常著名的"公共地的悲剧"，指的就是在利用河流、林地和草地等公用资源的过程中，产权制度不完善导致的河流干涸和土地荒漠化的环境污染和破坏现象。社会、个体二者间的贴现率不同步，就会导致企业决策者在没有考虑可持续发展的情况下，只用短浅的眼光关注直接的经济效果。

自古以来，水、空气等被大家看作取之不尽、用之不竭的"大自然的馈赠"，而且我们学习的自然知识告诉我们大自然有其"自净"功能，在一定程度上企业对环境造成污染之后也不用付出任何代价。但是今日不同往昔，那种经济发展方式在人口不多、生产规模不大的年代，对自然和社会的影响都是有限的。如今，人口膨胀、工业化生产，企业数量和生产规模都呈几何级数扩大，所以，从自然界获取的资源量和频次就打破了往日的平衡，严重超过了自然界自身的再生速率，排入环境的污染物和废弃物严重超出了环境的自净能力，环境污染与生态破坏的问题层出不穷。

当人类活动产生的生活垃圾和工业垃圾超过环境容量时，为了保证环境质量，投入的劳动就越来越多。另外，保障环境资源的可持续利用的一个最有效的法则就是使经济的外部性内在化，实行环境资源的有偿使用，譬如已在我国多省市开展的排污权交易制度。因此，要协调经济发展和环境保护二者间的关系，就要将保护和改善环境放在社会经济发展的一个重要位置，从经济体制、行政管理以及教育宣传等方面着手，三者相辅相成，共同对环境进行管理。其中经济手段主要是通过税收、排污收费、财政补贴等经济杠杆来调节或维护经济发展与环境保护之间的关系，建立健全国家保护环境、建设生态文明的政策体系。如最近二三十年兴起的排污权交易制度，就是将企业的污染治理与经济效益相结合的一种基于市场的环境经济政策，在国内外取得了不错的效果。李创（2013）提出实施排污权交易的目的主要是削减排污量，建议我国尽快建立和完善符合我国国情的、以政府和企业为主体的排污权交易制度，建立起配套的财税激励机制，以促进排污权交易制度在我国的推广和应用。

因此，环境经济学的不断发展不但为低碳经济打下了坚实的理论基础，而且为节能减排相关政策的制定提供了分析手段和理论指导。对环境经济学理论，下面主要从外部性理论、环境公共物品理论和循环经济理论等方面展开论述。

（1）外部性理论

外部性（Externality）是一个经济学名词，又称为溢出效应或外差效应，是指市场双方交易产生的福利超出原先市场的范围，给市场外的其他人带来的影响，也就是说，一个人（组织）的行动和决策对另一个人（组织）造成的积极或消极影响。由此可见，外部性又可分为正外部性（Positive Externality）和负外部性（Negative Externality）两种情况。正外部性是行动者使市场外的人无须花费任何代价就可以增加福利的外部性；负外部性是行动者不用承担任何成本就给市场外的人带来损失的外部性。与之相对应，环境外部性也包括两类：一类是外部经济性（External Economy），另一类是外部不经济性（External Diseconomy）。外部经济性指的是一个组织的经济活动给环境带来了良好的影响，像植树造林、治理大气污染等。相反，外部不经济性指的是一个组织的经济活动给环境带来了不好的影响，譬如对森林的滥伐、污水的不适当排放、草原上过度放牧等。当外部经济性出现时，企业就会考虑其成本问题，因此，理性的经纪人会减少该生产活动的资源投入而这甚至导致其产出严重不足。当外部不经济性出现时，企业考虑到其经营的盈利性本质，该生产活动的产出就会过剩。所以不管是环境的外部经济性还是外部不经济性，从整个经济学的角度看其都会改变资源的最佳配置状况，都会导致市场失灵。

外部性的解决途径大致有以下几种：一是对外部不经济性的生产活动进行收费或者征税；二是采取企业合并的办法；三是规定产权。

（2）环境公共物品理论

公共物品理论属于环境经济学的范畴。公共物品的定义包括两个方面：狭义和广义。狭义的公共物品指的就是单纯的公共物品；广义的公共物品不仅包括纯公共物品，还有准公共物品。在现实生活中，更多的公共物品的边际界定是在单纯公共物品和纯私人公共物品之间来回游走的，不能定性地将其归类于纯公共物品或者纯私人物品，这样的物品在经济学上有一个专业名词——准公共物品。而上述的纯公共物品和准公共物品就构成了公共物品的广义概念。

公共物品的概念也是经过一系列波折演变而来，以萨缪尔森为首的传统经济学家定义的公共物品指的是纯公共物品，也就是说任何人对这种物品的消费不会引起其他人对此物品消费的减少。而在环境经济学的领域内还应关注那些介于纯公共物品与私人物品之间的混合资源，即准公共物品，因此，它也具有二者的混合特征。而后，随着布坎南、奥斯特罗姆等人的深入研究，这种混合资源（准公共物品）又被划分为两类：一类是俱乐部物品（具有排他性和非竞争性的物品）；另一类是公共池塘资源（具有非排他性和竞争性的物品）。图6-1通过对比物品的排他性和竞争性对物品进行了分类。

由图6-1可知，在现实生活中准公共物品中的环境物品比纯公共物品中的环境物品要多出很多。低碳经济行为虽然属于环保的范畴，但同时又有着私人物品的特征和准公共物品的性质，因此，解决起来比较复杂和困难。桑德勒（Sandler）等人（1997）具体给出了这两类物品的不同解决办法：纯公共物品的解决途径是实行选择性激励机制；公共池塘资源的解决途径是实行选择性惩罚机制，这为后来进行环境技术创新研究提供了依据。

竞争性

	有	无
有 排 他 性 无	私人物品： 雪糕 衣服 ……	俱乐部物品： 消防 有线电视 不拥挤的收费公路 ……
	公共池塘资源物品： 海洋里的鱼 自然环境 拥挤的收费公路 ……	纯公共物品： 国防 知识 拥挤的免费公路 ……

图6-1　物品分类

（3）循环经济理论

循环经济理论的提出是在20世纪80年代，当时各国的环境问题已经浮出水面，旧的经济体制与环境保护冲突不断，因此，社会的转型势在必行，废弃型的社会必将被可持续性、循环性的社会所替代。循环经济理论的提出聚焦了世界各国的目光，像德国、美国、日本等发达国家都将之作为一项可持续发展的国策。

传统的经济形态是物资的单向流动，即"资源—产品—污染排放"构成单向物质移动。这样的传统经济具有经济的近视性，必然会引起环境问题，导致生态失衡与资源的枯竭，最终造成环境灾难性事件。而循环经济是指让物质顺着自然生态系统的发展模式达到反复循环流动使用的经济状态，即"资源—产品—再生资源"的循环状态。循环经济理论的宗旨就是实现资源利用程度最大化、废弃物的资源化处理和污染排放量最小化。循环经济的自然资源利用路径可以形象地表述为图 6 - 2。

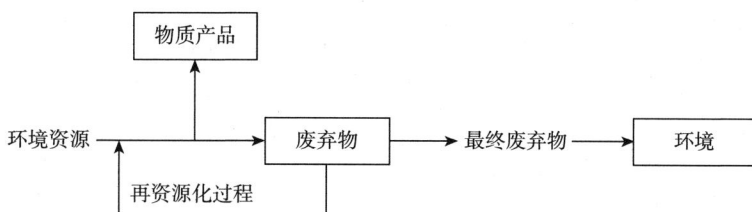

图 6 - 2   环境资源循环工程

循环经济是将清洁生产和废弃物的综合利用融为一体的经济，因此已经成为我国实现可持续发展战略目标的重要途径和方式。

（4）生态环境价值理论

生态环境价值理论是自然环境资源有偿使用的理论依据。在环境经济学理论范围内，环境问题的产生是由稀缺的环境资源及其低效的资源配置造成的。人类虽然通过技术进步、资源的勘探与开发、替代物寻找，以及产权的界定等来缓解资源的稀缺性，但是依然无法改变资源枯竭、环境恶化的残酷现实。此外，随着对生态功能研究的不断深入，人们越来越多地认识到生态环境的价值，对生态环境价值的认识也愈加深刻，其既包括使用价值也包括非使用价值，如图 6 - 3 所示。其中使用价值既有直接价值也有间接价值，还有选择价值；非使用价值包括馈赠价值、存在价值和选择价值。总之，生态系统功能是指人类从整个生态系统中获得的效益，简单来说，就是为人类提供可直接利用的资源、调节整个生态结构的稳定性以及提供精神文化的功能。

生态系统价值是生态结构稳定的市场价值，也是建立生态系统补偿机制的重要依据。衡量自然环境的价值，然后对其进行产权的界定，这从本质上来说就是要调整享受生态服务的权利和承担生态破坏责任的平等性，尽量避免那些高消耗、高污染生产活动的权利和义务不对等的现象，对生

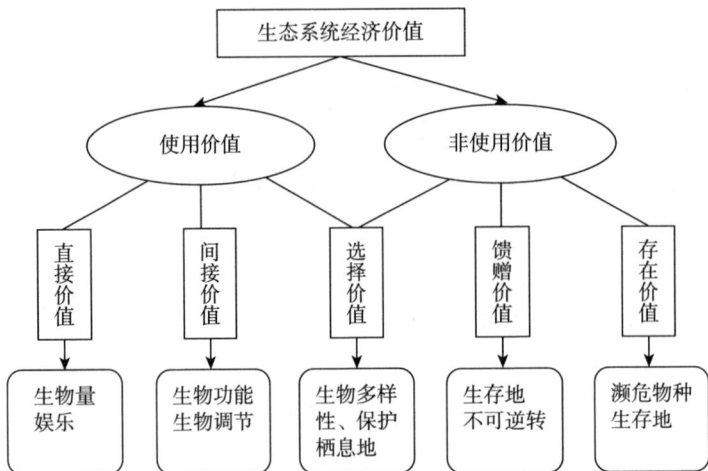

图 6 - 3　生态系统经济价值结构

态资源的消耗和破坏进行弥补，同时，也要对生态资源消费中权益受损的一方进行补偿。

生态经济学是研究再生产过程中，经济系统与生态系统之间的物质循环、能量转化和价值增值规律及其应用的科学。物流是社会再生产过程中的重要一环，其运行过程中不仅涉及物质的循环利用和能源转化，而且还有价值的转移和实现。因此，物流也就必然将经济效益与生态环境效益联系起来。传统的物流过多地强调经济效益，而忽视环境效益，导致社会整体效益下降。低碳物流以生态学为基础，将物流中的各种经济行为与生态系统联系起来研究，谋求经济与生态的最佳结合和协调发展，最终实现经济和生态的平衡发展。

（5）可持续发展理论

"发展"一词从传统意义上来讲是指局限在经济领域内的活动，其目标在于物质财富的增加。随着人类物质文明和精神文明不断深入发展，人们逐渐意识到，经济增长只是必要条件而不是充分条件，发展的最终目的是改善人民的生活质量，经济增长只是社会发展的一部分，因此，我国确定了可持续发展的战略目标。这意味着我们要延续资源的生产使用性和完整性，不能影响后代人的生产与生活。

根据我国的国情与人口、环境和发展阶段，在国务院第十六次常务会议上，我国首次提出了促进经济、资源与环境相互协调和长远发展的整体可持续战略，并把可持续发展作为长远战略纳入经济与社会发展的规划中。

根据国内外的文献研究，学者对可持续发展的定义有四种代表性的解释，分别是侧重于自然属性、社会属性、经济属性和科技属性的四种定义：①着重于自然属性的可持续发展，侧重于生态学领域，主要是指自然资源的开发利用，认为可持续发展关乎生态系统稳定的最佳状态的实现；②着重于社会属性的可持续发展，侧重于自然资源的合理开发和利用，认为在人类生活质量得到改善的同时也可创造美好的生存环境；③着重于经济属性的可持续发展，把经济发展作为可持续发展的核心来定义，是以不降低自然环境质量和不破坏自然资源为基础的经济发展；④着重于科技属性的可持续发展，是以技术选择为出发点来定义的，这方面的学者专家认为，可持续发展就是从传统的生产工艺转向更清洁有效的技术，尽可能地采用接近"零排放"的工艺方法，尽可能地减少对再生或者不可再生自然资源的消耗。他们认为环境技术创新在很大程度上能减少生产活动带来的污染，而如今的技术水平和效率则普遍偏低，如图 6 – 4 所示。

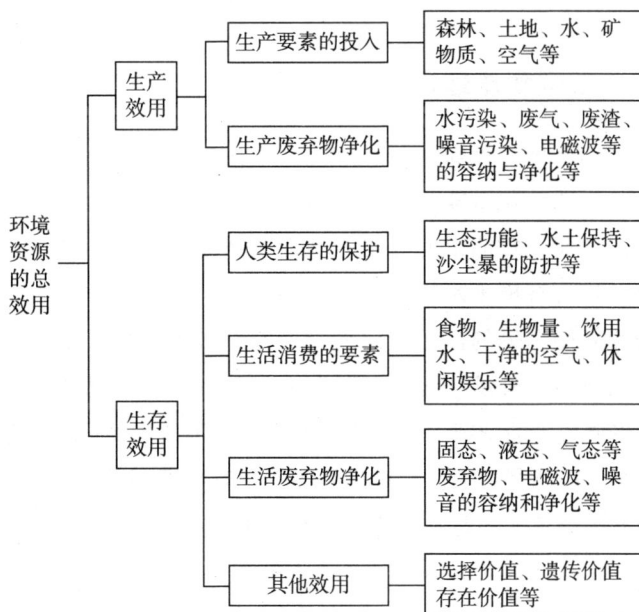

图 6 – 4　环境资源效用

综上所述，可持续是一种经济状态，在这种经济状态下，人和商业对环境的需求在并不降低提供给后代的环境承载能力的条件下就能满足。可持续发展的原则之一，就是使今天的商品生产、流通和消费不至于影响未来商品生产、流通和消费的环境及资源条件。低碳物流可以看作可持续发展的一个重要方面，它与低碳制造、低碳消费共同构成了一个提倡环境保护的低碳经济循环系统。低碳制造是实现低碳物流和低碳消费的前提，低碳物流则可以通过流通对生产的反作用来促进低碳制造，通过低碳物流管理来满足和促进低碳消费，它们之间相互渗透、相互作用。

6.4.2　生态伦理学理论

生态伦理学是从道德角度研究人与自然关系的交叉学科，它根据生态学提示的自然与人相互作用的规律性，以道德为手段，从整体上协调人与自然环境的关系。当代人不仅要承担社会经济发展的责任，而且要承担对后代人发展的道义上的义务。任何一项经济活动的运行都会或多或少地涉及资源的利用和消耗，自然会对环境产生影响、带来破坏，这样下去不仅会影响当代人的自身发展，而且会影响后代人的发展。基于这一原因，低碳物流应运而生。

6.4.3　低碳物流理论

人类社会的发展，伴随着对各种大自然赠予的能量，如生物质能、风能、太阳能、水能、化石能、核能等的开发和利用，生产生活越来越科技化和工业化。然而，对能量的开发和利用始终是一把双刃剑，随着全球人口数量上升和经济规模不断扩大，废气污染、光化学烟雾、水污染和酸雨等危害随着化石能源等的使用接踵而来，渐渐被人们所了解和认识。近年来，最被大家熟悉的就是"温室效应"——大气中 CO_2 浓度的持续升高已经带来的和将要带来的全球气候变化，就是人类不适当的生产生活方式所带来的环境破坏。在此背景下，和"碳"有关的环保系列的新名词、新概念应运而生，如低碳经济、碳足迹、低碳技术、低碳生活方式等。

"低碳经济"（Low-Carbon Economy，LCE）概念最早出现于 2003 年的著作《我们能源的未来：创建低碳经济》中，此著作属于英国能源白皮书。在第一次工业革命中，英国虽然是革命的先驱，但其资源并不十分充裕，因此，聪明的英国人正在将能源供应从自给自足的模式转向进口模式。按照英国目前的消费模式，有专家预计，2020 年的英国，80% 的能源将会从别的国家输入。《我们能源的未来：创建低碳经济》一书指出，低碳经济的宗旨就是要通过更少的资源消耗和环境污染，来获得最大限度的经济产出，同时也指出，人类社会要想创造更好的生活质量和更高的生活标准，低碳经济是一个途径和机会，也能带动人类社会创造新的商机，就业危机也会随之得到缓解。简单来说，低碳经济就是在可持续发展战略的前提下，通过技术创新、产业结构创新以及新能源开发利用等多种环境友好型举措，使资源利用最大化并降低对高碳能源的消耗，以达到经济与环境双赢的经济发展效果。

低碳经济要从统计碳源和碳足迹开始，它们是具有国际性质的一种通用语言，不过到目前为止，低碳经济的具体衡量标准还没有确定和统一。低碳经济的基础是低能耗、低污染、低排放，是社会经济良好发展与保护人类的生存环境实现双赢的一种经济发展形态，潜藏着巨大的经济价值与发展前景。

物流，简而言之是"物的流通"，指物品从供应地向目的地流通的整个庞大的、烦琐的系统过程，它贯穿物质生产、分配、储运直到消费、废弃的全过程，直接横跨生产、交通运输和消费这三大领域。随着现代经济发展和生活水平的提升，物流行业正在扮演着衡量一国综合实力和经济发展水平的重要角色，因此，物流企业有义务在低碳经济发展的道路上有所作为。低碳经济是经济模式中的一种类型，旨在生产、运输、消费和废物循环利用这一连串的社会生产活动中实现低碳化的经济发展目标。在物流的众多环节中，运输是物流的不可或缺的支撑性环节。交通运输又是我国国民经济的重要组成部分，对我国经济的发展有着基础性和支撑性的作用，但是交通运输对环境却存在外部不经济性——随着运输的进行，必然会有能源的大量消耗，直接或间接威胁着我们的生存环境。

大力推进更加环保的低碳物流已是我国物流业实现可持续发展的不二选择。如今物流行业越来越热门，各地也涌现出众多的物流公司，虽然其中不乏经营合理规范的，但是其中更多的只是将原有的运输公司改头换面而已，这样的物流公司并没有完善的物流规划运作系统，可想而知，不合理的运输是大量存在的。可见，随着物流产业不断壮大，交通污染作为其发展中存在的弊端也越来越严重，已逐步成为引人关注的城镇环境问题之一，空气污染、交通拥挤、噪声污染和视觉污染都是物流运输所带来的

"恶果"——不受欢迎的副产品。物流本身是一个庞大复杂的系统工程，因此，在常规的物流工作的步骤上应加入"低碳"的元素，也就是说，在考虑优化物流配送方案、提高配送效率、降低成本的同时还要再加上"节能减排"这一项。这就大大地提高了低碳物流配送的难度，使本身就以复杂著称的物流系统有了更多的不确定性，这些不确定性包括国家宏观调控下经济增长目标与节能减排目标相冲突的风险，经济结构和产业布局重新调整所带来不确定性因素的风险，企业物流配送成本增加的风险与效率降低的风险。因此我们可以发现，在低碳经济趋势下我国低碳物流的发展不再只是企业实施的低碳储运和包装，而需要综合考虑政府、公众、企业和技术这几个方面的复杂现状。

6.5 物流企业环境技术创新的具体路径分析

物流企业环境技术创新是指在物流过程中抑制物流对环境造成的危害，减少资源消耗，利用先进的物流技术规划，实现运输、仓储、装卸搬运、流通加工、包装、配送等作业流程清洁化，使物流资源得到最充分的利用，最终达到净化物流环境的目的。下面从物流各环节与环境的关系角度来谈谈物流企业开展环境技术创新的四个重要途径。

6.5.1 运输环节的环境技术创新

运输是物流系统的一项重要功能，是物流系统中最主要和最基本的要素。基于运输业在国民经济中的重要地位和作用，加强运输管理显得十分重要。对一个物流企业来说，运输管理是最重要也是最基本的工作内容，正确安排运输可以提高整个物流系统的运行效率和绩效。尤其要注意的是，运输过程中的燃油消耗和尾气排放，是物流活动造成环境污染的主要原因之一。因此，要想减少物流企业对环境的负面影响，首先要对运输线路进行合理布局与规划，通过缩短运输路线，提高车辆装载率等措施，实现节能减排的目标。另外，还要注重对运输车辆的养护，使用清洁燃料，减少能耗及尾气排放。总之，运输合理化就是按照货物流通的规律，用最少的劳动消耗来组织货物调运，获取最大的经济效益。也就是说，在有利于生产，有利于市场供应，有利于节约流通费用和节约运力、劳动力的前提下，使货物走最短的里程、经最少的环节、用最快的时间、以最小的损耗、花最少的费用，从生产地运往消费地。

6.5.2 储存环节的环境技术创新

储存在物流系统中起着重要作用，它与运输形成物流过程的两大支柱，是物流的中心环节。实行物品的合理存储，提高仓储管理质量，对加快物流速度，降低物流费用，发挥物流系统整体功能起着重要作用。降低仓储活动对环境的不利影响可以着重考虑以下四个方面的优化路径：其一，仓库选址要合理，以便缩短运输距离，节约运输成本；其二，仓储空间要合理，仓库内部布局要合理，使仓储空间得以充分利用，实现仓储空间利用的最大化，减少仓储成本；其三，仓储时间要合理，在最科学的仓储时间内完成仓储任务，降低仓储能耗和仓储成本；其四，仓储技术要合理，用最经济合理的办法实现储存的功能，保障商品仓储条件和仓储环境最优。换言之，合理储存的实质是，在保证储存功能实现的前提下尽量减少投入。

6.5.3 包装环节的环境技术创新

包装是物流活动的一个重要环节，低碳包装可以提高包装材料的回收利用率，有效控制资源消耗，避免环境污染。包装环节可以从两个方面实现环境技术创新。其一，合理化包装。运输包装的合理化是产品包装管理追求的最终目标。包装的合理化，就是要做到在合理保护产品安全的基础上，尽量降低包装成本和减少物流费用，这实质上就是要求搞好包装各种功能之间的综合平衡。运输包装方便、保护功能的提高，将降低物流管理费用。其二，信息化包装。随着科技的大发展，物流与电子商务结合得更加紧密，呈现数字化、网络化、信息化的特点，尤其在物流信息收集、传递、处理方面表现得更加突出。物流信息存储的数字化、电子订货系统（Electronic Ordering System，EOS）、电子数据交换（EDI）等技术的广泛应用，要求商品包装实现信息化。

6.5.4 废弃物环节的环境技术创新

废弃物物流是指在经济活动中失去原有价值的物品，根据实际需要对其进行搜集、分类、加工、包装、搬运、储存等，然后分送到专门处理场所后形成的物品流动活动。随着我国居民生活水平的提高以及市场经济日趋成熟，商品的流通速度和更新换代速度都在不断加快，因此，废弃物物流逐渐成为企业竞争的重要方面。如果能将废弃物进行合理的分类与拆解，实现资源的高效利用，不仅可以节约大量资源尤其是一次性资源，而且可以降低企业的生产经营成本。基于以上分析，废弃物物流可以从两个方面实现环境技术创新。其一，资源的回收利用技术。如手机、电脑、电视机等废旧电器的资源回收利用率可达到 98%；1 吨废线路板中可提取 400 克黄金，其资源回收效益非常可观；过去要焚烧、填埋的废塑料如今可以卖到每吨 1000 美元；再好的铁矿石，其产出率也比不过废钢等。甚至在日本等国，国民眼中几乎没有"废物"，因为生产生活的各类废弃物都可以通过资源回收实现重新利用。其二，垃圾分类与管理。垃圾分类与管理是资源回收的前提和基础，只有科学合理的垃圾分类与管理才能提高资源回收的数量和质量，进而为后期的资源循环创造条件。

理论上，工业物资循环可实现均衡的循环，但在现实中这种物资的循环流动是不能完全封闭的，即使在全球范围内也不能，在工业生产中一定的流失是不可避免的。因此，现阶段工业生产应以处理生产中的剩余物为进化的目标。废弃物管理将成为未来工业生产活动的一个重要组成部分，并将成为工业生产模式进化的目标。

从基于高产量、高废物的线性流程到封闭线圈，生产系统不可能一步到位，向废弃物最小化和能源保护最大化迈进需要一个渐进的过程，我们通常将之描述为表 6-1 中的渐进层次。为最大限度减少工业生产过程中的废弃物，通常依赖两种办法（刘永清、肖忠东，2005）：①从废弃物的产生源头上预防废弃物的产生；②对已有废弃物实行"变废为宝"式的处理。其具体方法为减少废弃物数量（Reduce）、废弃物再利用（Reuse）、废弃物循环（Recycle）、废弃物回收（Recover）（以上方法合称为 4Rs）。对于废弃物品的低碳化处理，可以借鉴 Thierry 提出的观点：直接再利用（Direct Reuse）、修理（Repair）、再生（Recycling）、再制造（Remanufacturing）。

表 6-1　4Rs 的层次及处理方式、方法和举例

层次	低碳处理方式	低碳处理方法	举例
1	直接再利用（Direct Reuse）	回收的物品不经任何修理可直接再利用（或要经过清洗或花费较少的维护费用）	集装箱、瓶子等包装容器

续表

层次	低碳处理方式	低碳处理方法	举例
2	修理 （Repair）	通过修理将已坏产品恢复到可工作状态，但质量可能有所下降	家用电器、工厂机器等
3	再生 （Recycling）	只是为了物料资源的循环再利用而不再保留回收物品的任何结构	从边角料中再生金属、玻璃及纸品等
4	再制造 （Remanufacturing）	通过拆卸、检修、替换等工序使回收物品恢复到"新产品"的状态	飞机、汽车发动机、打印机的再制造等

资料来源：Theirry M. C., Salomon M., Van Nunen J., Van WassenhoveL, "Strategic issues in product recoverymanagement", *California Management Review*, 1995, 37（2）。

4Rs 能够减少要处置的废弃物数量，相互之间有一定的逻辑层次和权衡关系，这种逻辑层次揭示了四种方法之间的优先顺序，其权衡关系如图 6-5 所示。

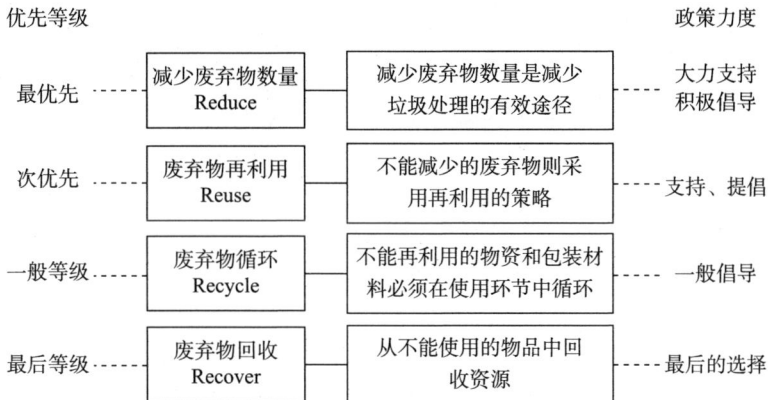

图 6-5 4Rs 的层次优先顺序和权衡关系结构

在通常情况下，减少使用资源产生的废弃物是最好的方法，力争在第一地点不产生废弃物。如果废弃物已经产生，必须想尽办法充分挖掘其内在用途，如果可能，最好的办法就是再利用。如果不可行，则回收这些废弃物。另外，从不能减少、再利用和循环的废弃物中回收能源，实现"使资源得到最充分利用"的目标，为实现自然资源持续利用、可持续发展这一战略目标奠定坚实的基础。在工业生产中，实现物质、能量的生态均衡必然成为我国工业制造理论研究的一个重要方向。

以上是从各环节独立研究的视角提出的物流企业环境技术创新的可能路径，但实践过程中，由于各环节相互衔接，只有相互配合才能更好地实现物流企业的绿色发展目标。因此，从全局出发节约资源是物流企业开展环境技术创新的本质内容，也是实现低碳物流的重要指导思想。物流企业可通过整合现有资源，优化资源配置，提高资源利用效率，减少资源浪费，减少对环境的损害。

6.6　本章小结

环境技术创新是物流企业的低碳化发展的重要路径，为此，本章首先阐述了环境技术创新的基本概念和内涵，在此基础上对物流企业环境技术创新的国内外研究现状进行了全面系统的整理与归纳，提出物流企业开展环境技术创新的必要性。其次，从硬件环境和软件环境两方面分析了国内物流企业开展环境技术创新存在的问题及面临的困难。再次，从环境经济学、生态伦理学、低碳物流理论等多个方面阐述了物流企业环境技术创新的理论基础，为我国相关企业开展环境技术创新提供理论指导。最后，重点从物流运输、物流仓储、物流包装和废弃物处理等方面提出物流企业实施环境技术创新的具体路径，从而为相关企业指明发展方向。

7

低碳时代物流企业的社会责任研究

7.1 物流企业开展社会责任建设的必要性

科技的进步和生产力水平的提升为企业的发展带来了机遇也带来了挑战，企业在实现自身资本的原始积累和为社会提供丰富的物质资源的过程中也出现了如资源浪费、环境污染、顾客投诉、漠视员工利益等一系列问题，这使其不得不在考虑自身利益的同时关注利益相关者的诉求以实现其长远发展目标。随着社会经济的发展与完善，社会公众的物质财富日益增加，教育水平日益提升，文化程度日益提高，这为社会公众的价值观更新提供了良好的土壤，革新的消费观念使社会公众不再仅局限于物质上的满足和生活水平的提高，而是开始更多地注重精神上的享受和生活品质的提高，并且人们对社会的关注意识也有所增强。此时，社会公众开始以更高的标准和更严的要求去审视企业，对企业的利益诉求也不限于其所创造的经济效益，而开始更加关注企业对当代乃至子孙后代所能创造的可持续效益。而隐藏在这一系列问题和诉求背后的则是不容缺失的企业社会责任，在新的时代背景下，企业应逐渐转换自己的身份，积极履行应尽的社会责任，树立优秀的"企业公民"形象。下面将通过三个层面的背景梳理来确立本章的研究中心（李龙晓，2015）。

（1）国际、国内纷纷开展企业社会责任建设

企业社会责任的概念自提出至今已有近百年的历史，而且在其发展演变的过程中获得了众多国际组织和国家的普遍接受和认可，各方纷纷开始制定和建立企业社会责任评价标准和评价体系，以测评企业履行社会责任

的状况。

1997 年，社会责任国际组织（Social Accountability International，SAI）发起并联合欧美跨国公司和其他国际组织，制定了 SA8000（Social Accountability 8000）社会责任国际标准。SA8000 是基于《世界人权宣言》、联合国《儿童权利公约》、《国际劳工组织公约》而制定的全球首个道德规范国际标准，宗旨在于确保供应商所提供的产品符合社会责任标准的要求。随着 SA8000 的发布，更多的国际组织开始推出衡量企业社会责任的标准体系。同年，联合国环境规划署（United Nations Environment Programme，UNEP）和美国非政府组织对环境负责的经济体联盟（Coalition for Environmentally Responsible Economics，CERES）共同发起成立了"全球报告倡议组织"（Global Reporting Initiative，GRI），并制定、推广和传播全球应用的《可持续发展报告指南》，为全世界的可持续发展报告提供一个共同框架。在《可持续发展报告指南》的推动作用下，时任联合国秘书长科菲·安南于 1999 年 1 月提出了"全球盟约"计划，并于 2000 年 7 月在联合国总部正式启动该项计划。"全球盟约"计划在经济全球化的背景下提出，强调企业应积极履行社会责任，严格坚持关于劳工标准、人权、环境及反贪污等方面所规定的十项基本原则，遵守共同的价值标准，实施一整套必要的社会规则。紧随"全球盟约"计划的步伐，国际标准化组织于 2010 年 11 月 1 日发布了 ISO26000 社会责任国际标准，不仅明确了社会责任的定义，而且为全球各类正式和非正式组织积极履行社会责任提供了良好的指引。ISO26000 社会责任国际标准是继质量管理体系（ISO9000）和环境管理体系（ISO14000）之后，国际标准化组织推出的又一个极具创造性的标准体系，这不仅是国际标准化组织首次踏入社会领域来制定标准的一次尝试，而且标志着企业管理范式的全面革新和进步——逐渐从以质量管理为中心转向质量管理和环境管理并重，而且随着对社会责任领域的开垦，企业最终将迈入以社会责任管理为核心的全面责任管理阶段。

紧随国际组织的步伐，许多国家也纷纷确立并实施了相应的企业社会责任评价体系。1999 年美国道琼斯指数公司与瑞士永续资产管理公司联合发布了"道琼斯可持续发展指数"，该指数主要基于经济发展、社会稳定和环境保护三个层面的具体指标，从投资人的角度来评价企业的可持续发展能力。2001 年法国政府颁布了《诺威尔经济管制条例》，该管制条例要求在第一股票市场上市的所有公司自 2002 年起，必须在公司发布的年度财务报告中披露有关劳工健康与安全、环境保护、社会稳定、人权维护、参与社区建设等企业社会责任履行信息。该条例构建了企业社会责任评价体系，加强了对上市公司的企业社会责任履行状况的评价和研究。2003 年澳大利亚推出主要包含公司法人治理、环境保护、社区建设（公益事业）以及员工保障四个方面的 Reputex 社会责任评价指标体系。2003 年，日本的部分制造企业开始自行定期发布企业社会责任报告白皮书，积极披露企业社会责任的履行情况，而且这些企业已开始将企业社会责任建设与自己的业务活动进行整合，不再仅局限于公益捐赠和慈善活动，以便为企业的发展创造更多的有利资源。随着时间的推移，企业社会责任的建设备受国际社会瞩目，在科学量化的过程中逐渐走向成熟。

在我国，企业社会责任建设虽然起步较晚，却受到了社会各方的高度关注和重视，从政府部门、研究机构、交易所到行业协会和企业等纷纷开始制定并发布企业社会责任的相关标准或指南，以期促进我国企业社会责任建设的快速发展。

国务院国有资产监督管理委员会于 2008 年 1 月发布了《关于中央企业履行社会责任的指导意见》（国资发研究〔2008〕1 号）（以下简称《意见》）。《意见》明确指出中央企业履行社会责任的重要意义，确立了中央企业履行社会责任的指导思想、总体要求、基本原则和主要内容，提出了促进中央企业履行社会责任的具体措施，这是我国在企业社会责任标准制定上迈出的重要一步，为后续各类标准的制定和执行奠定了坚实的基础。在国务院的号召和带领下，上海市于 2008 年 11 月发布了《上海市企业社会责任地方标准》，开创了省级地方政府制定企业社会责任标准的先河，该标准确立了上海市企业履行社会责任的基本准则，构建了一套企业社会责任评估体系。随着 2009 年该标准在全市范围内的推广实施，上海市企业的社会责任意识得到进一步强化，以点带面加快了全国范围内的企业社会责任建设步伐。紧接着，中国林业产业联合会和中国林产工业协会于 2011 年 7 月联合发布了我国首个林业产业企业社会责任报告编写规范——《中国林产业工业企业社会责任报告编写指南》，该编写指南的出台确立了林产工业企业编制社会责任报告的基准，规范了林产工业企业在遵纪守法、安全、健康、环保等方面的社会行为。在企业社会责任的感召下，深圳证券交易所和上海证券交易所分别于 2006 年 9 月、2008 年 5 月发布了《上市公司社会责任指引》和《上市公司环境信息披露指引》，二者均明确指出上市公司应强化社会责任意识，积极承担对职工、股东、债权人、供应商及消费者等利益相关方的社会责任，并鼓励上市公司在披露年度报告的同时披露年度社会责任报告。随后，中国社会科学院经济学部企业社会责任研究中心于 2009 年 12 月和 2011 年 3 月先后发布了《中国企业社会责任报告编写指南（CASS-CSR 1.0）》和《中国企业社会责任报告编写指南（CASS-CSR 2.0）》，并于 2012 年 3 月启动了对《中国企业社会责任报告编写指南（CASS-CSR 3.0）》的编写工作，新的修编采取"逐行业编制、逐行业发布"模式，不仅为不同行业确立了更加科学实用的指标评价体系，改善了社会责任信息披露质量，也为我国在国际社会责任领域赢得了更大的话语权。2013 年 1 月，中国第一部由第三方专业机构编制的集标准体系、评价体系、管理体系于一体的《DZCSR30000 中国企业社会责任标准体系》产生，该体系开创性地将"责任文化"与经济、社会、环境、管理整合为"五位一体"的 CSR 管理模式，大大拓展了评估指标项（5 个一级指标、25 个二级指标、82 个三级指标，合计 148 个评估细项），并运用"定量指标和定性指标相结合的双重计分组合法""固定赋权与灵活赋权相结合的指标组合赋权法"等，有效增强了评估企业履责水平的科学性。从政府部门到行业机构所制定的企业社会责任标准、指引，最终都要回归到企业这一落脚点上。自 2005 年我国首份企业社会责任报告发布以来，各行业的企业纷纷对企业社会责任的标准制定、报告编写等一系列问题进行探索。国家电网公司 2007 年 12 月发布了首个企业社会责任履行指南——《国家电网公司履行社会责任指南》，这不仅标志着我国企业在社会责任领域探索的一次重大成功，而且标志着我国的企业社会责任建设进入管理理念与管理实践有机整合的全新阶段。随后，国家电网公司于 2011 年 8 月再次发布《关于加强公司社会责任工作的指导意见》，要求各省份的部分地市级公司积极开展企业社会责任建设的试点工作，并要求所有的省级公司于 2012 年 5 月底前公开发布企业社会责任报告，披露企业社会责任履行情况。据统计，2006~2013 年，我国企业发布的社会责任报告数量从 32 份增至 1231 份，7 年间增长了 37.5 倍。

纵观全球，无论是在各类组织还是在不同国家，或是在不同的行业，开展企业社会责任建设已经成为一项重要议题，企业积极承担应尽的社会责任已是大势所趋。这逐渐成为经济全球化发展过程中的主流元素。

（2）我国物流企业社会责任履行水平亟待提高

物流企业在供应链环节所发挥的作用不可小瞧，随着信息平台的搭建，物流企业与供应链上各个环节的关系日益密切，所面对的利益相关者也日益增多，对利益相关者履行的企业社会责任也日益复杂。而纵观我国物流企业社会责任的履行状况，情况不容乐观。申光龙等（2010）对我国物流行业企业社会责任报告的研究显示，我国物流行业内发布企业社会责任报告的企业较少，截至2009年，中国50强物流企业在公司网站上公布企业社会责任报告的也很少，大部分物流企业没有编制或公开发布企业社会责任报告，而物流企业社会责任履行状况报告披露的缺乏，也体现了物流企业履行企业社会责任乏力，说明其有更大的进步空间。解江凌和赵扬（2014）选取了2011年中国物流企业50强名单中的8家物流上市公司，以2006~2013年共发布的29份企业社会责任报告为依据，对其从发布状况和信息披露质量两个方面展开全方位的定性研究。结果显示物流行业内企业社会责任报告发布率较低，且自愿发布的企业极少，大部分属于强制性发布，履行社会责任的积极性亟待提高，这些企业亦未能充分利用其在供应链中部的物流行业特性来推动上下游企业及自身分支机构履责的融合。2013年9月，中国物流与采购联合会在全国物流业及相关领域开展"2013中国物流社会责任贡献奖"评选活动，评选条件在企业运营、员工利益、社会公益、公共健康、环境保护、资源可持续利用等方面都对物流企业提出了严格的要求，以期在物流行业内树立典范，明确企业价值和社会责任导向，以点带面打造物流业乃至整个行业的全新形象。

我国的物流业起步较晚，在快速发展的过程中存在诸如服务质量差、客户满意度低、环境污染大、漠视员工利益、参与公益事业不足等社会责任缺失问题，不仅对物流企业自身的形象和竞争力产生了重要影响，而且对利益相关者乃至整个社会都产生了广泛而又深刻的影响，因此推动物流企业积极履行社会责任刻不容缓。

（3）我国物流企业的竞争力水平亟待提升

我国物流业自"十一五"尤其是国务院印发《物流业调整和振兴规划》以来，一直保持高速增长的良好势头，物流服务水平显著提高，物流服务能力日益增强，物流活动开展所需的基础设施和所处的政策环境显著改善，现代化的物流产业体系日渐形成。其中，2013 年，全国的社会物流总额达到 197.8 万亿元，比 2005 年增长了近 3.1 倍，年均增幅 11.5%，物流业增加值占 GDP 的比重也逐年加大，相比于 2005 年的 6.6%，2013 年的占比已提高至 6.8%。作为服务业中的一项核心产业，物流业地位日渐显赫，2013 年物流业增加值占服务业总增加值的比重快速提升，并突破14.8%。与此同时，物流企业进一步加快资产重组和资源整合的步伐，大规模地应用成熟技术创建企业的信息管理系统，推进物流信息共享平台的快速建设。此外，物流基础设施网络也日趋完善，各类交通运输里程也争创新高，港口及物流园区建设平稳进行，发展所处的政策环境日益优化，而且国务院出台的"十三五"规划纲要中明确提出大力发展现代物流业，作为配合之举，有关部门和地方政府也纷纷出台促进物流业健康发展的政策措施。

虽然我国物流业的发展取得了喜人的成就，但是还应看到背后所面临的巨大挑战。一方面，日趋激烈的国际竞争和日益加强的环境约束对物流业的发展带来了外部制约，经济全球化的步伐不断加快，服务型贸易日益在国际舞台上扮演越来越重要的角色，国际化的物流采购、生产、运营和发展模式日渐形成，大批优秀的跨国物流企业涌入我国市场，与我国的国有、民营物流企业一起形成三足鼎立格局，对我国物流企业参与国际分工带来巨大的压力，而且我国物流企业在社会责任履行方面的欠缺，也使挑战进一步升级。同时，随着物流业地位的日益提升和物流市场份额的日益扩大，其所消耗的资源、能源的进一步增加、对生态环境污染和破坏的日益加重以及居民汽车保有量的日益增加给城市交通带来的巨大压力等，都使得高能耗、低产出的传统物流运作模式面临严峻的挑战。在"五位一体"思想的指导下，政府制定并出台一系列环境管制政策，以监督和推动物流企业积极发展绿色物流，开展清洁运营，实现节能减排，从而使自身符合生态文明建设的标准，而这对物流企业来说无疑又会增加环境成本。另一方面，物流企业的自身条件也抑制了企业竞争力的提升。我国物流企业起步较晚，但发展较快，因而在发展过程中不可避免地存在一些弊端，如物流业条块分割严重，体制机制障碍仍未打破，而且我国的物流企业尚未形成规模化发展模式，众多规模较小的物流企业大都实行自营模式，企业之间的合作和集聚优势尚未凸显；同时，我国的物流业总体效率偏低而总体成本偏高，相较于一些发达国家而言，我国2013年全社会物流总费用占GDP的比重高达18%，这一比重即便是相对于巴西、印度等发展中国家而言也偏高；不仅如此，我国针对物流业发展的各类政策法规体系尚不完善，物流业开展生产经营活动的标准也亟待统一。

在经历了几十年的发展后，我国的物流业无论是发展规模还是发展速度都取得了一定的成绩，但是粗放式的数量扩张模式已经过时，面对内外环境压力，节能减排的政策性约束将日趋明显，物流企业必须尽快转型，走低碳化发展之路，积极承担更加广泛的社会责任，只有这样才能拥有更加广阔的进步空间和更长远的发展前景。

7.2 开展物流企业社会责任研究的理论和现实意义

在新的时代背景下，加强对物流企业社会责任的研究具有重要的理论研究价值和现实指导意义。

（1）理论价值

一方面，当前对企业社会责任的研究主要集中在企业社会责任的定义、企业是否应当承担社会责任、企业应该承担什么样的社会责任、企业的目标以及企业社会责任与绩效的关系和如何评价上，关于企业社会责任与企业竞争力之间的关系研究较少且大多为定性研究。上一节结合理论和实证分析对其影响进行研究，一定程度上丰富了企业社会责任的理论研究成果，为后续的研究提供理论参考。另一方面，通过理论分析，明确物流企业履行社会责任对企业竞争力的影响，阐述物流企业履行社会责任的必要性，为物流企业履行社会责任提供理论指导。

（2）实践意义

一方面，通过研究明确物流企业当前所处的社会背景，在增加企业经济效益的同时，促进物流企业积极履行特定的社会责任，使供应链环节中各个利益相关者的利益实现最大化。另一方面，研究确定了物流企业应对供应链上各利益相关者履行的社会责任。积极履行责任不仅会加强与供应链上各利益相关方的联系，提高供应链的整体运作效率，而且能间接树立企业的优秀形象，提升企业的品牌价值，并不断将物流社会责任意识融入企业竞争力建设中，制定合适的发展战略，实现企业资源的优化配置，最终促进物流企业竞争力的提升。

7.3 企业社会责任的相关理论

7.3.1 企业社会责任的基本概念

企业社会责任理论的发展拥有较为深厚的历史渊源，英国学者 Oliver Sheldon（1924）在其所著的《管理哲学》中首次从学术角度提出了企业社会责任的概念。他把企业社会责任与企业经营者满足不同产业各利益群体利益诉求的责任紧密联系起来，并将企业的社会责任界定为企业除了追求利润最大化以外，为满足相关利益群体需求而应履行的其他责任。此外，他指出"其他责任"是一种超越了法律明文规定的"法律责任"和使股东财富最大化的"经济责任"之外的一种道德责任，这种道德责任是一种包含了企业家道德因素在内的创新型责任，即企业社会责任。自此，有关企业社会责任的研究逐渐发展起来。Bowen（1953）研究认为，企业的社会责任是指每一个企业都有义务去制定合理的政策、执行正确的决定、采取正确的行动，以达到既定的社会目标，并创造相应的社会价值。在 Bowen 之后，更多的学者对其提出的企业社会责任的内容和过程进行了补充和发展，而有的学者则对其文章中的基本假设的有效性提出了挑战。但是，这一时期的研究并没有形成完整的理论，更多从企业伦理视角出发探讨商人或企业要不要履行社会责任。到了 20 世纪 70 年代，Davis（1973）将企业社会责任定义为公司考虑并应对那些超出了狭隘的经济、技术和法律等问题的行为。随后，Carroll（1979）指出企业社会责任应包括企业在特定的发展时期被社会公众赋予期望所应履行的一系列经济责任、法律责任、伦理责任和慈善责任的总和。依据此理论，Carroll 创造性地构建了一个四层次的企业社会责任金字塔模型，其中企业所应履行的经济责任是其实现生存进步和长远发展的根基。随着对企业社会责任理论研究的深入，John Elkington（1997）提出了三重底线（Triple Bottom Line）理论（陈英，2009），认为企业社会责任的三重底线分别是企业应承担的经济责任、环境责任和社会责任三大类。其中经济责任作为企业最传统和最基本的企业责任，主要表现为积极为股东等投资者创造和积累财富，合理配置企业资源以实现经济绩效的提升，以及严格遵守政策依法纳税等；环境责任同样是企业实现可持续发展过程中必须履行的责任，主要表现为节约能源资源，高度重视环境保护并积极开展环境治理；社会责任同样是企业不可忽略的一项重要责任，主要表现为企业对社会公众等利益相关群体的责任。2001 年，欧洲共同体委员会发布了一部绿皮书《推动欧洲企业社会责任框架》，在该绿皮书中，企业社会责任被定义为：企业应把社会问题和环境问题整合到其商业运作中，并在自愿的基础上与它们的利益相关者进行互动。Ciliberti 等人（2008）在研究意大利物流企业的企业社会责任标准的选取和践行的过程中，将企业的社会责任定义为，企业针对自身所承担的社会、环境和经济责任所采取的态度和实践措施。非营利组织社会责任公司（Business for Social Responsibility）将企业社会责任定义为企业为满足或超越伦理、法律、商业和公众等领域的工商机构的期望而进行的经营活动。企业社会责任在社会责任指南标准（ISO26000）中被定义为一个组织通过透明且道德的决策行为和经营活动，根据其对周围的社会群体和环境所带来的变化和影响，而应承担的责任。

企业社会责任的概念虽然被引入我国的时间较晚，但是众多学者对企业社会责任已有所研究。刘俊海（1999）在其所著的《企业社会责任》一书中提出，所谓企业社会责任，是指企业在经营发展的过程中不能只树立"股东至上"的理念、仅实现股东财富的最大化，而应在追逐企业经济利益的同时高度关注和满足其他利益相关者如员工、债权人、消费者、竞争对手、社区、自然环境乃至整个社会的利益诉求。卢代富（2001）通过比较与扬弃国外学者关于企业社会责任的种种观点，从利益相关者的视角明确了企业社会责任的内涵，即企业在为股东谋求最大收益的同时还应履行开展社会公益活动、维护社会稳定、增进社会福利的义务。在此概念中，企业社会责任是一种法律义务和道德义务相统一的关系责任或积极责任，企业的非股东利益相关者包括员工、消费者、债权人、自然资源和环境以及社会保障和福利事业的受益者等。陈迅等（2005）把企业社会责任与企业的紧密关联性作为划分企业社会责任的有效依据，将其细分为三个不同的层次：基本企业社会责任、中级企业社会责任和高级企业社会责任。其中，基本企业社会责任包含了企业应对股东、员工等履行的社会责任，具体表现为提升股东财富价值和员工福利水平；中级企业社会责任包含了企业应对政府、消费者、社区以及自然环境等履行的社会责任，具体表现为遵纪守法、提升消费者满意度、积极参与社区建设和高度重视环境保护；高级企业社会责任则包含了企业应履行的慈善责任，如积极开展公益事业和慈善捐赠等。田虹（2006）在其著作中对企业社会责任所下的定义为，企业在积极履行对股东的社会责任、实现资本的保值升值的同时，还要积极担负起对消费者、员工、社区以及自然环境的社会责任，具体表现在：为消费者提供质优价廉的商品或劳务，保证员工的生命安全和福利待遇，支持公益慈善事业的发展，积极进行公益捐赠，以及保护自然环境，开展清洁生产，等等。李伟阳和肖红军（2009）对崇尚新古典经济学的企业追求利润最大化而能够自动实现社会福利最大化的观点进行了严肃批判，并指出企业社会责任是指企业对社会负责任的行为，从本质上讲，这一行为旨在探索如何更加合理高效地配置社会资源，以创造更大的社会福利。基于此视角，李伟阳等（2011）界定了企业社会责任的"元定义"：企业基于特定的制度安排，通过高效开展生产运营和进行企业管理，以对不同的利益相关群体或个体产生影响，并希望此影响在预期发展水平下有助于实现社会福利最大化。范林根（2010）将企业社会责任定义为：企业应与所处的各类环境中的利益相关者积极互动，并积极履行对不仅包括企业所在地的各类利益相关者，而且包括那些直接或间接对企业的经营决策和发展运营产生重大影响的世界各地其他相关利益群体的社会责任。企业社会责任不仅为企业的可持续发展奠定了基础，而且集中体现了企业管理理念的创新，即由个人本位开始向社会本位转化。干胜道和田超（2011）认为企业社会责任是指，作为义务承担主体的企业在经营管理中自愿或被强制对政府、股东、债权人、员工、供应商、消费者、当地社区乃至自然环境等众多利益相关者承担社会责任，满足其利益诉求，实现企业与各利益相关方的协调，从而促进企业自身和社会可持续发展。

虽然国内外学者和各类组织都试图从不同的角度对企业社会责任进行界定，但发展至今，仍未形成一个明确的边界和原则。鉴于不同国家、地区之间存在环境、文化等差异，各类主体在定义企业社会责任时应视自身的具体发展情况而定。

7.3.2　物流企业社会责任的内涵

现代物流管理涵盖了运输管理、仓储、存货管理、第三方物流管理、外包管理、采购管理、包装、组装和顾客服务管理等一系列功能，因此关于物流企业社会责任的研究大多从其功能要素出发，主要可分为正向物流（采购、运输、包装、仓储等物流活动）企业社会责任研究和逆向物流（回收等反向物流活动）企业社会责任研究。

　　Carter 和 Jennings（2002）将物流企业社会责任细分为 6 个核心部分，即物流企业分别对环境、伦理道德、多样性、工作环境及人权、员工安全、慈善事业以及社区活动履行的社会责任。在采购活动中，Maignan（2002）将物流企业的采购社会责任（Purchasing Social Responsibility，PSR）定义为物流企业在作出采购决定，开展采购实践的过程中应对企业利益相关者履行的责任。在履行 PSR 的基础上，Carter 和 Jennings（2004）又提出了"环保采购"这一概念，并将其作为采购社会责任的一个子集，主要解决的是物流企业在采购活动中所涉及的资源回收、再利用及减少资源浪费等问题。在交通运输过程中，Deakin（2001）提出了"可持续性交通运输"一词，并指出可持续性交通运输是指现在和未来，除了要满足货物运输的流动性需求外，还要保持人类和生态系统健康、经济发展和社会正义的一种运输。可持续性交通运输体现了物流企业在其经营活动过程中对整个社会、人类以及生态系统所应履行的社会责任。James 等人（2005）认为企业在包装方面的社会责任要求包装在供应链的移动中有效地容纳和保护产品的有效性，利用物料和能源以有效地保护产品的生命周期，通过自然或技术系统连续循环利用物料以最大限度地降低物料的消耗，并且包装材料的成分不会对人体健康和生态系统带来任何威胁和风险。基于此他们提出了"可持续性包装"（Sustainable Packaging，SP）一词。Carter 和 Jennings（2002）提出了"可持续性仓储"（Sustainable Warehousing，SW），可持续性仓储是指物流企业在仓储活动中对不同利益相关者应履行的社会责任，要求企业合理选择企业终端和仓库的位置，进行适当的存储并科学储存危险物料，对多余库存进行社区捐赠，并且积极对员工进行安全操作培训等。

　　对于逆向物流（Reverse Logistics，RL），Stock（1992）在其所著的 *Reverse Logistics* 一书中指出，逆向物流主要涵盖物料源头减量、物料循环利用、物料替代、物料再利用和物料处置等一系列相关问题。随着学者们对逆向物流的深入研究，逆向物流的概念在深度和广度上都有了质的飞跃，对逆向物流的研究不再仅仅局限于相对于正向物流（从源头的供应商到最终的消费者）的相反方向的物流活动研究，逐渐涉及物流活动中的环境问题。De Brito（2003）从环保生产和制造的角度提出了产品回收的理论，认为逆向物流作为物流企业社会责任的一部分，它所面临的是处理执行的问题，在此过程中要保证产品的价值得到有效的而且是高效的利用和再利用。随后 Guide 和 van Wassenhove（2003）又提出了闭环供应链的概念，强调在供应链中协调正向物流和逆向物流的关系对于提升整个物流系统的有效性，强化物流企业的可持续发展能力有着重大的意义。Ravi 和 Shankar（2005）指出，对逆向物流进行深入的研究不仅仅是因为企业面临激烈竞争和更大的市场需求，更是因为企业逐渐把经济和环境等相关要素纳入企业的经营活动中去考虑。Ciliberti 等人（2008）提出了跨职能视角下的供应链社会责任管理，即物流社会责任（LSR），并基于文献分析和对意大利公司发布的非财务报告样本进行的实证分析，对不同企业的物流社会责任实践进行了分类研究，分类主要涵盖五个方面：采购的社会责任、可持续性交通运输、可持续性包装、可持续性仓储和逆向物流。

众多学者从不同角度对物流企业社会责任的内涵进行探究，但并未形成一个统一的概念，而且关于物流企业社会责任的研究在最近几年刚刚开始，相关的文献尚不丰富。因此本节基于企业社会责任理论的相关文献和研究侧重点，将物流企业社会责任定义为：物流企业在运营管理或开展物流活动过程中应对利益相关者（包括但不限于政府、股东、债权人、员工、供应商、消费者、社区及自然环境等）承担的一系列经济、法律、环境、伦理和慈善责任的总和。明确界定物流企业社会责任内涵，可以看出物流企业履行社会责任的出发点和落脚点均是对各类利益相关者利益的重视和满足，终极目标则是使利益相关者积极配合、彼此互动，开展和谐物流，实现可持续发展。

7.3.3 利益相关者理论

利益相关者理论的产生最初是为了抗衡"股东至上"的观点，直至 20 世纪 80 年代，利益相关者理论才开始在学术界盛行开来。Freeman（1984）在其著作《战略管理：一种利益相关者研究方法》中认为，利益相关者是指，那些在企业实现既定目标过程中影响企业发展或被企业影响的相关利益团体或个人。在利益相关者的框架中，企业所要实现的社会目标和经济目标之间的差异无关，对企业而言，最关键的便是不仅受股东影响而且受诸如员工、政府和客户等其他利益相关者影响的企业生存问题。紧随其后，Carroll（1991）指出利益相关者这一概念使企业社会责任的概念得以具体化，而具体化的途径则是企业在履行社会责任时必须考虑其对特定的组织或人员应履行的社会责任。同样，Clarkson（1995）指出，一个企业能否够取得成功关键取决于企业和来自其内部、外部不同支持者之间的关系，不同的利益相关者将为企业积极履行社会责任提供充足的动力。贾生华和陈宏辉（2002）结合 Carroll（1991）的观点指出，企业的利益相关群体和个体不仅可以影响企业的发展，而且会受到企业的反作用影响，在二者的互动关系中，企业需要投入一定的资源，而利益相关者也会因其反作用而面临一定的风险。这一定义既强调了专用性投资，又强调了利益相关者与企业的关联性。我国《上市公司治理准则》第八十六条（2015 年版）规定，上市公司在保持公司持续发展、实现股东利益最大化的同时，应关注所在社区的福利、环境保护、公益事业等问题，重视公司的社会责任。这是首次从利益相关者的角度对上市公司提出履行企业社会责任的准则。Walker（2003）在《利益相关者权力》一书中将利益相关者定义为那些与企业组织紧密相关，持有企业股票，享有企业决策权，或者能够从企业的经营运作中获取既定利益的个人或群体。Sarkis 等人（2010）指出企业的利益相关者主要包括员工、客户、股东、政府、非政府组织和社区等。

　　企业的利益相关者随着企业的发展而不断演变，国内外学者按照不同的分类方式对企业的利益相关者进行了分类。

　　Savage 等人（1991）认为对利益相关者可依据与之进行合作和产生威胁的可能性进行分类，主要有四类：支持型利益相关者（进行合作的可能性大、构成威胁的可能性小的非常理想的一类利益相关者，如管理有方的组织中的董事会、管理者、雇员、顾客及供应商等），利弊兼有的利益相关者（构成威胁和进行合作的可能性均较大的一类利益相关者，如临时工、客户或顾客），非支持型利益相关者（构成威胁的可能性大、进行合作的可能性小的一类利益相关者，如竞争对手、工会、其他层级的政府机构及媒体），无足轻重型利益相关者（构成威胁和进行合作的可能性均较小的一类利益相关者，如大型公司中的职员社团、消费者利益群体及没有组织起来的股东）。Mitchell 等人（1997）基于利益相关者的合理性、影响力和紧迫性对其做了七种分类。所谓合理性是指企业认为某一利益相关者的某种权益要求的正当性和适当性；所谓影响力是指不管某一利益相关者的某种权益要求是否合理，该利益相关者都以既定的影响力影响该企业；所谓紧迫性是指利益相关者需要企业对他们的要求给予急切关注或回应的程度。据此得出的利益相关者的七种分类依次是：决定型利益相关者、依靠型利益相关者、危险型利益相关者、主要型利益相关者、苛求型利益相关者、可自由对待型利益相关者和潜在型利益相关者。Wheeler 和 Sillanpaa（1997）提出了利益相关者公司理论模型，并运用主要和次要、社会和非社会的类别划分法对利益相关者进行了有效分类。其中，主要的社会利益相关者包括股东、员工、经理、消费者、供应商及社区；次要的社会利益相关者包括监管机构、市政部门、社会压力群体、新闻媒体、贸易组织和竞争者；主要的非社会利益相关者包括自然环境、未来种群；次要的非社会利益相关者包括环境保护组织和动物福利组织。在这些利益相关者中，主要的社会利益相关者直接享有企业的优势资源和权益，并对企业的进步和发展起着直接的推动作用；次要的社会利益相关者也对企业声誉和社会地位产生巨大的影响，相比于直接权益，其更能代表公众及其他特殊群体的利益。Daily 和 Huang（2001）从内部和外部两个方面对利益相关者进行划分，内部利益相关者主要是指与组织所积极开展的环境活动培训密切相关的群体，因为在开展的环境活动中，员工通常都是发起人和受益人。Walker（2003）认为企业作为社会中的一个个体而存在，总会与其他个体或群体产生千丝万缕的联系，这些个体或群体如股东、投资者、政府机构、员工、消费者、债权人、供应商、竞争者、社区、政治倡导群体等的存在将促使企业主动与其互动，而通过与这些利益相关者互动形成的互惠互利关系，企业可以获得各类所需的资源，借助这些资源，企业将实现长足的进步和长远的发展。Sharma 和 Henriques（2005）指出，与内部利益相关者不同，外部利益相关者并不拥有重要组织资源的控制权，但是他们却拥有规范或动员公众支持或反对该组织的环境行为的能力，这些外部利益相关者群体主要包括顾客（客户）、政府监管部门、股东和一般的社会非政府组织代表。

田虹（2006）认为企业社会责任的范围取决于利益相关者与企业关系的密切程度，企业承担社会责任无外乎就是满足与自己关系密切和不太密切的利益相关者［包含但不限于股东（投资者）、债权人、供应商、零售商、客户（消费者）、雇员（职工）、同业竞争者（战略伙伴）、政府、社会、环境等］的愿望与诉求，获得这些利益相关者对企业的正向反馈。李红玉等（2009）从契约关系（契约关系、公众关系）和利益一致性（财务利益相关、非财务利益相关）两个角度对利益相关者进行了分类，其中契约关系的利益相关者包括股东、员工、供应商和债权人，公众关系的利益相关者包括政府部门和当地社区；财务利益相关者包括员工、供应商、债权人和政府部门，非财务利益相关者包括消费者、社区和公众等。从以上两个层面对利益相关者的分类可以看出，虽然分类的形式有所不同，但是企业社会责任的履行对象基本上保持一致。纪建悦等（2012）在研究中国上市商业银行利益相关者与财务绩效的关系时，将上市商业银行的利益相关者分为三类：最重要型、核心型和蛰伏型。其中，上市商业银行最重要的利益相关者是股东，员工构成上市商业银行的核心型利益相关者，而蛰伏其中的其他利益相关者主要是债权人、管理层、政府和监管层等。单春霞等（2014）将企业利益相关者分为内部和外部两类，其中内部利益相关者（又称主要利益相关者）主要是指与企业进行密切的经济往来并直接受影响的个人和群体，如股东、员工、客户、供应商、销售商、债权人等；外部利益相关者（又称次要利益相关者）主要是指不受企业经济往来直接影响的个人和群体，如社区、利益团体、媒体、商业团体、政府、社会大众等。

物流企业作为国民经济发展中的重要角色，与社会的各种利益主体之间无不具有各种各样的密切关系，因而政府、股东、债权人、员工、供应商、消费者以及所在的社区和所处的自然环境都应当归到物流企业利益相关者的范畴。

7.3.4 企业社会责任对其竞争力的影响研究

国内外学者在分析企业社会责任、利益相关者和企业竞争力理论的基础上，从不同的角度、不同的层面，运用不同的方法和数据研究了企业社会责任的履行对企业竞争力、企业财务绩效、企业经营绩效以及可持续发展等的影响。

Fabian（2000）认为，在当今的信息经济时代中，如果一个企业不能履行社会责任，那么影响的不仅是企业销售收入，更重要的是会影响其最重要的资产——企业声誉。Maignan 和 Ferrell（2001）在针对法国企业的研究中指出，越来越多的企业开始投入更多的资源和精力到企业社会责任的建设中，作为企业竞争优势的源头，履行企业社会责任不仅可以成为企业的先发战略，而且将成为创造和保持企业竞争优势的更加有效的市场工具。Lin 等（2001）对 2002～2004 年的台湾企业进行了企业社会责任与企业财务绩效相关性的研究，通过建模研究发现，企业社会责任和企业财务绩效之间存在正向相关性，而且从长期来看，企业社会责任对企业的财务绩效产生显著的正向影响，而在短期经营期间则不存在这种正向影响。Porter 和Kramer（2006）指出，从企业战略和运营层面看，履行企业责任和妥善处理社会问题对一个企业的竞争力是至关重要的。Jose 等（2009）运用多目标决策方法构建了一个决策支持框架，以模拟和分析供应链网络和企业社会责任之间的关系，研究结果显示企业履行社会责任一方面可以减少供应链中多余的成本投入和废物排放，从而降低企业的经营成本，提升经济绩效，促进企业的可持续发展；另一方面，可以减少企业的随机性风险，减少企业的废气排放，从而更好地与供应商进行合作并为顾客提供更好的产品。Salam（2009）认为企业社会责任已经成为竞争激烈的市场上现代企业所不可或缺的一个重要组成部分，企业积极履行社会责任，不仅会增加销售收入，还能提高资本份额和顾客满意度。Cruz（2009）等人指出由于金融危机、经济倒退和稀缺资源的枯竭，在全球范围内实施诸如可持续供应链管理、可持续旅游和可持续生产等可持续战略是极其必要的，而在所有的可持续战略中，企业社会责任在过去的十年中获得了高度关注，而这主要得益于其使企业的经济绩效、社会绩效和环境绩效得到显著提升。Porter 等（2006）指出，从社会责任方面分析自身发展前景，可以发现，对于企业来讲，企业社会责任不仅仅是一种成本、限制或者慈善需要，还是获得机遇和竞争优势、推动创新的源泉。Sun 和 Cui（2014）在研究企业社会责任和企业违约风险之间的关系时指出，一方面，企业履行社会责任将对企业的目标客户群体产生积极影响，强化企业形象并带来良好的企业财务绩效；另一方面，企业履行社会责任将在其他诸如股东、债权人等利益相关者那里留下良好的企业形象，创造良好的市场沟通环境，从而对市场营销产生积极影响，最终间接促进企业竞争力的提升。

国内学者对企业社会责任与企业竞争力之间的关系也展开了广泛研

究。田虹（2006）指出企业履行社会责任虽然会产生一定的成本，但是从财务角度来看，这一支出是从上一年度的利润留成中提取的，并不会影响当期的企业经营绩效，而且企业的这一支出为其赢得的债权人的信任、供应商的合作、消费者的认同及政策福利等足以抵消企业社会责任成本，形成企业的潜在利益。李红玉等（2009）在研究企业社会责任对企业财务绩效的影响机理时指出，企业积极履行对利益相关者的社会责任，将获得利益相关者的积极反馈——和谐的社会关系网络、高度的社会信任和充足的社会资本，其中充足的社会资本是企业财务绩效提升的关键所在。与田虹的观点相同，邵兴东（2009）认为，企业开展社会责任建设虽然会产生一定的成本，但是优秀的企业社会责任战略管理可以使企业社会责任的履行成本转化为可为企业创造价值的资源与能力，进而形成企业竞争优势。因此，企业承担社会责任是一种利己利他的双赢选择，不仅可以从企业的内部、外部获取丰富的资源，为企业赢得竞争优势打下坚实的基础，而且也能积极地满足社会公众的利益诉求，实现企业和社会的共同发展。苏蕊芯等（2010）分别采用数据包络分析法（DEA）和内容分析法对2008年深交所上市公司履行社会责任的程度和企业效率进行了相关关系的实证分析，结果显示，上市公司履行社会责任与企业效率提升之间呈正相关关系，即上市公司积极开展社会责任建设有助于企业效率的提升。

从企业对不同利益相关者履行社会责任的角度来看，田雪莹等（2010）指出企业积极参与社区建设，进行公益慈善捐赠，可以为企业积攒良好的企业声誉、企业形象及社会影响力等无形资产，从而在企业与外部利益主体互动中获取知识、信息、技术等稀缺资源，为企业创造竞争优势。刘琪（2010）选取沪深两市2006~2008年的62家交通运输业上市公司的财务数据作为研究样本，评价了交通运输企业的社会责任履行状况和财务绩效水平，通过对所选样本数据进行相关性检验和回归分析，明确二者的关系，结果表明交通运输企业的企业社会责任履行水平和财务绩效之间呈显著的正相关关系，即企业社会责任履行越好，财务绩效水平就越高。王晓巍和陈慧（2011）选取沪深两市2008~2010年的328家上市公司的数据作为研究样本，通过联立结构方程模型分析企业积极履行对不同维度的利益相关者的社会责任对企业价值所产生的具体影响，研究结果显示，企业承担的对不同利益相关者的社会责任与企业价值存在正相关关系，企业积极履行对利益相关者的社会责任有利于企业价值的实现和提升。邓泽洪和何应龙（2013）提出企业积极履行应尽的社会责任，不仅可以改善与消费者的关系，使企业的产品或服务获得消费者的认可，在国内外市场中树立良好的品牌形象，不断扩大市场份额，提升企业竞争力水平，而且可以改善员工的生存状况，缓和劳资矛盾，培育优秀的人力资源，促进生产力水平的提高。

但与此同时，也有一部分学者对此提出了异议，认为企业承担社会责任会对企业的发展产生负面影响。哈佛大学教授 Levitt Theodore（1958）发表于《哈佛商业评论》的一篇文章《社会责任的危险性》中指出：如果由企业来解决某类社会问题，那么政府机构势必要赋予其更多的权利，权利的不断演变将使企业更多地去关注其对经济、政治和社会所产生的影响以及自己在社会公众之中所树立的威望。这对一个企业而言，是非常危险的，因为醉心于政治忽视自身的发展运作，忽视对企业产品的改进和创新，将会直接影响企业的品牌形象和市场价值，从而对其竞争优势造成巨大的损害。美国著名的经济学家、诺贝尔经济学奖获得者 Milton Friedman，分别于 1962 年和 1970 年在《纽约时代》杂志上发表了《资本主义与自由》和《企业的社会责任就是增加利润》两篇文章，在文中他表明了自己的观点，即企业是股东的私有财产，企业管理者最主要的责任就是对股东负责，不必承担其他的社会责任，企业只需以经济人的观念努力为股东赚取利润即可。企业为股东创造的利润越大说明企业运用社会资源的效率越高，从而对社会的贡献也就越大。相反，企业自觉履行社会责任，关注社会公众诉求，不仅会抑制企业经济效益的创造和提升，而且会给企业带来除生产运营成本外的其他支出，相对于那些缺乏社会责任感的企业而言，这无疑会严重削弱其在市场中的地位和优势，而这一影响则会向企业发出一个信号：自觉履行企业社会责任会受到"惩罚"。从企业长远发展和自由竞争的角度出发，其更多的是需要合理的公共政策引导而不是自主性决策下的自发行为。在 20 世纪 80 年代的社会经济环境背景下，Friedman 反对企业承担社会责任的观点得到了很多经济学家的认可和奉行自由市场主义人士的拥护。因为相对于社会的整体发展而言，企业寻求生存的目标更加鲜明、突出，其所带来的负面影响尚未引起人们足够的关注，企业股东权益最大化理论一度优于利益相关者理论。紧随其后，Posner（1972）指出，在竞争市场中的企业应基于发展的终极目的——企业盈利，制定并实施科学的发展规划，其他任何偏离此轨道的经营行为不仅不能为企业带来经济效益，而且由此产生的额外成本将可能使企业无法消化，企业盈利受阻，则会陷入财务困境并可能被逐出竞争市场。同时，他还指出，企业履行社会责任的成本往往包含在企业的产品中而向消费者出售，这样一来实际承担责任的对象发生了变化，消费者的最终利益将受到一定的损失。此外，公司的股东并不愿对自己所能获得的财富进行分割，这在某种程度上严重降低了整个企业履行社会责任的意愿和能力。进入20世纪90年代，著名的管理学大师哈罗德·孔茨和海因茨·韦里克（1993）在其《管理学》一书中指出，企业积极履行多元化的社会责任带来的消极影响不只是一个方面，而是众多方面的综合呈现。从企业自身的经营发展来看，履行企业社会责任的成本会减少企业的盈利空间，进而削弱其在国际国内市场中的竞争优势；从企业社会责任的实施情况来看，新型的企业社会责任建设和管理会使企业内部的管理人员因缺乏相关的经验和技能而出现举步维艰状况，从而难以在企业中继续待下去。王建琼和何静谊（2009）运用每股收益指标来衡量企业的经济绩效，并分别研究企业对政府、供应商履行社会责任对企业经济绩效产生的影响，研究结果显示，企业对政府履行社会责任与企业经济绩效之间呈正相关关系，而对供应商履行社会责任则与企业经济绩效之间呈负相关关系，即企业对供应商积极履行社会责任不能实现企业经济效益的提升。顾湘和徐文学（2011）选取沪深两市在电力、煤气及水的生产和供应等板块上市的A股公司为研究对象，以2007～2009年的年度财务数据为研究样本，基于系统论、价值论以及利益相关者理论，对企业社会责任的履行和企业价值的变化之间的关系进行了实证分析，结果表明除企业对股东履行的社会责任与企业价值之间呈明显的正相关关系外，企业对其他利益相关者履行的社会责任与企业价值均呈负相关关系。

综上可以看出，学者们从不同的角度出发，采用不同的方法，从理论和实证两个层面研究了企业社会责任的履行对企业竞争力的影响，并由此得出了不同的研究结论，为后续的研究奠定了坚实的基础。但是，综合现有文献可以发现，学者们针对物流行业的具体研究偏少，更多偏向于理论分析和定性研究，定量研究显得较为缺乏，研究成果显示出更多的主观性，缺少更强的说服力。因此，笔者将以上市物流企业的面板数据为支撑，就企业社会责任对竞争力的影响进行实证分析，以探究企业履行对不同利益相关者的社会责任对其竞争力产生的影响，并从实证分析的结果中提出物流企业履行社会责任的对策和建议，为物流企业低碳化发展探索一条可行的发展路径。

7.4　物流企业社会责任对其竞争力的影响路径研究

物流企业的社会责任涵盖了不同的利益主体，而如何通过对利益主体履行企业社会责任实现竞争力的提升则是开展实证研究前一个亟待解决的重要问题，因而本节将在企业社会责任理论、利益相关者理论和企业竞争力理论的基础上，探究物流企业履行社会责任对企业竞争力的影响路径。

笔者根据李红玉等（2009）对 Wood（1991）的社会绩效模型做出的扩展，以及谢雅萍和许美丽（2012）提出的企业社会责任行为、企业社会责任内外部效应关系模型，结合本节的研究主题，从对不同利益相关者履行企业社会责任的角度，明确物流企业在此过程中所获得的反馈和资源，以及通过资源整合利用与优化配置所带来的企业竞争力变化，最终确立物流企业社会责任对企业竞争力的影响路径模型，如图 7－1 所示。

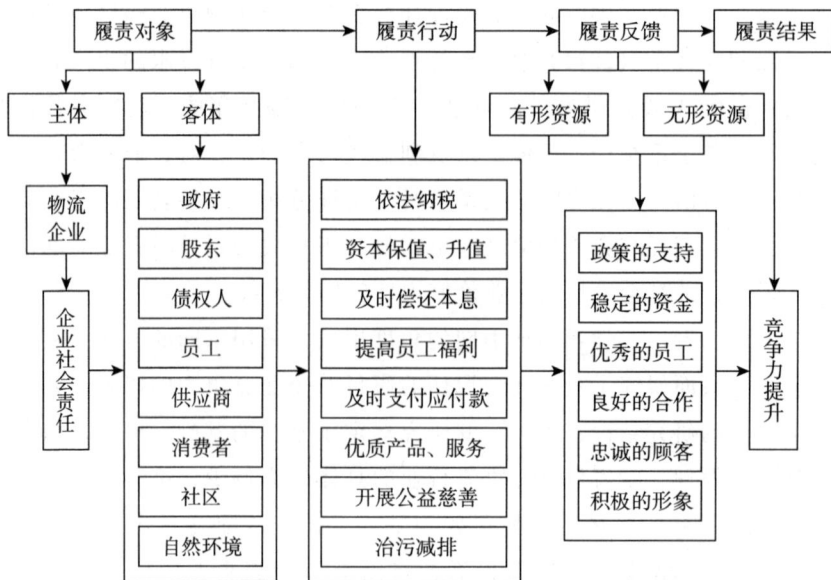

图 7－1　物流企业社会责任对企业竞争力的影响路径模型

依据图 7-1 的模型，可以得出物流企业社会责任对企业竞争力的具体影响路径为：确定履责对象→开展履责行动→获得履责反馈→取得履责结果。具体来说，①物流企业首先应确定履责对象，明确其履行企业社会责任的利益相关者；②针对不同的利益相关者确定相应的履责内容，以履行企业社会责任；③物流企业的履责行动将使其从利益相关者处获得物流企业社会责任外部效应——不同利益相关者对物流企业的青睐、好评与支持等有效反馈，而这将使其获得更多的资金、人力等有形资源和权利、声誉等无形资源；④物流企业通过积极履行企业社会责任并作用于所获得的有形资源和无形资源，将促使企业社会责任外部效应转化为企业竞争优势等企业社会责任内部效应。

7.4.1 物流企业履责对象分析

物流企业积极履行社会责任不仅是新背景下的应然之举，而且是提升企业价值的必然之策，而在此过程中，首要的任务就是确定物流企业履行社会责任的对象。Sheppard 和 Freeman 等人提出企业的所有权安排是基于企业所能获得的资源，凡是为企业提供了资源或创造了价值的个体或群体都应享有对企业行为施加一定影响或控制的权利。结合利益相关者理论，物流企业所获取的重要资源离不开政府的政策资本、股东的股本投入、债权人的资本支持、员工的人力资本、供应商的服务提供、消费者的产品需求、社区的文化环境等不同维度利益相关者的支持。

（1）政府

在物流企业的发展过程中，政府扮演着至关重要的角色，在尊重市场机制的前提下对物流企业在成长过程中出现的一些问题进行调控和指引。而且随着职能的转变，作为管理控制型机构存在的政府逐渐演变为一个监督服务型的机构，旨在通过提供更多的公共服务为物流企业的发展创造更加稳定有序的经营环境。因此物流企业应扮演好"企业公民"的角色，合法经营，照章纳税，自觉承担对政府应尽的责任和义务，并主动接受政府的监督和干预。

（2）股东

在市场经济条件下，企业与股东的关系实质上是代理人与委托人的关系。股东作为上市物流企业的出资人，对企业享有所有权，股东将其投入的资本委托给企业的经营者进行管理运营，希望通过资本的保值升值为其带来预期的收益。因此，作为被委托方的物流企业经营管理者应高度重视对股东所承担的社会责任，将股东投入的各类有形资产和无形资产在确保原始股本安全的前提下，在进行合理分配、有序经营的过程中实现资本升值最大化，从而有效满足股东的盈利诉求。

（3）债权人

物流企业的生存发展离不开各类财力、物力的支持，而这些财力、物力资金又主要来自股权融资和债权融资。相对于股权融资，物流企业进行债权融资时所面临的限制条件更少、资本更加灵活，除了从股东那里获得原始资本的投入外，其他的融资渠道主要是银行或非银行金融机构的借款，而这些机构自然而然地成为物流企业的债权人，并且是与物流企业发展紧密相关的重要利益相关者。企业应积极履行对债权人应尽的社会责任，严格遵守与债权人之间订立的契约，及时偿还所欠债务，保障债权人的合法权益不受侵犯。

（4）员工

物流企业与员工之间最基本的关系是建立在契约基础上的经济关系，即物流企业与员工之间雇用与被雇用的关系，除此之外还存在一定的法律关系和道德关系。法律关系以法律规定的形式揭示了经济关系的主要内容，道德关系则是抽象地存在于物流企业履行经济责任和法律责任过程中的一条伦理底线，其体现的是企业和员工之间的相互信任和尊重。因此，物流企业应充分重视企业内部的人力资源，积极地履行对员工应尽的法律责任及伦理责任。

（5）供应商

物流供应商是指为物流企业从事物流活动提供所需资源和服务的各类机构，包括制造商、经销商、个体工商户及其他中介商。随着现代供应链管理体系的深入发展，更多的物流企业开始更新自己的供应链管理体系，逐渐对传统的高库存、高成本、低周转的供应链管理加以改进，使之逐渐实现零库存、较少的供应商以及更多的有序排列等标准。新标准不仅消除了传统管理体系的弊端，而且对供应商发出了更大的挑战。供应商在企业整个生产经营链条中处于上游位置，重要性不言而喻。在一定程度上，供应商能否提供优质高效的资源、优异的产品及良好的服务决定了物流企业能否正常开展运营。对物流企业而言，与供应商的关系正逐渐发展为互信互利的战略合作伙伴关系，供应商能否真正参与物流企业的管理，为其产品开发和设计提供优质意见也将影响物流企业的全局发展，因而物流企业应统筹全局，积极采取行动，与供应商之间保持良好的合作关系，切实履行应担负的责任。

（6）消费者

消费者是物流企业提供物流产品或服务的终端节点，从广义上来讲，所有社会成员都是物流企业的消费者，有些是潜在的，有些则是显性的。随着物流企业的迅猛发展，物流活动所面临的各类终端消费群体规模也在不断扩大，而且随着消费者主体意识的增强，物流企业为其提供质量优良、感知力强且兼具差异化、个性化的产品或服务已经成为发展道路上的又一大考验。只有当这些产品或服务满足消费者需求并激发他们的消费热情时，物流企业自身的价值才得以实现。因此，物流企业的消费者是提升企业价值的重要载体，企业应高度重视对消费者承担的社会责任。

（7）社区

物流企业作为社会构成的一分子，其发展离不开所处的社会环境，成长离不开社区的支持，物流企业开展各类活动时必然与所处的社区发生千丝万缕的关系。社区为其提供了最基本的土地、水源、电力、人力等必备资源，为其发展提供了优越的环境；同样，社区的建设和发展也离不开企业的帮扶，企业从社区中吸收人力资源，积极开展公益慈善活动。二者共生共荣，彼此相互促进、相互影响。物流企业应及时地对社区的反馈做出积极的回应，同所处的社区搞好关系，踊跃地参与社区活动，履行对社区应承担的社会责任，把对经济利益的追逐和对社区建设的参与放到同等重要的位置，促进社区的发展和进步。

（8）自然环境

物流活动的进行为社会创造了一定的时间价值、空间价值以及加工附加值，但与此同时在运输、储存、装卸搬运、配送、流通加工的过程中基于种种原因也出现了诸如能源、资源的不合理消耗，废气、噪声、固体废弃物污染，交通拥堵，生态破坏等一系列对自然环境造成重大影响的负面行为。在新的时代背景下，物流企业应积极承担对自然环境的责任，从各方面规范自己的行为，实现与自然环境和谐共处。

7.4.2 物流企业履责内容分析

企业社会契约理论认为，企业和社会之间存在并自愿遵守某种相互受益的契约：社会各种利益集团为企业提供生存和发展所必需的条件，而作为回报，企业应该承担与这些利益集团所订立的契约中的义务，履行相应的社会责任。依据此理论，下面对上市物流企业履行责任的内容展开具体分析。

（1）政府

物流企业作为社会成员中重要的一员而存在，应对政府承担的社会责任主要有：①积极遵守国家各项法律法规，严格遵守道德规范，开展合法诚信经营，积极以企业自身的行动维护法律的尊严，坚守良好的社会公共道德，维护正常的社会秩序，创造良好的社会氛围，提升社会的整体利益；②物流企业在获取利润的同时应承担作为一个纳税人应尽的义务，依法纳税，坚决杜绝各种偷税、漏税行为，并在不断发展的过程中大力提升企业的经营绩效，扩大纳税份额，为国家财政和社会福利做出应有的贡献；③作为朝阳产业的物流业，担负着推动国家发展的重要使命，因此必须承担起发展的责任，在"五位一体"的科学布局下，着眼长远，在实现自身实力提升的同时发挥先锋模范作用，号召行业内企业积极履行发展的责任，带动整个国家综合实力的提升。

（2）股东

物流企业对股东的社会责任主要有：①物流企业对股东最基本的责任是对法律所赋予的股东权利的尊重。法律强制规定了每一个企业所必须恪守的准则，打破这一准则便是违法行为。物流企业违背法律规定侵犯股东的权利，就是对股东严重不负责任。②物流企业要对股东的资金安全和收益负主要责任。股东作为企业的投资人，将自己的资金托付给企业管理，并希望获得预期的收益，企业作为资金的管理人和使用人，应在法律所许可的范围和所能承受的风险范围内科学合理地运营资金，以期为股东创造出满意的利润，实现股本的保值升值。③物流企业有义务向股东提供真实的经营和投资状况。股东有权出席股东代表大会，并享有表决权，企业通过定期发布财务报告和召开股东大会等向其提供真实可靠的经营业绩，包括市盈率、资产收益率、资产负债率等一系列企业信息，并对其提供的信息负法律责任和道德责任。

（3）债权人

物流企业对债权人承担的社会责任主要有：①物流企业应严格遵守国家颁布的法律法规，并按照企业章程的规定，合法高效地开展企业的生产经营活动，积极地为企业的创收做出努力，同时要真实、准确、完整、及时地披露企业信息，使债权人最大限度地掌握企业的经营状况。②物流企业开展的各项生产经营活动都应建立在诚实守信的原则基础之上，保证足额的注册资本，不滥用公司人格去人为改变某项强制性法规的使用、逃避合同义务或其他应履行的义务，致使法律或规范的约束性降低。物流企业应在规定的还款时间内及时还本付息，不无故拖延债务，形成并保持与债权人之间的良好合作关系。③物流企业应采取各种措施确保自身与债权人之间的交易安全，本着为债权人的利益考虑的原则，订立合理合法的交易合同，并切实履行合同中所规定的义务，使债权人的利益处在法律法规的保护之中，也更好地约束企业自身的行为和完善自身的发展。

（4）员工

物流企业应对员工履行的企业社会责任主要有：①提供健康安全的工作环境、保证员工的生命和健康安全是物流企业应承担的最基本和最重要的社会责任。员工在企业所提供的工作环境中进行劳作并换取相应的报酬和福利，因此，企业应严格执行劳动法的有关规定，为员工提供合乎标准的安全工作环境，加强劳动保护，实现安全生产，积极预防职业病，降低企业内部发生事故的概率，而不应以为员工发放报酬为由忽视这一重要责任。②物流企业应按时、足额发放劳动报酬，根据社会发展水平逐步提高工资水平，并为员工提供平等的就业、升迁和接受教育的机会。同时，企业在制定就业政策时应基于零歧视原则，面向所有的员工制定规则，而不应人为设置某些政策屏障以阻碍员工平等的就业和升迁机会。不仅如此，企业还应建立健全员工的职业教育和岗位培训制度，不断提高职工的素质和能力，使员工在为企业工作的同时也可以进行知识、技能的补充训练，更好地实现自我提升和个人发展。③物流企业应不断完善工会、职工董事和职工监事制度，为员工开放民主管理企业的渠道，提供自主管理企业的机会。企业应尊重员工的民主权利，并鼓励员工积极参与到企业管理中来，决策层应高度重视员工对企业的经营决策、未来发展等问题提出的意见和建议。

（5）供应商

物流企业与供应商之间是一种基于契约的互动关系，因此企业对供应商承担的社会责任主要有：①物流企业应遵守契约精神，严格按照与供应商之间所订立的合同，积极履行合同中规定的义务和责任，及时偿还欠供应商的款项，而不应以各种理由推卸和逃避责任，应遵循诚信经营的原则。②物流企业与供应商之间既是合作伙伴，也是竞争对手，因此企业与供应商开展各项交易时应遵循公平竞争的原则。在市场经济中，物流企业与供应商之间虽然基于利益这条纽带进行沟通和合作，但是这种合作的前提是双方开展公平竞争，一旦其中的一方打破这条底线，遭受损失的将是彼此双方及其他利益群体，而且这种不良影响还将波及整个竞争市场，从而导致市场经济的平稳运行遭到破坏。③物流企业除了要与供应商进行公平、诚信的合作外，还要积极协助供应商履行其社会责任。物流企业选择了供应商，与供应商之间形成了某种契约关系，如果物流企业已知供应商的产品或服务出现问题，应该及时阻止产品或服务的市场流通，并协助相关部门做好产品追溯工作。此外，物流企业应加强对供应商的社会责任表现管理，通过自身和社会舆论的力量，使供应商也担负起相应的社会责任。

（6）消费者

物流企业对消费者负责是一种义务，也是对整个社会负责的一种表现，这集中体现在：①物流企业应积极捍卫消费者的安全权，为消费者提供安全性高、品质好的产品或服务，尊重和维护消费者的权益，提升消费者的满意度，如在运输、仓储的过程中，保证货物的安全储存以及安全高效运送客户货物等。②物流企业应尊重消费者的知情权和自由选择权，任何消费者在消费活动之前都有权通过各种合理的方式来了解产品或服务的详细信息，并决定是否进行购买，因此物流企业应保证自己所提供的产品或服务的信息透明，而不应以自身的信息资源优势隐瞒产品或服务的不足，强迫消费者购买致使交易不公。③物流企业应积极设立售后服务网点，使消费者在享受其提供的优质商品和服务的同时，享有完善的售后服务保障，从而高效地解决其后顾之忧。④物流企业活动的开展给消费群体带来方便的同时也出现了一些弊端，如对自然环境造成一些负面影响等，因而物流企业应在其消费者群体中开展低碳营销，一方面自身应逐渐迈向低碳运营，开展清洁生产，另一方面也应逐渐引导和改变消费者的消费理念，使之逐渐转向低碳消费。

（7）社区

物流企业处在一定的社区环境中，作为社区中的一员，应对社区承担的社会责任主要有：①物流企业应通过合理的方式抽取企业的留存利润回馈给所在社区，充分利用自身的资金、人力、产品、服务等资源大力发展慈善事业和社区文化教育事业，开办社区学校，援助失学儿童，为社区居民提供教育便利。②物流企业应在社区内部积极开展职业培训活动，锻炼和改进社区居民的工作技能，大力吸收社区的人力资源，并主动为各类就业能力较弱的群体提供工作，在为更多的社区居民提供就业保障的同时减少社区内的不稳定因素。③物流企业在社区内部应加强基础设施建设，如修建广场、图书馆、健身房等活动场所，为社区居民的休闲、娱乐、健身等活动提供极大的便利，丰富社区居民的精神文化生活。④物流企业应自觉保护社区环境，减少企业运营过程中产生的各种废气、噪声、固体废弃物等对居民的身心健康造成的负面影响，积极地践行科学发展观，开展低碳运营，在实现自身发展的过程中为社区留住一片绿色。

（8）自然环境

物流企业对生态环境肩负的社会责任主要有：①物流企业应在"五位一体"思想的指导下，树立正确的价值观，在开展物流活动的过程中，充分考虑自然环境的承载量，合理利用每一类资源能源，并将这一观念深深地融入企业的血液中，使其作为企业的生存必备要素而存在。②物流企业应在生态文明价值观的指引下，积极实施低碳管理，大力倡导低碳运营。物流企业在发展过程中，应把对环境负责和追逐利润放在同等重要的位置上，积极评估企业行为对环境的影响，计算破坏环境的潜在成本，以此改变企业的运营策略，减少污染环境的经营行为。③物流企业应积极开展环境技术创新，投入环保创新资金，引进相关人才，制定合理的激励政策，大力研发环保治污技术，通过减少物流活动中对各个环节的环境污染和降低生态破坏程度，实现物流企业经济效益和生态效益的提升。④物流企业应积极处理自身在运营过程中造成的一系列环境污染、资源浪费、生态破坏等问题，本着"谁污染谁治理"的原则，大力开展对自然环境的维护和治理工作，大力开发和利用各种新型能源、资源，以最大限度减轻对生态环境的破坏。

7.4.3　利益相关者反馈分析

依据企业资源基础观，物流企业积极履行对不同利益相关者应尽的社会责任时，利益相关者则会对物流企业的这一行动做出相应的反馈；物流企业通过对利益相关者的反馈信息进行整合利用并优化配置，实现企业竞争力的提升。

（1）政府

政府出台的管制政策可能会使物流企业的运营成本过高，从而使企业的发展缺乏一定的自主性、灵活性，而物流企业积极承担社会责任，则会为其发展创造良好的政策环境。

物流企业积极向政府负责对企业竞争力的反馈路径为：一方面，极具社会责任心的物流企业会按照政府部门制定的各类法律法规和相关行业指引来合法开展生产经营，及时缴纳税款，增加社会福利，从而减少政府部门的外部政策管制，为自身发展创造良好宽松的外部环境，降低潜在的管制成本，进而降低企业的经营成本，最终实现企业经营绩效的提升。另一方面，物流企业积极履行对政府的企业社会责任，有利于培育良好的政企关系，而良好的政企关系会使政府做出积极的反馈，如制定针对物流行业企业发展的扶持政策，加大对物流企业的财政补贴力度；作为消费主体，政府同样是物流企业的客户，良好的政企关系也会加大政府对其产品和服务的购买和支持力度，从而使物流企业在享受政策优惠和支持的同时，提升自身发展活力，扩大市场份额，最终成为极具成长性和竞争力的物流企业。

（2）股东

股东的资本投入是物流企业实现融资的渠道之一，当股东将自己的资本以现金或非现金的形式投入物流企业中时，二者之间便形成了一种委托代理关系。作为委托人的股东授权企业的经营者对自己的资本进行运作，并希望借此实现预期的收益，而作为代理人的企业经营者应高度重视对股东应尽的社会责任，从股东的利益诉求点出发，在合理合法的范围内实现股东资本的保值升值。

物流企业对股东履行企业社会责任对企业竞争力的反馈路径为：当物流企业在最大程度上为股东创造财富和价值时，作为持有企业股票较多的大股东会提升对企业的满意度和投资信心，并积极地参与企业治理，进行有益的决策支持，并会在后续的发展过程中投入更多的资本，为物流企业资金链条的正常运作提供强有力的经济支撑。同时，依据信号传递理论，物流企业的小股东此时会选择向外界的其他利益相关者传递物流企业履行社会责任的情况信号，并希望其与物流企业进行合作。在信号传递的过程中，物流企业将在资本市场中获得良好的品牌效应，为其在资本市场中开拓更大的空间，获得更多的融资支持，从而实现物流企业价值的不断提升。

（3）债权人

物流企业的发展离不开各类债权人的资本支持，银行或非银行的金融机构为企业提供有偿的贷款，使物流企业避免陷入财务困境，从而为其长远发展提供了一份有力的保障。作为债务人的物流企业应奋力守护好这一保障，积极承担对债权人的社会责任，保持与债权人的良好合作关系。

物流企业对债权人履行企业社会责任对企业竞争力的反馈路径为：一方面，物流企业积极承担对债权人的社会责任，严格遵守与债权人所订立的契约，按时偿还借款本息，积极履行应承担的还款义务，保证债权人的资金安全。这不仅维护了物流企业自身良好的社会形象，提升了物流企业在融资时的信用额度，而且增强了债权人对物流企业的信心，从而为物流企业的发展和壮大提供稳定高效的融资渠道和充足的融资金额，进而有效解决企业发展运营过程中的资金周转困难、资本链条脱节等问题，促进物流企业的发展水平和运作能力快速提升。另一方面，物流企业积极履行对债权人的社会责任将使其获得稳定的资本支撑，充足的资本将使物流企业加大对产品研发、市场开拓等的资金投入和支持，从而为社会公众提供更好的产品和服务，满足更多的消费群体需求，进而使物流企业间接地获取丰厚的回报，实现企业价值的有效提升。反之，物流企业若消极履行对债权人的社会责任，故意拖欠债款，不按时履行应尽的还本付息义务，不仅将使物流企业的发展运营缺少资本支持，无力对其产品和服务进行更新换代，而且将破坏其在社会公众中所树立的形象，致使企业信用受损，严重阻碍企业竞争力的提升和企业的可持续发展。

（4）员工

物流企业的员工是一项重要的人力投资，人力投资的成败取决于物流企业履行社会责任的好坏，并且在很大程度上决定着企业的发展前景。

对于物流企业而言，积极履行对员工的企业社会责任对企业竞争力的反馈路径主要为：从内部路径看，物流企业积极履行社会责任，为员工提供良好的工作环境和福利待遇，不仅能调动员工的工作热情，提高工作效率，还能增强员工的满意度和忠诚度，减少员工的流失，降低企业的人力招聘成本和管理费用，从而提升企业的人力资源优势和抵抗风险能力，进而增强企业的凝聚力和竞争力。从外部路径看，员工工作效率的提升和员工满意度、忠诚度的提高，带来的是企业整体产品和服务质量的提升，由此可以为物流企业的消费者带来更好的消费体验，并提升消费者的满意度和忠诚度，从而使企业在实现经济效益增长的同时赢得良好的消费口碑，树立积极的企业形象，有形资产和无形资源的交融将为物流企业创造极大的竞争优势。

（5）供应商

物流企业的供应商处在整个经营链条的上游位置，对于其开展生产运作而言，重要性不言而喻。物流企业应积极地履行对供应商的社会责任，严格按照合约规定，及时偿还赊欠产品或劳务的款项，与供应商之间保持良好的合作关系。

对物流企业而言，积极履行对供应商的企业社会责任对企业竞争力的反馈路径主要为：一方面，物流企业的良好履责行为将使供应商做出积极反馈，使双方建立良好的战略合作伙伴关系，增强供应商对物流企业的合作信心和满意程度，这不仅可以树立物流企业积极优秀的外部形象，而且由此形成的无形资源也将使物流企业获得更多领先于竞争对手的优势，如赊购各类原材料、产品或劳务等。物流企业的供应商作为较为特殊的一类债权人，将其产品或劳务赊给物流企业时，便形成了一种短期借款，而良好的合作关系可以为其资金周转赢得更大的便利和支持。另一方面，保持与供应商的良好合作关系，不仅使物流企业采购的原材料、产成品或劳务等的周期大大缩短，而且可以以更优惠的价格购入质量更好的产品，从而降低物流企业的库存成本、产品购入成本以及产品质量风险成本等，在提升物流企业运作效率的同时增强企业的产品价格优势，提升其质量水平，进而开创更大的市场发展空间。不仅如此，物流企业通过保持与供应商的信息共通和资源共享，可以建立起高效的供应商管理机制，通过信息和资源的分享，供应商对物流企业的发展会有更多的了解和监督。这不仅可以减少双方交易中存在的投机行为，而且可以大大提升新产品的上市速度，快速地响应消费者的需求，而且供应商所拥有的知情权也将使其为企业的产品改进和质量完善提供更多有意义的意见和建议。

（6）消费者

消费者作为物流企业产品和服务的最终指向者和物流企业的直接利益相关者，在物流企业的发展中占据重要的地位，物流企业应积极履行对消费者的社会责任，为其提供质优价廉的产品或服务。

对于物流企业而言，积极履行对消费者的企业社会责任对企业竞争力的反馈路径主要为：一方面，物流企业积极履行对消费者的社会责任，为其提供质优价廉的产品或服务，能使消费者产生消费偏好，增加消费认同感，提升消费满意度。消费者忠诚度增加会增强消费者的购买意愿，并使其产生实际的购买行为，从而创造出包含自身购买的基本利润、重复购买的增长利润、运营成本降低的利润、推荐他人购买的推荐利润以及溢价利润在内的物流企业利润增值，进而提升物流企业的整体经营绩效，促进物流企业的长远发展和进步。另一方面，物流企业的积极履责行为还能为其树立积极的企业形象和打造良好的企业声誉，从而快速提升企业的品牌价值，而优秀的品牌价值所蕴含的宝贵无形资源将助力物流企业赢得更大的市场份额，最终增强企业的市场竞争能力。

（7）社区

物流企业积极开展慈善与社区公益活动，吸收社区内部劳动力，修建基础设施，提供各类公众服务，并热心于社区的环保事业，表明其高度重视社区利益，积极参与社区建设，关注社区发展，维护社区稳定，与社区公众保持良好的关系。

对物流企业而言，积极履行对社区的企业社会责任对企业竞争力的反馈路径主要是：一方面，物流企业对社区建设的大力支持和对公益事业的积极参与，不仅有利于树立良好的公众形象，创造宝贵的品牌价值，而且通过社区群体的传播辐射，企业的广告和宣传成本将大大减少，从而在树立优秀形象的同时，提升企业产品或服务的销量，增加企业的经济效益。另一方面，对社区积极履行社会责任将架起物流企业与社会的沟通桥梁，树立积极的企业形象，从而加强社会公众对企业的知名度和美誉度的感知，最终形成物流企业宝贵的无形资产。借助这项资产，企业在发展运营的过程中能获得独有的竞争优势。此外，物流企业积极履行社会责任，还可以减少受政府政策管制，减少因管制而造成潜在盈利机会丧失的现象。不仅如此，热心于公益慈善事业的物流企业还将获得政府部门的种种政策优惠和褒奖，而这将为其发展和进步创造宽松稳定的环境。

（8）自然环境

物流企业积极改变传统的高投入、低产出运作模式，积极转向清洁生产，推广和利用各种新能源，并在物流活动过程中减少各类噪声、废气、废水以及固体废弃物对生态环境的破坏，便可以很好地履行应对自然环境承担的企业社会责任。

对物流企业而言，积极履行对自然环境的企业社会责任对企业竞争力的反馈路径主要为：一方面，物流企业高度重视环保问题，不仅可以大幅降低物流企业的运营成本，而且使因环境污染、生态破坏等产生的管制成本得到有效的控制，同时逐渐打破国际市场中的绿色贸易壁垒，从而不断扩大国内、国际的市场份额，实现企业经营效益的快速提升。另一方面，随着社会公众环保意识的增强，绿色消费、购买低碳产品也逐渐成为一种社会潮流，在此背景下，物流企业积极开展环境治理，实现绿色运营，不断增加社会公众对其产品或服务的认可度，可在社会公众的心目中形成"健康环保负责任"的企业形象，提升物流企业的美誉度，形成物流企业的环境竞争优势，借助这一优势，物流企业可实现市场价值的不断提升。

综上分析，企业社会责任的履行与企业竞争力的提升并不冲突，物流企业积极履行对利益相关者应承担的企业社会责任虽不能直接产生经济效益或提升企业的竞争力，但是却可以通过减少政府的政策管制，增加股东、债权人等投资人的资金支持，提高供应商的服务水平，培养优质高效的企业员工，树立良好的社会形象，获得政策红利、资本优势、人力优势、品牌优势等一系列有形资产和无形资产，以此为路径促使物流企业提升竞争水平。

7.5 物流企业社会责任对其竞争力影响的实证研究

在完成分析物流企业履行社会责任对企业竞争力的影响路径的基础

上，本节将选择具有代表性的样本数据，提出研究假设，设计变量指标，构建面板数据模型，开展实证研究。

7.5.1 样本选择与数据来源

根据 2012 年证监会行业分类标准，并结合研究主题的需要，本节主要选取其中分类为"交通运输、仓储和邮政业"板块的沪、深两市上市物流企业。截止到 2015 年 6 月 30 日，隶属于该板块的上市物流企业一共有 83 家，基于研究目的和研究方法，考虑选用上市物流企业 2005～2014 年的企业年度报表数据来构建面板数据模型。为保证数据的可获得性、准确性、连续性和完整性，将基于以下标准进行样本数据的筛选：

（1）所选的上市物流企业均为沪、深两市的 A 股上市企业；

（2）剔除在上市期间出现 ST（Special Treatment，即特别处理股，指上市公司连续两个财年亏损而被特别对待的股票）、*ST（*Special Treatment，指上市公司经营因连续三年亏损，交易所做出退市预警的股票）、PT（Particular Transfer，即特别转让股，指停止任何交易、价格清零而等待退市的股票）等经营状况异常的上市物流企业；

（3）剔除在 2005～2015 年上市的物流企业，仅选取在 2005 年 1 月 1 日之前上市的物流企业；

（4）剔除年度报表数据不全或数据严重缺失的上市物流企业。

经筛选，最终得到 51 家上市物流企业样本，汇总如表 7 - 1 所示。

表 7 - 1 上市物流企业样本的基本信息

序号	股票代码	公司简称	序号	股票代码	公司简称	序号	股票代码	公司简称
1	000022	深赤湾 A	18	600029	南方航空	35	600548	深高速
2	000088	盐田港	19	600033	福建高速	36	600561	江西长运
3	000089	深圳机场	20	600035	楚天高速	37	600575	皖江物流
4	000099	中信海直	21	600106	重庆路桥	38	600611	大众交通
5	000429	粤高速 A	22	600115	东方航空	39	600650	锦江投资
6	000507	珠海港	23	600119	长江投资	40	600662	强生控股
7	000548	湖南投资	24	600125	铁龙物流	41	600676	交运股份
8	000582	北部湾港	25	600190	锦州港	42	600692	亚通股份

序号	股票 代码	公司 简称	序号	股票 代码	公司 简称	序号	股票 代码	公司 简称
9	000900	现代投资	26	600221	海南航空	43	600708	海博股份
10	000905	厦门港务	27	600269	赣粤高速	44	600717	天津港
11	000916	华北高速	28	600270	外运发展	45	600751	天海投资
12	600004	白云机场	29	600279	重庆港九	46	600787	中储股份
13	600009	上海机场	30	600317	营口港	47	600794	保税科技
14	600012	皖通高速	31	600350	山东高速	48	600798	宁波海运
15	600018	上港集团	32	600368	五洲交通	49	600834	申通地铁
16	600020	中原高速	33	600377	宁沪高速	50	600896	中海海盛
17	600026	中海发展	34	600428	中远航运	51	600897	厦门空港

在确定了上市物流企业样本后，课题组对所需的数据进行搜集并进行整理。所用数据主要来源于或计算自 Wind 资讯的"财务研究"板块、国泰安 CSMAR 数据库上市公司研究系列中的"中国上市公司财务报表数据库"、"中国上市公司财务指标分析数据库"及"中国上市公司财务报表附注数据库"。其他未能在以上数据库中获取的数据主要来源于巨潮资讯网站所公布的上市公司定期报告。这种整理方法有助于保证数据的真实性、可靠性和权威性。

7.5.2 物流企业社会责任指标体系的设置

真实客观的样本数据和科学合理的指标设计，是开展实证分析的重要前提，本处结合辛杰（2008）和张恺（2010）等人的研究，提出指标设计的基本原则。

（1）全面性

全面性要求从多角度去设计一个指标，并在科学合理的基础之上力求全面反映其所能体现的经济变量的全貌。上市物流企业社会责任的指标设计应在利益相关者理论基础上对供应链上的每一个利益相关者设计不同的指标，以衡量其社会责任的履行程度。同时，在企业竞争力的指标设计上，以综合规模、增长、效率等多个因素为指标对其进行衡量。为了使指标的设计全面地解释变量的变化，研究过程中，在考虑上市物流企业社责任指标的基础之上又增加了资产规模、企业年龄等控制变量。

（2）动态性

指标的设计是为后文的实证分析奠定基础，而实证分析最终要回到真实的经济意义上来，因而设计一个科学且能动态解释变量变化进而反映真实的经济运行情况的指标是至关重要的。上市物流企业社会责任的履行和企业竞争力的变化是一个动态的过程，为了能更准确地反映这一变化，在数据的选取中选择时间跨度为十年的年度数据，以较长的时间截面来反映上市物流企业社会责任和企业竞争力的变化，从而更好地反映和解释各个变量之间的互相作用。

（3）重要性

在注重全面性的基础上从多元化的角度去设计指标，但是在此过程中也要注意指标是否能够有效地解释所对应的变量。本着全局考虑、重点突出的原则，应对每一个指标进行精心筛选，做到有所突出。在设计上市物流企业社会责任评价指标和企业竞争力测评指标以及选取控制变量的过程中，应选择那些具有较强的代表性和典型性的各种备选方法和指标，以更加有效地解释所对应的变量。

（4）客观性

指标设计的数据应来源于权威的数据库或合格的企业定期报告。数据的真实客观，一方面能保证指标设计的科学性和公正性，从而准确地反映其所代表的变量的变化，另一方面也能保证指标的可获得性和可操作性，从而为实证分析奠定良好的基础。本书所涉及的指标数据主要来自以下三个数据库：国泰安 CSMAR 数据库、Wind 资讯数据以及巨潮资讯网站，三者均具有很强的权威性和公正力。

纵观企业社会责任的评价研究可知，目前国内外的学者在设计企业社会责任评价指标时，主要选用以下几种方法：声誉指数法、KLD 指数法（Kinder，Lydenherg and Domini Company）、TRI 法（Toxics Release Inventory）和内容分析法（Content Analysis）（宋晓文，2011）。

声誉指数法是由权威机构主办的、通过汇集众多专家学者的力量对与企业各类社会责任相关的政策进行主观评价并排序而得出企业社会责任履行水平的一种方法。虽然该方法的评价结果出自各类专家学者之手，但是其所收集的样本数据具有很强的主观性，同时用该方法评价企业社会责任也会受到企业规模、企业存在年限以及被调查者经历等各类因素的影响，很难保证所获取数据的真实客观性。另外，利用该方法收集的样本数据量有限，使用范围也比较单一，如我国的上证社会责任指数面向的对象只有上海交易所的各类上市企业，而中国企业社会责任发展指数样本量也只有100~300个，因而并不适合大范围大样本的实证研究使用。

KLD指数法是指由主要从事企业社会责任投资咨询、专注企业社会责任绩效定量评价的KLD公司所设计的一种评价企业与利益相关者之间关系的评级标准。KLD指数共涵盖了840多家企业，其中包括归入标准普尔500指数（S&P 500 Index）的企业和归入多米尼400社会指数（Domini 400 Social Index）中的154家企业。通过收集这些企业的社会责任行为数据并从社区关系、员工关系、自然环境、产品的安全与责任及妇女与少数民族问题等方面对企业社会责任的履行绩效进行衡量，最终将数据存放到数据库中，形成评价企业社会责任绩效的标准指数。用该方法所收集的数据不仅范围很广，而且来源也比较客观公正，但是，目前我国上市企业的社会责任报告还处于初期发展阶段，大多数上市企业的社会责任报告的内容还有待完善，因此在我国构建像KLD这样的数据库还需要更多的努力。

TRI法。TRI法是政府和特殊的利益集团为评价企业社会责任的履行程度而强制要求企业记录排放入环境中的有毒物体排放量的一种方法。美国的法案规定，所有标准行业代码为20-39且雇用的全职员工在10人以上的工业企业在开展生产运营时，使用了法案上列出的各类化学用品或使用化学用品的数量达到一定限额时，企业应主动发布相关报告，披露其在此过程中向空气、水源、土壤等自然环境排放的废弃物质和有毒有害物质的总量。

企业慈善法由美国公共管理协会提出，其出版的《企业500：企业慈善指南》一书对多家大型企业的公益捐赠情况进行了较为全面的分析和概括，并由此计算出企业慷慨指数（Generosity Index）。企业慷慨指数通过分别计算每家企业的捐赠总额和捐赠占税前净利润的比重这两个指标并将之相加而得到，最后依据此指数在总样本中的相对表现评出一个等级，以测评企业的社会责任履行程度。

TRI法和企业慈善法是企业社会责任评价中两个比较新颖的维度，但是这两种方法所获取的数据较为单一，面向对象有限，评价范围不广，仅从自然环境和慈善两个角度出发，很难全面地测评一个企业的真实社会责任履行情况。

内容分析法（Content Analysis）是用于衡量企业社会责任的又一种常用方法，它通过分解研究目标，并将其细分为不同的类型维度，然后根据企业已公开的各类定期报告、单独披露的社会责任报告或一些临时公告和其他文件等来确定每一个维度的分值或数值，通过每一个企业的得分，最终对企业社会责任履行状况作出评价。利用内容分析法获取的数据主要源于企业的定期或不定期报告，用其衡量企业社会责任的履行水平，具有较强的客观性和可检验性，同时其所指向的对象也兼具公开和广泛的特点，因而也更适合展开大样本研究。对内容分析法而言，虽然优点众多，易于使用，但是其在确定企业社会责任信息披露效率的过程中仍不可避免地存在一定的主观性。

在综合对比了几种企业社会责任评价方法的优点和不足，并考虑洪旭和杨锡怀（2011）、黄益方和孙永波（2015）运用的企业履行社会责任测评方法后，笔者主要选用内容分析法并辅以 KLD 指数法，遵循指标设计原则，选取恰当的细分指标，以评价上市物流企业对每一维度的利益相关者的企业社会责任履行情况。同时，在收集数据的过程中，笔者发现上市物流企业一般在年度报告中较少公布有关环境保护或污染治理等方面的投入，而且在企业社会责任报告中也只是定性描述所履行的对自然环境的社会责任。鉴于所要进行的指标设计可能会缺乏具体的数据，因而在研究中剔除了上市物流企业对自然环境履行的社会责任这一维度，在此基础上针对上市物流企业中七个维度的利益相关者设计不同指标，具体内容如下。

（1）对政府应履行的责任

政府在物流企业的发展过程中发挥着宏观调控和政策指引的重要作用，并在尊重市场机制的前提下，引导物流企业平稳健康发展。作为对政府宏观调控的配合和对相关政策的遵守，物流企业应积极依法纳税，为政府财政做出贡献。此处主要采用上市物流企业的资产税费率这一指标来衡量其对政府承担的社会责任，以 X_1 表示。资产税费率越高，则说明在一定会计期间内上市物流企业所缴纳的税额越高，对政府的税收贡献较大，说明其对政府履行的社会责任越好。

（2）对股东应履行的责任

上市物流企业的股东是企业的出资人，持有上市物流企业的股票，在企业的经营运作中发挥着至关重要的作用。上市物流企业对股东应履行的责任主要表现为实现资本的保值升值，在合理合法的范围内使股东收益最大化。此处主要采用每股收益率这一指标来衡量上市物流企业对股东承担的社会责任，以 X_2 表示。每股收益率反映了股东所持有的每股股份所获得的收益或承担的损失，每股收益率越高，说明股本的盈利能力越强，股东的资本升值能力也越大，进而也表明上市物流企业对其履行的社会责任越好。

（3）对债权人应履行的责任

上市物流企业的资金一部分来源于股权融资，另一部分来源于债券融资，因而债权人在其中占据着极其重要的位置，为了维持二者之间的良好合作关系，上市物流企业应积极履行对债权人的社会责任，遵守合作契约，按时偿还债务。此处主要采用资产负债率这一指标来衡量上市物流企业对债权人承担的社会责任，以 X_3 表示。资产负债率反映了上市物流企业的期末总资产中举借外债的比例。作为企业的债权人，首先要考察的是企业及时还本付息的能力，这不仅关系着债权人的资金安全，而且影响着债权人对企业的直观判断，所以从债权人的角度出发，其自然希望外借资本的风险越小越好，这样发生坏账的可能性就会降低，企业还款的可能性就会提升，最终上市物流企业对债权人履行的社会责任就会越好。

（4）对员工应履行的责任

上市物流企业的员工不仅是企业人力资本的保障，更是企业宝贵的无形资产，因而企业应积极履行对员工的社会责任，加大员工关怀力度，提升员工的工资福利水平，为其开展创造性工作奠定良好的基础。此处主要采用员工人均福利水平这一指标来衡量上市物流企业对员工承担的社会责任，以 X_4 表示。员工人均福利水平反映了上市物流企业的每一个员工所能获得的工资福利水平，该指标越高，表明上市物流企业为员工提供的工资福利待遇越好，员工所能直接获得的收益就越多，上市物流企业对其履行的社会责任也就越好。

（5）对供应商应履行的责任

上市物流企业的供应商在整个供应链环节中是极其重要的一环，它为上市物流企业提供各种原材料或相关的服务，其活动的效率和成本直接决定上市物流企业能否顺利展开经营活动，因此上市物流企业应积极对其履行社会责任，严格遵守契约，及时偿还各种应付款项。此处主要采用现金与应付账款的比率这一指标来衡量上市物流企业对供应商承担的社会责任，以 X_5 表示。现金与应付账款的比率反映了上市物流企业偿还供应商各类应付账款的能力，该指标越高，则上市物流企业的偿还能力越强，发生坏账、呆账的可能性就越小，所能直接实现的收益就越大，上市物流企业对供应商也就越负责任。

（6）对消费者应履行的责任

上市物流企业的消费者处于其经营活动终端节点，并对所购买的各类产品或服务做出最直接的回应——优质的产品或服务会引发消费者的持续购买行为，并形成"顾客忠诚"，进而为企业带来更大的收益，因此上市物流企业应积极履行对消费者的社会责任，加大对产品或服务的投入力度，不断满足消费者的需求。此处主要采用营业成本率这一指标来衡量上市物流企业对消费者承担的社会责任，以 X_6 表示。营业成本率反映了上市物流企业在其所开发的各类产品或提供的劳务中共计发生的成本支出占营业收入的比重，该指标越高，则上市物流企业所承担的产品或服务的开发成本就越高，满足消费者需求的能力就越大，对消费者的利益考虑的也就越多，进而对其履行的社会责任也就越好。

（7）对社区应履行的责任

上市物流企业处在一定的社区环境中，作为其中的一员，应积极与社区开展有益的互动，并运用自身所拥有的人力、资本或服务资源为社区提供强力的支持，从而塑造良好的企业形象，孕育宝贵的无形资产，实现企业价值的提升，因此上市物流企业应履行好对社区所承担的社会责任。此处主要采用社会捐赠支出率这一指标来衡量上市物流企业对社区承担的社会责任，以 X_7 表示。社会捐赠支出率反映了上市物流企业所发生的捐赠支出占营业收入总额的比重，该指标越高，表明上市物流企业发生的捐赠支出越多，同时为社区公益和慈善所做出的贡献就越大，社区所能享受到的各类支持或帮扶就越多，进而表明上市物流企业对社区履行的社会责任也越好。

表 7-2　上市物流企业社会责任评价指标

变量名称	评价指标	计算公式	指标来源
对政府的责任	资产税费率	（支付的各项税费-收到的税费返还金）/资产总额	陶晓红（2012）
对股东的责任	每股收益率	税后利润/股本总数	洪旭等（2011）

变量名称	评价指标	计算公式	指标来源
对债权人的责任	资产负债率	负债总额/资产总额	李冰欣（2013）
对员工的责任	员工福利水平	支付给员工的工资及各类 福利的总和/员工总人数	乔海曙等（2009）
对供应商的责任	现金与应付账款比率	期末现金与现金等 价物/期末应付账款	冯雨（2013）
对消费者的责任	营业成本率	营业成本/营业收入	张旭等（2010）
对社区的责任	社会捐赠支出率	捐赠支出/营业收入	窦鑫丰（2015）

（8）上市物流企业社会责任综合绩效

在建立了上市物流企业社会责任指标评价体系后，笔者将依据不同维度的物流企业社会责任来计算其综合绩效。在计算过程中首先需要确定对不同维度利益相关者履行企业社会责任所占的权重。依据 Carroll（1979）提出的"卡罗尔结构"，结合徐光华和张瑞（2007）基于 Carroll 提出的利益相关者权重模型，分别赋予经济责任、法律责任、伦理责任和慈善责任权重为 4、3、2、1，其中对内部利益相关者赋予 0.6 的权重，对外部利益相关者赋予 0.4 的权重，对所有的内部和外部利益相关者的法律责任赋予相同的权重，并对内部或外部利益相关者所占权重进行平均分配，见表 7 - 3。在确立了企业社会责任利益相关者各自所占的权重后，分别对各维度的物流企业社会责任指标进行标准化处理，以处理后的数据乘以所占权重即得到上市物流企业对每一维度的利益相关者的社会责任绩效，最后将每一维度的绩效相加即得到上市物流企业社会责任的综合绩效，以 X 表示（见表 7 - 3）。

表 7 - 3　上市物流企业社会责任的权重分配

企业社会责任及权重		利益相关者		权重分配	权重合计
经济责任	4	股东	内部利益相 关者（0.6）	$(4 \times 0.6 + 3/7) /10$	0.283
		员工		$(2 \times 0.6 + 1 \times 0.6 + 3/7) /10$	0.223
法律责任	3	政府	外部利益 相关者 （0.4）	$(1 \times 0.2 + 3/7) /10$	0.063
		消费者		$(4 \times 0.2 + 2 \times 0.2 + 3/7) /10$	0.162
伦理责任	2	债权人		$(4 \times 0.2 + 3/7) /10$	0.123
		供应商		$(2 \times 0.2 + 3/7) /10$	0.083
慈善责任	1	社区		$(1 \times 0.2 + 3/7) /10$	0.063

7.5.3 基于社会责任的物流上市公司竞争力指标体系的设置

对企业竞争力的测评和指标设计，学术界也莫衷一是。国外比较权威的竞争力评价机构是瑞士日内瓦的世界经济论坛（World Economic Forum，WEF）和瑞士洛桑国际管理发展学院（International Institute for Management Development，IMD）。其中，IMD 在其发布的《世界竞争力年鉴》中使用指标体系来评价竞争力，该指标体系主要由经济运行效率、政府效率、商务效率和基础设施四个竞争因素构成，并且在每一个指标下又设立五个二级指标。WEF 则依据基础条件、效率提升、创新与成熟度三个决定要素来设计竞争力评测指标，并在每一个指标下设四个细分指标，而且 WEF 的评测体系更加侧重于对每一个细分指标的分析。同时，WEF 用于评估竞争力的指标体系随着时间推移不断更新。2000 年，哈佛商学院教授迈克尔·波特（Michael E. Porter）根据其钻石模型为 WEF 专门设计了"企业竞争力指数"（Business Competitiveness Index，BCI），这是 WEF 的又一大创新和进步，为研究各国微观经济竞争力开了先河。WEF 和 IMD 对竞争力的测评和对指标体系的构建虽然权威公正，但是其研究对象更偏重于宏观和中观经济，例如，对一个国家或是各国间的经济竞争力进行评测，而对微观的企业开展的评测较少。

国内学术界紧跟国际步伐，也积极开展企业竞争力测评指标体系的构建。1996 年中国企业联合会开始构建全国企业竞争力评价指标体系，该体系涵盖了经济效益、财务状况、管理水平、科技进步、人力资源、国际化经营、社会责任与贡献七项内容，包括定性指标与定量指标两大类，通过对指标的评估和计算，最终得出企业竞争力的分数。胡大立（2007）在已有战略理论的基础上，提出了一个涵盖企业外在环境、企业内部资源、企业自身能力和企业流量知识四个基本维度的企业竞争力优势评价模型。杨蓉、杨宇（2008）从财务管理的角度，提出综合运用偿债能力、成长能力、运营能力和获利能力四项指标来对企业的核心竞争力加以测评和分析，并在此基础上将其细分为八个财务性评价指标，以便从不同的角度去反映一个企业的核心竞争力。钟雪飞（2011）在评价基于企业社会责任的高新技术企业的核心竞争力指标时采用了一个"三力"模型，即融合了企业的文化力、企业的创新力和企业的学习力三大因素的测评模型，通过三力的相互作用形成企业竞争优势，并使之成为企业核心竞争力的重要来源。寇小萱等（2014）从企业绩效、利益相关者满意度和社会影响三个不同的层面对企业竞争力进行测评，并在每一个层面的基础上再具体地细分指标——主要包括规模、销售额、盈利能力、股东、债权人对投资回报满意程度、消费者对产品和售后的满意度、社区共建程度、依法纳税等 16 个指标。

在国内学者的众多研究中，最具权威性和影响力的是由金碚（2003b、2005、2008）主持的中国经营报企业竞争力监测体系，该体系自 2003 年开始使用，2005 年金碚等又对其进行了修正和完善，并于 2008 年再次对其中的指标加以更新，使之日臻完善。中国经营报企业竞争力监测体系旨在测量不同行业间企业的相对竞争力，即通过测量不同行业中不同企业竞争力综合得分，评价不同行业企业竞争力的相对竞争状况。同时，该指标体系的设计以及权重确定的严谨性和科学性已得到理论界和实务界的高度认可。因此，笔者借鉴此体系来设计上市物流企业的竞争力评价指标。

金碚（2005）主持的中国经营报企业竞争力监测体系由基础数据和问卷调查数据两大类因素构成，其中来源于上市公司年报或由年报数据计算而得到的基础数据占综合竞争力指数的权重为 0.7，从面向普通公众、京沪穗股民、商学院学生和财经记者的调查问卷中得到的数据占综合竞争力指数的权重为 0.3。在这两类构成因素中，基础数据又被细分为三个子因素：规模子因素、增长子因素和效率子因素。2008 年，金碚等人考虑到调查问卷在获取样本数据上的主观性和在衡量人气指数上的局限性，把面向普通公众、京沪穗股民、商学院学生和财经记者关于对企业的知晓程度、综合印象和发展信心等指标的调查问卷改为"股价区间振幅"，借助这一客观财务数据指标来衡量上市企业的人气指数。

（1）规模子因素

规模子因素包含销售收入、净资产和净利润三个细分评价指标。其中，销售收入反映了上市物流企业的发展规模及市场份额。净资产反映了上市物流企业真实的资本实力及内源融资能力。净利润反映了上市物流企业的盈利能力和盈利水平。同时，这三个细分指标的数据均可直接从企业的年度财务报告中获取。

（2）增长子因素

增长子因素包含近三年销售收入的平均增长率和近三年净利润的平均

增长率两个细分评价指标。其中，近三年销售收入的平均增长率反映了上市物流企业的主营业务增长趋势和稳定程度，很好地体现了上市物流企业的可持续发展态势和市场扩张能力。近三年净利润的平均增长率反映了上市物流企业的利润增长趋势和效益稳定程度，很好地体现了企业的发展状况和发展能力。

（3）效率子因素

效率子因素包含净资产利润率、总资产贡献率、全员劳动效率和出口收入占销售收入比重四个细分评价指标。其中，净资产利润率反映了上市物流企业对自有资本的运作效率，体现了为股东创造财富的能力和水平。总资产贡献率反映了上市物流企业运用全部资产创造收益的能力，集中体现了上市物流企业的经营业绩和管理水平。全员劳动效率指标可用来反映上市物流企业的劳动效率、销售收入及冗员情况。出口收入占销售收入比重指标，可用来反映上市物流企业的出口竞争力及国际化水平。

（4）人气指数

上市物流企业的股价区间振幅主要反映了物流企业股价的稳定性，以及在资本市场中的活跃度，即企业股票的人气指数。

在确定了评价指标体系后，金碚等人又计算了竞争力和各指标的相关系数及综合指标所占权重，发现全员劳动效率和出口收入占销售收入的比重这两个评价指标与竞争力的相关性最弱，而且李刚（2004）的研究也指出，出口收入占销售收入的比重这一指标对竞争力的总贡献和净贡献最小，同样的结论也见于张旭等（2010）的研究。综合这些研究成果，本处剔除了这两个指标，并将其所占的权重均分到剩余的几个指标中，以构建上市物流企业竞争力评价指标体系，具体的指标设计和权重分配见表7-4。

表7-4 上市物流企业竞争力综合评价指标体系及指标权重

目标	因素	子因素	评价指标	数据来源	指标权重	指标来源
		规模子因素	销售收入（S）	直接从年报中获取	0.144	
			净资产（C）	直接从年报中获取	0.081	
			净利润（P）	直接从年报中获取	0.116	

目标	因素	子因素	评价指标	数据来源	指标权重	指标来源
上市物流企业竞争力	基础数据	增长子因素	近三年销售收入的平均增长率（RS）	当年销售收入/三年前销售收入 - 1	0.123	金碚（2003b）金碚（2005）金碚（2008）李刚（2004）张旭等（2010）
			近三年净利润的平均增长率（RP）	当年销售利润/三年前销售利润 - 1	0.102	
		效率子因素	净资产利润率（CP）	净利润/净资产	0.067	
			总资产贡献率（TC）	净利润/平均资产总额	0.067	
	人气指数	股价稳定性	股价区间振幅（SP）	（区间最高价 - 区间最低价）/期间上日收盘价	0.300	

在完成上市物流企业竞争力评价指标体系的构建后，依据评价指标体系，对所设计的每一个细分指标的原始数据进行标准化处理，得到的标准化数值与相应的指标权重相乘并相加即得到各样本上市物流企业的竞争力综合得分，以 Y 表示。由此可得，上市物流企业的竞争力综合得分可表示为：

$$Y = S \cdot 0.144 + C \cdot 0.081 + P \cdot 0.116 + RS \cdot 0.123 + $$
$$RP \cdot 0.102 + CP \cdot 0.067 + TC \cdot 0.067 + SP \cdot 0.300$$

7.5.4 控制变量的设置

控制变量虽然不是主要的研究对象，但是会影响最终的研究结果，为了不使样本数据的选取产生偏差，此处纳入企业规模和企业年龄作为控制变量，以使研究结论更加准确。

（1）企业规模

Perrini（2006）对 3680 个意大利企业样本展开研究后指出，大规模企业比中小规模企业更容易识别利益相关者，因而更倾向于采用 CSR 策略，并愿意投入更多的资源以履行企业社会责任，从而拥有更高的社会关注度，并使企业的产品在市场竞争中拥有一定的优势。Welford 和 Frost（2006）在研究亚洲企业的供应链发展时，指出大规模企业相对于小规模企业而言，能更好地履行企业社会责任，而小规模企业与之相比在某些方面还存在一定的差距，如缺乏资源和技能，不能充分满足利益相关者的需求，存在低效率生产，等等。闫秀霞等（2013）在其构建的物流企业竞争力影响因素多级递阶结构模型中指出，员工作业能力、企业规模和信息化基础、服务创新、客户关系和服务质量五个方面构成了影响物流企业竞争力的因素，其中企业规模因素对其影响最为显著，占比为 25.089%。结合学者们对企业规模评价指标的选取，本处采用上市物流企业期末总资产来加以衡量，以 X_8 表示，并在具体操作时取自然对数加以处理。

（2）企业年龄

企业的成长年龄在一定程度上可以反映目前企业所处的发展阶段，不同的发展阶段，企业所拥有的规模、实力和社会责任意识都有很大的差别。企业的成长年龄越大，与之对应的企业的资源和知识的积累越久，从而企业所拥有的综合实力也越强，这样企业也就拥有更强大的能力去关注企业社会责任问题，而这也将给企业的市场扩张和社会关注度带来积极有益的影响。而处于初创期和成长期的企业，考虑的更多的是如何获取充足的资源以满足企业自身的发展问题，这时企业便没有更多的闲置资源去关注企业社会责任问题。因此，处于成熟期的企业要比初创期和成长期的企业更加关注企业社会责任的履行，作为回报，前者可能获取更多的社会资源以实现企业竞争力的提升。本处仅选取上市物流企业上市之日后的年龄作为样本年龄数据，以 X_9 表示，并在具体操作时取自然对数加以处理。

以上对上市物流企业社会责任、企业竞争力以及控制变量等指标的设计，共包含了 1 个被解释变量、8 个解释变量和 2 个控制变量，如下表 7 - 5 所示。

表 7 - 5　变量汇总

变量类型	变量名称	变量表示
解释变量	上市物流企业社会责任综合绩效	X
被解释变量	企业竞争力综合得分	Y
解释变量	对政府履行的社会责任	X_1
	对股东履行的社会责任	X_2
	对债权人履行的社会责任	X_3

变量类型	变量名称	变量表示
解释变量	对员工履行的社会责任	X_4
	对供应商履行的社会责任	X_5
	对消费者履行的社会责任	X_6
	对社区履行的社会责任	X_7
控制变量	企业规模	X_8
	企业年龄	X_9

7.5.5　研究假设

结合理论综述和对影响路径的分析，上市物流企业在对不同利益相关者履行社会责任的过程中会获得利益相关者的积极反馈，而这一反馈为其带来更多有益的无形资源和有形资源。通过利用和整合这些资源，上市物流企业将在自身发展的过程中不断塑造外部形象，提升内部素质，获得持续竞争力，所以上市物流企业对不同利益相关者履行社会责任将有利于其竞争力的提升。同时，依据权衡假说，在拥有的资源相对有限的情况下，企业会进行权衡并从中选择能满足其需要并为其带来较多积极反馈的利益相关者来履行社会责任，而这种基于权衡而进行的有序社会责任履行将使企业获得不同维度利益相关者的反馈，对企业竞争力产生的影响存在差异。

基于上述分析并结合研究变量的具体指标设计，本处将立足于上市物流企业对政府履行的社会责任、对股东履行的社会责任、对债权人履行的社会责任、对员工履行的社会责任、对供应商履行的社会责任、对消费者履行的社会责任、对社区履行的社会责任七个维度以及上市物流企业社会责任综合绩效对上市物流企业竞争力的影响而提出如下假设。

H_1：上市物流企业积极履行对政府的社会责任有利于企业竞争力的提升；

H_2：上市物流企业积极履行对股东的社会责任有利于企业竞争力的提升；

H_3：上市物流企业消极履行对债权人的社会责任不利于企业竞争力的提升；

H_4：上市物流企业积极履行对员工的社会责任有利于企业竞争力的

提升；

H_5：上市物流企业积极履行对供应商的社会责任有利于企业竞争力的提升；

H_6：上市物流企业积极履行对消费者的社会责任有利于企业竞争力的提升；

H_7：上市物流企业积极履行对社区的社会责任有利于企业竞争力的提升；

H_8：上市物流企业对不同利益相关者履行社会责任对企业竞争力的贡献度不同；

H_9：上市物流企业积极履行企业社会责任有利于企业竞争力的提升。

7.5.6　面板数据模型的构建

面板数据模型指的是在一段时间内跟踪同一组个体的数据，它既有横截面的维度，又有时间的维度，因而相较于单独的横截面数据或时间序列数据，具有如下优势。

（1）当研究中因出现不可观测的个体差异或异质性而造成遗漏变量问题且这种遗漏变量又不随时间的变化而改变时，面板数据模型将成为一项有效解决遗漏变量问题、增强参数估计一致性和有效性的重要工具。

（2）面板数据是同时包含了横截面和时间在内的二维数据，相较于单独的横截面数据或时间序列数据，它可以提供更多个体的动态行为信息，较为全面地反映个体的动态变化，有效弥补单维数据在解释变量时的缺陷，如非平衡面板数据能够从空间维度弥补微观经济个体生命周期较短的不足。

（3）面板数据既包含了横截面数据又包含了时间数据，两者的融合通常会使样本数据的信息量变大，随之带来的是样本数据的自由度变大，这样可以弥补观测数据的不充分性，提高回归估计的可靠性和准确性。

面板数据模型的一般形式为：

$$Y_{it} = \alpha_{it} + \beta_{it} X_{it} + \varepsilon_{it}, i = 1, \cdots, N; t = 1, \cdots, T \tag{7-1}$$

其中，$Y_{it} = (Y_{1t}, Y_{2t}, Y_{3t})$ 被解释变量向量，$\alpha_{it} = (\alpha_{1t}, \alpha_{2t}, \alpha_{3t})$ 是截距项向量，X_{it} 为解释变量向量，$\varepsilon_{it} = (\varepsilon_{1t}, \varepsilon_{2t}, \varepsilon_{3t})$ 为随机扰动项向量，i 代表研究的不同个体或企业，t 代表观测的不同序列时间段或时间点。

根据截距与斜率的不同，面板数据模型可分为三种形式：含有个体效应的变系数模型、变截距模型和无个体效应的不变系数模型。在此基础上，根据待估参数的不同特性和具体的研究目的，又可将其细分为个体固定效应模型和个体随机效应模型。其中，个体固定效应模型认为面板数据回归模型中的所有解释变量对被解释变量具有相同的边际影响，除解释变量外，其他所有（未包含在回归模型中或不可观测的）确定性变量对被解释变量的影响仅随个体变化而不随时间变化。而个体随机效应模型则考虑了面板数据模型中一些影响被解释变量的不可观测的随机性因素，并将混合数据回归的随机误差项分解为个体随机误差分量、时间随机误差分量、混合随机误差分量三部分，且三者之间独立不相关。

为了设定面板数据模型，首先需要确定模型的形式。其中，在判别面板数据应建立混合效应模型还是个体固定效应模型时通常使用 F 检验，通过检验统计量来确定接受还是拒绝如下假设。

H_0：模型中不同个体的截距项在不同的横截面样本点上和时间点上都相同；

H_1：模型中不同个体的截距项在不同的横截面样本点上和时间点上都不同；

F 检验的统计量为：

$$F = \frac{(SSE_r - SSE_u)/(N-1)}{SSE_u/(NT - N - k)} \tag{7-2}$$

其中，SSE_r 表示约束模型，即混合效应模型的残差平方和；SSE_u 表示非约束模型，即个体固定效应模型的残差平方和；N 表示模型中个体总数；$N-1$ 表示约束条件下模型中个体的个数；T 表示个数长度；k 表示解释变量对应参数的个数。

若 $F < F\alpha N - 1$、$NT - N - 1$，则接受原假设 H_0，这样建立混合效应模型比个体固定效应模型更合理，即：

$$Y_{it} = \alpha + \beta X_{it} + \varepsilon_{it}, i = 1, \cdots, N; t = 1, \cdots, T \tag{7-3}$$

若 $F > F\alpha N - 1$、$NT - N - 1$，则拒绝原假设 H_0，这样建立个体固定效应模型比混合效应模型更合理，即：

$$Y_{it} = \alpha_{it} + \beta X_{it} + \varepsilon_{it}, i = 1, \cdots, N; t = 1, \cdots, T \tag{7-4}$$

若建立混合效应模型，则无须再次进行检验。若建立个体固定效应模型，则需进一步在个体固定效应和个体随机效应模型之间进行检验，通常使用 Hausman 检验法，并依据检验统计量来确定是接受还是拒绝如下假设。

H_0：个体效应与回归变量无关；

H_1：个体效应与回归变量相关；

Hausman 检验的统计量为：

$$H = (\hat{\theta} - \tilde{\theta})' (\hat{Var}(\tilde{\theta}) - \hat{Var}(\hat{\theta}))^{-1} (\hat{\theta} - \tilde{\theta}) - \chi^2(k)$$

其中，$\hat{\theta}$ 为个体固定效应模型的回归系数，$\tilde{\theta}$ 为个体随机效应模型的回归系数，k 表示解释变量对应参数的个数。

若 $H < \chi_\alpha^2(k)$，则接受原假设 H_0，这样建立个体随机效应模型比个体固定效应模型更合理，即：

$$Y_{it} = \alpha + \beta_{it} X_{it} + \mu_{it} + \varepsilon_{it} \mu_i, i = 1, \cdots, N; t = 1, \cdots, T \qquad (7-5)$$

若 $H > \chi_\alpha^2(k)$，则拒绝原假设 H_0，这样建立个体固定效应模型比个体随机效应模型更合理，即：

$$Y_{it} = \alpha_{it} + \beta X_{it} + \varepsilon_{it}, i = 1, \cdots, N; t = 1, \cdots, T \qquad (7-6)$$

7.6 实证检验

7.6.1 分类描述性统计

按照上市物流企业的经营范围和主营业务构成，将其分为交通运输企业、专业化第三方物流企业、物流辅助服务企业以及其他综合类物流服务企业四大类，见表 7-6。

表 7-6 上市物流企业分类描述性统计

类别	频数（次）	频率（%）	累计频率（%）
交通运输	17	33.33	33.33
专业化第三方物流	17	33.33	66.66
物流辅助服务	16	31.37	98.03

类别	频数（次）	频率（%）	累计频率（%）
其他综合类物流服务	1	1.97	100.00
合计	51	100.00	—

在对上市物流企业的分类统计中，交通运输企业是指主要使用运输工具将货物或者旅客送达目的地，使其空间位置得到转移的企业。这一类的企业提供包括陆运运输、水路运输、航空运输、管道运输以及轨道运输在内的各类运输服务，代表性的企业主要有盐田港（000088）、深圳机场（000089）、中海发展（600026）、宁波海运（600798）、申通地铁（600834）等。

专业化第三方物流企业，是指提供物流咨询、物流策划、船舶代理、货运代理、港口装卸、劳务服务、国际贸易等全方位的物流配套及增值服务的企业，代表性的企业主要有珠海港（000507）、铁龙物流（600125）、皖江物流（600575）、中储股份（600787）等。

物流辅助服务企业是指那些为开展物流活动而进行道路、桥梁等交通基础设施项目建设和提供物流活动所需要的机械设备制造与维修服务的一类企业，代表性的企业主要有中原高速（600020）、重庆路桥（600106）、锦江投资（600650）、强生控股（600662）等。

其他综合类物流服务企业是指不属于以上三大类但同时也为物流业的发展提供综合性的物流辅助服务的企业。

从表7-6的分类描述统计可以看出，交通运输服务、专业化物流服务和物流辅助服务等三类上市物流企业几乎各自占样本上市物流企业总数的1/3，传统的交通运输企业基础地位保持不变，而专业化第三方物流企业和提供物流辅助服务的企业则异军突起，其总数占样本总数的近2/3。究其原因，第三方物流企业乃至提供物流辅助服务的企业所具有的专业化、规模化等优势，在分担企业风险、降低经营成本、提高企业竞争力、加快物流产业的形成和再造等方面发挥了巨大的作用，依托此项优势，其已迅速地赶超传统的交通运输企业，逐渐成为我国物流业发展的主流。

7.6.2 变量描述性统计

本节使用计量软件 Eviews 8.0 对 2005～2014 年的面板数据中的各变量进行描述性统计分析，具体结果见表7-7。

表 7 - 7　变量描述性统计

变量	最大值	最小值	均值	标准差
Y	194.6306	- 0.759200	14.42931	26.20325
X	5.317400	0.630500	2.872835	0.819717
X_1	0.102300	- 0.002300	0.027298	0.015716
X_2	2.034800	- 2.886000	0.361748	0.382934
X_3	2.032700	0.034800	0.453054	0.239077
X_4	0.107100	0.001200	0.012834	0.013578
X_5	1102.790	0.072000	11.43006	61.72348
X_6	1.788600	0.088600	0.636106	0.227497
X_7	0.015100	0.000000	0.000245	0.001007
X_8	7.548000	1.164300	4.148339	1.245901
X_9	26.50000	5.920000	15.78431	4.266421

表 7 - 7 显示，上市物流企业的综合竞争力得分（Y）的极差值为195.3898，数值较大，而且这些样本企业中出现了综合竞争力得分为负值的情况，说明上市物流企业的综合竞争力参差不齐，各企业之间的实力不一，水平差距较大，最终竞争力的标准差数值差距也较大。

从上市物流企业对政府履行的社会责任（X_1）看，资产税费率的最大值为 0.102300，说明上市物流企业积极履行应尽责任，主动依法纳税，为国家财政做出了巨大贡献；资产税费率的最小值为 - 0.002300，虽然与物流企业的正常运作情况不符，但是这体现了政府对物流企业的特定政策支持。由于提高了税收返还的金额，企业的资产税费率小于 0。同时，资产税费率的最大值和最小值之间的差额较小，均值仅为 0.027298，标准差为0.015716，即数据波动范围较小，不仅体现了上市物流企业积极履行对政府应尽的社会责任，而且整体履行情况较好，不同的企业之间存在的履责差异较小。

从上市物流企业对股东履行的社会责任（X_2）看，每股收益率的最小值为 - 2.886000，说明个别的上市物流企业在运营初期处于亏损状态，这与物流企业刚刚起步的情况相吻合。每股收益率的最大值和最小值之间的差额较小，标准差为 0.382934，即数据波动范围也不大，体现了上市物流企业非常重视对股东应尽的社会责任，而且整体履行情况较好，不同企业之间不存在较为明显的差别。

从上市物流企业对债权人履行的社会责任（X_3）看，资产负债率的最大值和最小值均为正向指标，且相差不大，说明不同物流企业的资产负债率水平总体上分布比较均匀，物流企业对债权人的社会责任整体履行较好，不同企业之间形成了一定的共识，这从资产负债率的标准差数值为0.239077 上得到体现。

从上市物流企业对员工履行的社会责任（X_4）看，员工人均获利水平指标总体上呈现平稳态势，最大值为0.107100，最小值为0.001200，反映了上市物流企业内部有的企业提供了非常丰厚的福利待遇，有的企业提供的员工待遇比较低。但总体而言，上市物流企业对员工的履责水平差别不大，标准差为0.013578，总体上指标的波动范围较小，体现了我国的上市物流企业积极履行对员工的社会责任，提升员工获利水平，而且各个企业之间也都认识到对员工履行社会责任对物流企业发展的重要意义。

从上市物流企业对供应商履行的社会责任（X_5）看，现金与应付账款的比值，最大值为1102.790，最小值为0.072000，二者之间相差巨大，体现了不同物流企业对供应商履行社会责任的水平参差不齐。各个企业根据自己的发展战略，对不同的利益相关者有不同的履责表现，总体上数据波动较大，标准差为61.72348，充分体现了不同企业在履行社会责任上的战略差异。

从上市物流企业对消费者履行的社会责任（X_6）看，营业成本率各项指标为正，且最大值为1.788600，最小值为0.088600，二者相差不大，总体上与均值接近，标准差为0.227497，数据波动范围较小，体现了上市物流企业不仅积极履行对消费者的社会责任，加大产品的开发力度，而且不同的企业已就此达成了共识。

从上市物流企业对社区履行的社会责任（X_7）看，资产捐赠率的最小值为0，反映出样本中一些物流企业对社区几乎没有什么捐赠，对社区履行的责任非常少。这一点可以从历年上市物流企业的捐赠情况看出，社区的公益活动和慈善捐赠也只是在最近几年才逐渐被这些企业提上议事日程。综合考虑最大值、均值和标准差三个指标可以看出，在企业履行社会责任的时代背景下，物流企业开始不断关注社区的发展，并以自身的资源和能力为其提供援助，这使得物流企业的资产捐赠率差值不明显，总体上越来越多的物流企业认识到履行社会责任对于企业发展的意义，并纷纷迈出了坚实的一步。

从上市物流企业的社会责任综合绩效（X）看，综合绩效的最大值为5.317400，最小值为0.630500，二者之间的差值不算太大，说明上市物流企业的社会责任综合履行情况较好，结合综合绩效标准差0.819717，可以看出不同企业均能综合考虑各种利益相关者的需求并对其履行社会责任。

从上市物流企业的规模（X_8）可以看出，以总资产来衡量的企业规模在不同的物流企业之间差异较明显。我国的物流业较国外而言起步晚，因而企业的规模呈现大小不一的状况，这也反映了当前我国物流企业发展的一个现状——大中小型物流企业并存，不同类型的物流企业共同发展。此外这也与企业综合竞争力得分参差不齐的状况相对应。从上市物流企业的成长年龄（X_9）来看，样本企业中最早的成立于1979年，最晚的成立于2000年，二者之间相差较大，而且物流企业的年龄整体上平稳性较弱，其中既有处于相对成熟期的企业，也有刚刚起步的成长期企业，揭示了物流企业虽然起步较晚，但是发展速度较快，一大批新生的物流企业不断涌现，为物流业营造了更广阔的发展空间和进步余地，也为物流业的全局发展开创了新的局面。

7.6.3　相关性分析

相关性分析是对两个或多个变量进行分析并以相关系数来反映研究变量之间关系密切程度的一种统计方法。本节对所选取的各变量进行了简单的相关性分析，以验证上市物流企业对政府、股东、债权人、员工、供应商、消费者和社区等不同维度的利益相关者履行社会责任的状况，并对企业社会责任综合绩效与上市物流企业竞争力之间所存在的相关性、相关性的方向以及关系的密切程度等进行研究，具体相关系数见表7-8和7-9。

表7-8　上市物流企业社会责任与竞争力的 Pearson 相关系数

变量	Y	X_1	X_2	X_3	X_4	X_5	X_6	X_7	X_8	X_9
Y	1.0000									
X_1	0.0861*	1.0000								

续表

变量	Y	X_1	X_2	X_3	X_4	X_5	X_6	X_7	X_8	X_9
X_2	0.1671***	0.2232**	1.0000							
X_3	-0.0005***	-0.1866	-0.3732**	1.0000						
X_4	0.5508***	0.0395	0.0639	0.0736	1.0000					
X_5	-0.0890**	0.0074	-0.0200	-0.1302**	-0.0958	1.0000				
X_6	0.0924**	-0.1055*	-0.3247**	0.3894**	0.0868	-0.1269*	1.0000			
X_7	-0.0976*	0.0655	0.1188**	-0.0806*	-0.0169	0.0232	-0.1184	1.0000		
X_8	0.3592***	-0.1153*	0.0599	0.1859*	0.2372**	-0.1019*	-0.0275	-0.1342*	1.0000	
X_9	0.5193***	-0.1000*	-0.0140	0.0299	0.4143*	-0.0835	0.3367**	0.0013	-0.0889	1.0000

注：＊＊＊、＊＊、＊分别表示在1%、5%和10%的显著性水平上拒绝原假设。

表7-9　上市物流企业社会责任综合绩效与企业竞争力的 Pearson 相关系数

变量	Y	X	X_8	X_9
Y	1.0000			
X	0.6019***	1.0000		
X_8	0.3596***	0.2046***	1.0000	
X_9	0.5196***	0.3449***	-0.0889**	1.0000

注：＊＊＊、＊＊、＊分别表示在1%、5%和10%的显著性水平上拒绝原假设。

从表7-8的 Pearson 相关系数可以看出，自变量 X_2、X_4 均在1%的显著性水平上拒绝不相关的原假设，即表示上市物流企业对股东、员工履行社会责任的每股收益率和员工人均获利水平这两个变量与上市物流企业的竞争力之间呈现显著的正相关关系；自变量 X_3 代表上市物流企业对债权人履行社会责任的资产负债率，这一变量与企业竞争力之间呈现显著的负相关关系；自变量 X_5、X_6 均在5%的显著性水平上拒绝不相关的原假设，其中 X_6 代表上市物流企业对消费者履行社会责任的营业成本率，与上市物流企业的竞争力之间呈现显著的正相关关系，而 X_5 代表上市物流企业对供应商履行社会责任的现金与应付账款比率这一变量，与企业竞争力之间呈现负相关关系；自变量 X_1、X_7 在10%的显著性水平上拒绝不相关的原假设，即 X_1 代表上市物流企业对政府履行社会责任而产生的资产税费率，与上市物流企业的竞争力之间呈现较为显著的正相关关系，X_7 代表上市物流企业对社区履行社会责任的社会捐赠支出率这一变量，与上市物流企业的竞争力之间呈现较为显著的负相关关系。此外，控制变量 X_8、X_9 也均在 1% 的显著性水平上拒绝不相关的原假设，即 X_8 代表上市物流企业的企业规模，X_9 代表企业年龄，这两个变量与上市物流企业的竞争力之间呈现极其显著的正相关关系。

从表 7 - 9 的 Pearson 相关系数可以看出，自变量 X 在 1% 的显著性水平上拒绝不相关的原假设，即表示上市物流企业对政府、股东、债权人、员工、供应商、消费者和社区等利益相关者综合履行企业社会责任的绩效与上市物流企业的竞争力之间呈现显著的正相关关系，换言之，企业积极承担广泛的社会责任有助于企业竞争力的提升。

同时，从相关系数矩阵也可以看出个别自变量之间也存在相关性，这一方面说明，企业对股东的社会责任履行与企业对政府的社会责任履行、企业对供应商的社会责任履行与企业对债权人的社会责任履行及企业对社区的社会责任履行与企业对股东、债权人的社会责任履行之间都存在一定的相关性，并且上市物流企业对利益相关者中的任意一方履行社会责任都会影响其对其他利益相关者的社会责任履行，即企业对不同群体履行社会责任之间存在一定的关联性；另一方面说明，所设定的模型中存在同期相关性，若此时采用普通最小二乘法进行估计（Ordinary Least Square，OLS），则可能产生结果失真问题。为了消除同期相关及可能存在的异方差等对解释变量所对应的参数估计所造成的重大影响，下面在回归分析中采用截面加权估计法（Cross Section Weights，CSW），对不同的个体赋予权重并采用似不相关回归（Seemingly Unrelated Regression，SUR）来估计方程。

7.6.4 回归分析

（一）面板数据的单位根检验

为了避免伪回归，确保模型估计的有效性，必须对面板数据各序列变量的平稳性进行检验，而检验面板数据序列平稳性最常用的办法就是提出原序列存在普通单位根过程的原假设，使用同质单位根检验，如 LLC 检验（Levin-Lin-Chu）、Breitung 检验，以及异质单位根检验，如 IPS、ADF-Fisher 和 PP-Fisher 检验等，以这几种方法分别构造 LLC-t*、Breitungt-stat、IPS w-stat、ADF-Fisher Chi-square、PP-Fisher Chi-square 等统计量，依据统计量对应的 P 值来决定接受还是拒绝原假设，进而得出平稳性检验结果。

在计量软件 Eviews 8.0 中综合使用 LLC、Breitung、IPS、ADF-Fisher 和 PP-Fisher 5 种方法对样本上市物流公司面板数据的各序列进行单位根检验，依据计算出的五种统计量对应的 P 值可以看出面板数据的原始序列是不平稳的，但是所有变量经过一阶差分之后变得平稳，即原序列服从 I（1）的过程，因此本研究所构建的模型为非平稳面板数据模型，并在此基础上开展下一步的协整检验。

（二）面板数据的协整检验

截面之间的协整关系是指两个或两个以上的非平稳截面序列，经过线性组合后呈现一种平稳趋势。对截面序列进行协整检验就是考察变量间是否存在这种长期稳定的均衡关系，因而得出协整的前提条件是各截面序列必须是同阶单整。通过前文的单位根检验可知，面板数据的各序列均服从 I（1）的过程，即原序列是一阶单整的序列，在此基础上可以检验各截面序列间是否存在长期均衡关系。

为了考察自变量与因变量之间的协整关系，而不涉及自变量之间的协整关系，因此主要采用基于 Engle-Granger 的 KAO 检验来确定各截面序列间的协整关系。具体做法是：首先提出不存在协整关系的原假设，其次利用静态面板回归的残差来构建 ADF 统计量，最后根据对应统计量的 P 值来判别是否接受原假设。通过对样本上市物流公司面板数据的各序列进行 KAO 检验，得出 ADF 统计量对应的 P 值小于 0.01，拒绝不存在协整关系的原假设，即面板数据的各截面序列间存在长期均衡关系，同时其残差的回归估计是平稳的，因而可以在此基础上直接对各变量的水平值进行回归分析。

（三）面板数据的 F 检验和 Hausman 检验

在确定了面板数据的各截面序列间存在协整关系后，需要进一步确定回归方程所采用的模型，这需要通过 F 检验和 Hausman 检验进行判别。

首先对面板数据模型进行 F 检验，得到 F 统计量：

$$\text{Cross-section } F = 9.373008 > F_{(0.0550,450)} = 1.379073$$

因此，拒绝原假设 H_0，建立含有个体效应的变截距模型更合理。

其次，对面板数据模型进行 Hausman 检验，得到 H 统计量：

$$Cross\ section\ random\ = 163.\,663430\ > \chi0.\,0529\ = 16.\,918980$$

因此，拒绝原假设 H_0，建立个体固定效应模型更合理。

综合 F 检验和 Hausman 检验的结果，笔者建立了个体固定效应模型来研究上市物流企业社会责任的履行对企业竞争力的影响，模型如下：

$$Y_{it}\ =\ \alpha_{it}\ +\ \sum \beta X_{it}\ +\ \varepsilon_{it}\,, i\ =\ 1\,, \cdots 9\,; t\ =\ 1\,, \cdots 10 \qquad (7-7)$$

由建立的个体固定效应模型可以看出，斜率系数在不同截面的不同时期保持不变，表明所选用的样本上市物流企业履行对政府、股东、债权人、员工、供应商、消费者和社区的社会责任对其竞争力的提升具有相同的边际影响；而在不同截面的不同时期模型的截距项均不相同，表明上市物流企业的不同个体之间存在差异，这种差异来源于除企业社会责任外的其他影响企业竞争力的不可观测因素，如上市物流企业的企业制度、文化以及供应链策略等。

（四）面板数据的回归结果

（1）上市物流企业竞争力 Y 与自变量和控制变量的回归结果

在通过了面板数据单位根检验、面板数据各变量序列的协整检验后，笔者建立了上市物流企业竞争力 Y 与自变量和控制变量之间的个体固定效应模型。在个体固定效应中采用截面加权估计（CSW）对不同的个体赋予权重，并采用似不相关回归（SUR）来估计方程，以消除存在的同期相关及异方差影响，最终得到如下回归结果：

$$R^2\ =\ 0.\,908140 \qquad F-statistic\ =\ 75.\,40255$$
$$DW\ =\ 1.\,283205 \qquad PF-statistic\ =\ 0.\,0000$$

以上结果表明，各指标值均较为显著，模型的总体拟合度较高，且基本上消除了同期相关及异方差的影响。

回归结果的表达式如下（括号内为对应系数的 P 值）：

$$Y_{it}\ =\ -2.\,687336 + 0.\,048793X_{1it} + 0.\,186082X_{2it} - 0.\,306033X_{3it} + 0.\,147404X_{4it} +$$
$$(0.\,0047 \qquad 0.\,0000 \qquad 0.\,0000 \qquad 0.\,0000)$$
$$0.\,000304X_{5it} + 0.\,132297X_{6it} - 6.\,646310X_{7it} + 0.\,27245X_{8it} + 0.\,697199X_{9it}$$
$$(0.\,0399 \qquad 0.\,0490 \qquad 0.\,1012 \qquad 0.\,0000 \qquad 0.\,0000)$$

从回归结果可以看出，解释变量 X_1、X_2、X_3、X_4、X_8、X_9 对应的系数

P 值均小于 0.01，表明回归系数均在 99% 的置信水平上统计显著；除 X_7 外其余解释变量所对应的系数 P 值均小于 0.05，表明回归系数在 95% 的置信水平上统计显著；而 X_7 所对应的系数 P 值小于 0.15，表明回归系数在 85% 的置信水平上统计显著。

自变量 X_1 为上市物流企业的资产税费率，代表其应为政府履行的社会责任，系数为 0.048793，表明上市物流企业积极履行对政府的社会责任正向影响企业竞争力，即本研究提出的假设 H_1 成立。

自变量 X_2 为上市物流企业的每股收益率，代表其应为股东履行的社会责任，系数为 0.186082，表明上市物流企业积极履行对股东的社会责任正向影响企业竞争力，即本研究提出的假设 H_2 成立。

自变量 X_3 为上市物流企业的资产负债率，代表其应为债权人履行的社会责任，系数为 -0.306033，与企业竞争力的提升呈显著的负相关性。这表明在其他影响因素不变的情况下，上市物流企业的资产负债率每提升一个单位，企业竞争力就会下降 0.306033 个单位，因此上市物流企业消极履行对债权人的社会责任将负向影响企业竞争力，即本研究提出的假设 H_3 成立。

自变量 X_4 为上市物流企业员工的人均获利水平，代表其应为员工履行的社会责任，系数为 0.147404，表明上市物流企业积极履行对员工的社会责任正向影响企业竞争力，即本研究提出的假设 H_4 成立。

自变量 X_5 为上市物流企业的现金与应付账款的比率，代表其应为供应商履行的社会责任，系数为 0.000304，表明上市物流企业积极履行对供应商的社会责任正向影响企业竞争力，即本研究提出的假设 H_5 成立。

自变量 X_6 为上市物流企业的营业成本率，代表其应为消费者履行的社会责任，系数为 0.132297，表明上市物流企业积极履行对消费者的社会责任正向影响企业竞争力，即本研究提出的假设 H_6 成立。

自变量 X_7 为上市物流企业的社会捐赠支出率，代表其应为社区履行的社会责任，系数为 -6.646310，与企业竞争力的提升呈现负相关性，同时结合自变量 X_7 系数对应的 P 值来看，这种负相关性虽存在，但是显著性程度较低，表明在其他影响因素不变的情况下，上市物流企业的资产捐赠率每提升一个单位，企业竞争力就会以不太显著的幅度降低 6.646310 个单位，即本研究提出的假设 H_7 不成立。

自变量 X_8 为上市物流企业的规模，其系数为 0.272457，表明上市物流企业的规模越大，所能满足市场需求的能力就越强，在市场竞争中就越具有优势，如此也就越有利于企业竞争力的提升，这与 Perrini（2006）、Welford 和 Frost（2006）及闫秀霞等（2013）学者的研究结论一致。

自变量 X_9 为上市物流企业的成长年龄，其系数为 0.697199，表明上市物流企业的年龄越久，所积累的经验和拥有的资源就越丰富，便越有利于企业竞争力的提升，这与冯雨（2013），王晓巍、陈慧等（2011）学者的研究结论一致。

综合各自变量的回归系数可以看出，上市物流企业对不同利益相关者履行社会责任对企业竞争力的影响是各不相同的，有的呈现显著的正向影响，有的则呈现显著的负向影响，且影响的力度也大小不一，即不同利益相关者对上市物流企业社会责任的履行反馈程度对企业竞争力的贡献程度是有差别的，因此本研究提出的假设 H_8 成立。

（2）上市物流企业竞争力 Y 与上市物流企业社会责任综合绩效 X 和控制变量的回归结果

在通过了面板数据单位根检验和协整检验后，依据 F 检验和 Hausman 检验，笔者建立了上市物流企业竞争力 Y 与自变量上市物流企业社会责任综合绩效 X 和控制变量（X_8、X_9）之间的个体固定效应模型，最终得到如下回归结果：

$$R^2 = 0.674385 \qquad F - statistic = 349.3276$$
$$DW = 0.834671 \qquad PF - statistic = 0.0000$$

以上结果表明，各指标值均比较显著，模型的总体拟合度较好，且基本上不存在同期相关及异方差的影响。

为此，建立如下回归方程（括号内为对应系数的 P 值）：

$$Y_{it} = -2.625623 + 0.540699X_{it} + 0.218040X_{8it} + 0.707778X_{9it} + \varepsilon_{it}$$
$$(\ 0.0000 \qquad\qquad 0.0000 \qquad\qquad 0.0000\ )$$

从回归结果中可以看出，X、X_8、X_9 所对应的系数 P 值均小于 0.01，表明回归系数均在 99% 的置信水平上统计显著，即回归系数对变量的解释效果十分有力。其中，自变量 X 为上市物流企业社会责任综合绩效，代表上市物流企业履行企业社会责任的综合表现，系数为 0.540699，表明上市物流企业积极履行企业社会责任将显著地促进企业竞争力的提升，即本研究提出的假设 H_9 成立。

7.7 实证结果与建议

7.7.1 实证结论

笔者通过选取 51 个样本上市物流企业，根据这些企业 2005～2014 年的年度财务数据，构建面板数据并运用个体固定效应模型和混合回归模型分析了上市物流企业履行社会责任对企业竞争力的影响，最后根据回归分析的结果对提出的假设检验进行了验证，具体内容汇总如表 7 - 10 所示。

表 7 - 10　假设检验汇总

原假设	是否成立
H_1：上市物流企业积极履行对政府的社会责任有利于企业竞争力的提升	成立
H_2：上市物流企业积极履行对股东的社会责任有利于企业竞争力的提升	成立
H_3：上市物流企业消极履行对债权人的社会责任不利于企业竞争力的提升	成立
H_4：上市物流企业积极履行对员工的社会责任有利于企业竞争力的提升	成立
H_5：上市物流企业积极履行对供应商的社会责任有利于企业竞争力的提升	成立
H_6：上市物流企业积极履行对消费者的社会责任有利于企业竞争力的提升	成立
H_7：上市物流企业积极履行对社区的社会责任与有利于企业竞争力的提升	不成立
H_8：上市物流企业积极履行对不同利益相关者的社会责任对企业竞争力的贡献度不同	成立
H_9：上市物流企业积极履行企业社会责任有利于企业竞争力的提升	成立

综合以上回归分析和假设检验结果，本研究结论如下：

（1）上市物流企业社会责任的各个维度对企业竞争力的影响

假设 H_1 的成立说明上市物流企业积极履行对政府的社会责任正向影响企业的竞争力，即上市物流企业在运营中积极依法纳税，为政府财政做出贡献，则容易获得宽松稳定的发展环境和有益的政策支持。这有利于减轻上市物流企业在发展过程中的外部阻力，有利于促进企业的平稳发展和提升企业竞争力。

假设 H_2 的成立说明上市物流企业积极履行对股东的社会责任正向影响企业的竞争力，即上市物流企业从股东的角度出发，在合理合法的范围内优化资本配置，创造更大的保值升值空间，为股东谋取更多收益，实现股东财富的有效提升，不仅可以增强股东的投资信心，而且可以获得股东的后续资本支持、经营决策支持以及良好的口碑传播效应，最终有助于提升上市物流企业的市场价值。

假设 H_3 的成立说明上市物流企业消极履行对债权人的社会责任会负向影响企业的竞争力，即上市物流企业的资产负债率越高，企业应该偿还的债务就越高，债权人所能收回欠款的可能性就越低，对债权人而言就越不利。因此，上市物流企业应保持自己的外借资本在合理的范围之内，保证企业正常发展所需资本储备的同时要及时偿还企业债务，遵守与债权人之间所订立的契约，保持良好的合作关系，为企业融资奠定良好的基础，以为其平稳发展提供良好的外部支撑。

假设 H_4 的成立说明上市物流企业积极履行对员工的社会责任正向影响企业的竞争力，即上市物流企业高度重视员工利益，注重员工薪酬、福利待遇的提升，并为其创造安全的工作环境，对其进行科学的职业培训，提升其工作积极性和效率，实现员工的个人价值并增强其企业认同感，在培养了优秀忠诚的员工的同时，也提升了企业的整体运行效率，不仅为企业储备了雄厚的人力资源，而且积攒了企业发展所需的无形资产，这对企业竞争力的提升大有裨益。

假设 H_5 的成立说明上市物流企业积极履行对供应商的社会责任正向影响企业的竞争力，即上市物流企业对供应商积极负责，与供应商之间保持良好的合作伙伴关系，实现信息共享，风险共担，与供应商一起进行库存管理，可有效降低供应商企业的生产经营成本，并降低其资金占有率。物流企业由此而节约和腾挪的资金用于其他资源获取上，不仅会降低供应商的坏账可能，而且使企业的资源更加有效地进行配置，实现企业竞争力的有效提升。

假设 H_6 的成立说明上市物流企业积极履行对消费者的社会责任正向影响企业的竞争力，即上市物流企业在为终端消费者提供产品、服务时，要更多地从消费者的角度出发，根据上市物流企业所面临的不同消费群体提供差异化、个性化产品或服务，并在此过程中加大针对不同消费群体而承担的产品或服务的研发成本和各项支出的资金支持力度，力求满足不同消费群体的多样化、个性化消费需求，改善消费者的物质和精神享受。这不仅有利于培养忠诚的顾客，而且可以宣传企业品牌形象和提升销售份额。由此而获得的无形和有形资产也使企业在扩大市场份额时获得相对于竞争对手的更大优势，最终提升企业竞争力。

假设 H_7 未得到回归结果的支持，说明上市物流企业积极履行对社区的社会责任会负向影响企业的竞争力。笔者对出现此情况的原因进行了分析，一方面结合描述性统计分析可以发现，上市物流企业的资产捐赠率最小值为 0，即在研究期间，有一部分上市物流企业的捐赠支出较少甚至为 0。而且，综合样本数据来看，公益捐赠在上市物流企业社会责任的履行中也是刚流行开来，捐赠支出水平也只是在最近几年慢慢提升，上市物流企业对社区公益活动的参与和支持力度也在不断加大，因而在样本期间内，上市物流企业的慈善捐赠和社区支出并没有有效提升企业竞争力。其滞后效应的存在所带来的是后期上市物流企业形象声誉的树立和竞争力的提升，即在长期效应内本研究提出的假设 H_7 是成立的。另一方面，对上市物流企业而言，对社区进行的慈善捐赠和公益支出，将作为企业的一项成本开支而存在，而对于当下上市物流企业的发展而言，这种投入并不能获得立竿见影的效果，市场也不可能给予及时的回报，因此对企业的绩效提升带来的只有负面的影响。综合上述分析，上市物流企业应制定明确的并兼顾公益的企业发展战略，加强企业的战略性慈善捐赠和社区公益投入，使其推动企业竞争力提升的长期效应得以显现。

（2）上市物流企业对不同利益相关者履行社会责任对企业竞争力的贡献度

依据回归分析和假设检验的结果可以看出，上市物流企业对不同利益相关者履行社会责任对企业竞争力的影响力度和贡献程度不尽相同，物流企业积极履行社会责任所获得的反馈极具差异性。从回归结果的变量系数及对应的 P 值可以看出，在众多利益相关者中，物流企业积极履行对债权人的社会责任对企业竞争力的影响最大，接着是股东，然后是员工、消费者。

从权衡理论出发，物流企业无论处于成长期还是成熟期，都需要通过资本实现企业的运营，而股东投入的股本和银行、非银行金融机构的借款以及发行的公司债券等是物流企业的资本来源和支撑。稳定的资本投入为企业的发展和创收打造了优越的发展环境，物流企业会根据其战略目标和投资人对其发展的重要性，优先选择对债权人、股东履行社会责任。资本支持是物流企业生存发展的基石，而优秀的人力资源和忠诚的消费者则是企业扩大市场份额、创造竞争优势的关键所在。优秀的员工可以为消费者生产出更多高质量的产品或服务，这不仅能降低物流企业的经营风险，而且能提升顾客的满意度，在推动物流企业市场份额提升的同时也为物流企业树立良好的企业形象。因而作为影响企业竞争力的重要因素，物流企业也会更加主动地履行对员工、消费者的社会责任。特别值得一提的是，虽然物流企业积极履行对政府、供应商和社区的社会责任对企业竞争力的贡献度较小，但是这不应成为物流企业拒绝履行社会责任的理由。因为物流企业在发展过程中离不开各维度利益相关者的支持，而且部分利益相关者的反馈存在一定的滞后效应，对企业竞争力的影响并不能在当期得以体现，因而物流企业应兼顾多个利益主体，有序履行企业社会责任。

（3）上市物流企业社会责任综合绩效对企业竞争力的影响

综合分析上市物流企业对不同维度利益相关者履行的社会责任，可以得出其社会责任综合绩效。假设 H_9 的成立说明，在所选的样本时期内，上市物流企业综合考虑各类利益相关者的利益诉求，并积极履行相应的企业社会责任，有助于实现企业竞争力的提升，这一研究结果与现有的利益相关者理论非常吻合。因此，从上市物流企业的长远发展来看，其在经营运作的过程中应同时对不同的利益相关者积极履行企业社会责任，而不应树立"股东至上"的理念。仅使企业股东利益最大化，可能出现顾此失彼的状况：在满足一些利益相关者的诉求时忽略和损害另外一部分利益相关者的诉求。

（4）上市物流企业的规模和年龄对企业竞争力的影响

综合影响上市物流企业竞争力的控制变量——企业规模和企业年龄来看，上市物流企业的规模和年龄都对企业竞争力的发展产生积极正向的影响，而且统计显著，这与国内外学者的研究结论保持一致。

对上市物流企业而言，企业规模对企业竞争力的积极影响，一方面反映了物流企业在经过长期的资本积累和资源获取后实现了升级转型，以迅猛的发展姿态出现在市场经济浪潮中，也给后续的物流企业发展提供了良好的版本和蓝图；另一方面，随着物流企业的规模不断扩大，内外实力不断增强，集聚优势不断形成，分摊企业产品成本的效应愈加明显，分散外

部和内部风险的能力日益增强，最终在各个层面的拉动下，企业竞争力得
到提升。

从上市物流企业的成长年龄来看，一方面，我国的物流企业还有一部
分处在成长发展的初期，虽然可能会面临各种问题和阻力，但是对于一个
成长中的企业而言，其拥有无限的发展空间和进步余地，从成长期逐渐迈
向成熟期的过程中，这些物流企业充分利用所积累的各项能力、知识和经
验，为发展创造独特的优势，最终提升企业竞争力。另一方面，这也给处
于萌芽期的物流企业或其他中小型物流企业发出了信号，物流企业的成长
不是一蹴而就的事情。在成长期内，物流企业应不断积累所需的各类资
源，在新的企业社会责任时代背景下，高度关注对利益相关者的社会责任
履行，并将所获取的资源充分用于自身的发展和对利益相关者需求的满足
上，实现内外兼修。

综合以上研究结论可以看出，上市物流企业通过积极履行对不同利益
相关者的企业社会责任，可以获得市场竞争中所需的有益资源，而对这些
资源的整合利用和优化配置将提升企业的市场价值，并创造独有的竞争优
势。基于此，本研究的影响路径模型总体上得到实证分析的有力支持。

7.7.2　政策建议

本研究通过构建面板数据模型，对上市物流企业履行社会责任对其竞
争力的影响进行了实证分析，结合回归结果和假设检验，最终得出研究结
论。以此为依据，本研究从物流企业、政府、社会公众和行业四个层面提
出促进物流企业积极履行社会责任、提升企业竞争力的对策和建议。

首先，关于物流企业方面的政策建议。

（1）以上研究结论显示，上市物流企业积极履行社会责任对企业竞争
力产生积极的影响。因此物流企业应该积极树立正确的企业社会责任意
识，深化企业社会责任观念，同时，物流企业应综合考虑不同利益相关者
的利益诉求，根据自身的资源和能力、供应链的战略目标和各利益相关者
的重要性，对所要履行的企业社会责任进行明确划分，合理安排对利益相
关者履行企业社会责任的先后顺序并主动承担。

（2）物流企业应从长远发展的角度来正视企业社会责任的履行。从前
文上市物流企业对社区的公益捐赠支出可以看出，企业社会责任在某些维

度上的履行很难在当期体现其对竞争力的影响或是对企业价值的影响，而是作为一种长效机制而存在。因此，物流企业应将其作为企业战略的一部分融入企业的发展过程中，不断将之与自身所具备的优质资源进行整合，实现经济效益和社会效益的协调发展，最终形成竞争优势。

（3）物流企业在履行企业社会责任的过程中要定期披露企业社会责任信息。目前，发布社会责任报告这种信息披露方式在我国多以企业自愿的形式出现，这对物流企业的自觉性和主动性提出了更高的要求，物流企业应将其作为树立品牌形象和提升竞争力的良好契机而主动进行披露和发布。这有助于健全和完善物流行业乃至全行业的社会责任披露体系。

（4）物流业在我国起步较晚，这虽然在一定程度上对其发展带来了阻力和障碍，但是也从另一个侧面揭示了物流业的广阔发展前景。物流企业应充分利用此契机，积累内外部资源，提升自身发展水平，并在保持传统运输业发展的基础上，不断发展低碳物流，实现新时代背景下的转型升级。

其次，关于政府方面的政策建议。

（1）政府作为物流企业履行社会责任的对象之一，在享受企业依法纳税为其做出的财政贡献的同时要制定合理的激励政策，放宽对物流企业发展的限制，为其营造宽松良好的发展环境，提供各种政策福利，以确保大型物流企业在平稳发展的同时促进中小型物流企业不断转型和升级，最终实现不同规模、不同性质的物流企业齐头共进。

（2）物流企业乃至整个行业的企业在履行社会责任的过程中不可避免地对其存在一定的误解，政府要对其进行权威性的指引，通过开展公益宣传、讲座、社区活动等引导企业积极履行对利益相关者的社会责任，使其树立正确的社会责任观念。同时，对一些企业社会责任意识淡薄或不积极履行企业社会责任的物流企业而言，仅依靠道德约束是不够的，政府应建立并完善企业社会责任履行监管制度，以相应的监管条例来监管和约束物流企业消极的社会责任履行行为，增强物流企业承担社会责任的主动性，提升履责水平。

再次，关于社会公众方面的政策建议。

物流企业所面对的社会公众不仅包括本研究中所涉及的债权人、供应商、消费者、社区、自然环境，还应该包括新闻媒体、非政府组织和民间机构等其他一些利益主体。社会公众的反馈和监督对物流企业社会责任的履行，起着至关重要的作用。物流企业积极履行社会责任，进行低碳生产，开展低碳包装，在运输过程中使用更多的新兴清洁能源，既可以减少对环境的破坏，同时其产品也能受到消费者的青睐。反之，消费者就可能对其进行投诉，环保部门就会勒令其进行整改，这对其发展会形成一定的阻力。因此在物流企业履行社会责任的过程中，社会公众在很大程度上会影响其品牌形象和企业声誉的确立，为推动物流企业更好地履行对利益相关者的社会责任，社会公众应积极发挥舆论监督作用，对企业社会责任意识淡薄或缺乏的物流企业进行道德监督，对积极履行企业社会责任的物流企业进行大力宣传，从而规范和推动全行业的企业社会责任建设。

最后，关于行业协会方面的政策建议。

（1）物流企业的发展离不开证券监督管理委员会、物流行业协会、物流采购联合会等各类监管机构及行业协会的支持，这些行业协会及监管机构的存在为物流企业的发展提供了丰富的共享资源，搭建了良好的合作桥梁，促进物流企业提升供应链运作效率，积极履行对利益相关者的社会责任。因此，各类行业协会、监管机构应继续加大对物流企业乃至行业的支持力度，提供更加丰富的公共资源，为其发展营造良好的环境。

（2）物流企业的社会责任信息披露仅仅依靠企业的自觉性是不够的，还需要物流行业协会及监管机构进一步建立和完善物流企业社会责任信息披露制度，制定科学合理的企业社会责任评价准则，定期评价物流企业的社会责任履责情况，同时明确规定物流企业社会责任报告发布的具体内容及基本要求，对积极披露企业社会责任信息并发布企业社会责任报告的物流企业给予一定的奖励，对一些不披露或是不按照准则披露信息的物流企业给予相应的惩戒。

7.8　本章小结

首先，本章指出积极承担广泛的社会责任是当代物流企业发展的必然选择，也是其低碳化发展的重要路径，阐述了物流企业加强社会责任建设的理论意义和现实价值。其次，对企业社会责任的基本概念和内涵进行了分析，重点是界定了物流企业履行社会责任的对象，即物流企业的利益相关者。再次，主要从物流企业的履责对象、履责内容以及利益相关者的反馈三方面分析研究了社会责任与企业竞争力的关系。最后，选取我国51家上市物流公司，对社会责任与其竞争力的关系进行了实证研究，结果显示，开展社会责任建设不仅有利于企业竞争力的提升，而且能提升企业的环境绩效，即实现环境效应与经济效益双赢。不过，企业对不同群体履行社会责任与其竞争力之间的关联程度不一，有的当期效应明显，有的存在一定的滞后效应，且不同利益相关者之间还存在一定的相关性。这一研究成果为上市物流企业正确认识企业社会责任、制定科学有效的企业社会责任发展战略提供了指导。

8

物流企业低碳化发展的国际经验

物流的发展水平取决于社会经济和生产力的发展水平，也取决于科学技术的发展水平。20 世纪 80 年代以来，以美、日、欧盟等为代表的发达国家和地区，以及以中国为代表的发展中国家的物流相继进入集合发展阶段，一场对各种物流功能、要素进行整合的物流革命已经开始。至目前而言，这些发达国家和地区已相继形成了由完善的物流基础设施、高效的物流信息平台和比较发达的第三方物流所组成的社会化物流服务体系，现代物流产业对经济发展、社会发展乃至全球经济的发展贡献越来越大。

8.1　美国物流业的低碳化发展

8.1.1　美国物流业的发展历程

现代物流起源于美国战时物流。美国经济高度发达，是世界上最早发展物流业的国家之一。美国政府推行自由经济政策，其物流业务数量巨大且异常频繁，决定了美国物流多渠道、多形式的结构特征。美国物流业具有超前性和创新性，在全球现代物流业发展中发挥了引领作用。美国是最早提出"物流"概念并将其付诸实践的国家之一，从美国物流研究与实践的发展历史来看，大致可将其分为四个阶段。

（一）物流观念的启蒙与产生阶段（20 世纪初至 40 年代）

美国在经历了 19 世纪的工业革命和 20 世纪的后工业革命后，工业生产逐步实现了机械化。在生产机械化的初期，美国社会整体还处于产品供不应求的状态，需求过大而供给不足，商品数量不能满足人们的需要。因此，企业只重视生产活动而忽视了销售活动，运输、保管、包装和装卸等作为销售的辅助手段而存在的物流活动，还没能得到人们的足够重视。到了20世纪初，随着工业生产机械化的实现，社会产品得以大批量生产和大批量消费，社会进入大批量产品配送阶段。1901年约翰·F.格鲁威尔（J. F. Growell）在美国政府报告《关于农产品的配送》中，第一次论述了对农产品配送成本产生影响的各种因素，揭开了人们认识物流的序幕。1916年阿什·肖（Arch Shaw）在《经营问题的对策》一书中，初次论述物流在流通战略中的作用。同年，L. D. H. 威尔德（L. D. H. Weld）在《农场产品的市场营销》中指出市场营销能产生3种效用，即时间效用、场所效用、所有权效用，他论述了这些效用的概念和营销渠道的概念，肯定物流在创造产品的市场价值中的时间价值及场所价值中的重要作用，与此同时，他还提出了流通渠道的概念，应该说这是早期对物流活动较全面的一种认识。1922年，克拉克（F. H. Clark）在"市场营销原理"中将市场营销定义为影响商品所有权转移的活动和包括物流在内的活动。1927年拉尔夫·布素迪（Ralph Borsodi）在《流通时代》一文中首次用Logistics称呼物流，为后来的物流概念奠定了基础。总的来看，这一时期对物流的认识特点表现为，尽管物流已经开始得到人们的普遍重视，但是在地位上，物流仍然被作为流通的附属机能看待，也就是说，物流是流通机能的一部分，例如，克拉克将流通机能划分为"交换机能"、"物流机能"和"辅助机能"三部分。

从实践发展的角度看，1941~1945年第二次世界大战期间，美国军事后勤活动的组织为人们认识物流提供了重要的实证依据，推动了战后人们对物流活动的研究以及实业界对物流的重视。这表现在，1945年美国正式形成了一个戴尔塔&阿尔法输送组织，对输送管理知识教育给予奖励。1946年美国正式成立了全美输送物流协会（American Society of Traffic Logistics），这是美国第一个对专业输送者进行考查和认证的组织，将物流培训活动纳入正规化的轨道。这一时期是美国物流的萌芽和初级发展阶段。

（二）物流理论体系的形成与实践推广阶段（20 世纪 50 年代至 70 年代末）

这个时期，美国对物流的重视程度有了很大提高，物流特别是物流配送得到快速的发展，其背景是现代市场营销观念的形成，彻底改变了企业经营管理的行为，使企业意识到顾客满意是实现企业利润的唯一手段，服务顾客成为经营管理的核心要素，而物流起到了为顾客提供服务的重要作用。1954 年在美国波士顿商业委员会所召开的第 26 届流通会议上，鲍尔·D. 康柏斯（P. D. Converse）作了"市场营销的另一半"的演讲，其意义在于通过一个商业和教育性质的领导机构来指出教育界和实业界都需要研究和重视市场营销中物流的重要作用，为物流管理学的形成及对物流的研究起到积极的推动作用。1956 年，霍华德·T. 莱维斯（Howard T. Lewis）、吉姆斯·W. 克里顿（James W. Culliton）和杰克·D. 斯蒂勒（Jack D. Steele）3 人撰写了《物流中航空货运的作用》一书，首次介绍了物流总费用分析的概念，指出物流总费用由多个环节的费用组成，它们是相互影响的。由于物流管理的最终目的之一是从节省成本出发提高企业利润，因而，总费用分析的概念对物流管理有着重要的指导意义。60 年代美国物流得到一定程度的发展，1961 年，爱德华·W. 斯马凯伊（Edward W. Smykay）、罗纳德·J. 鲍尔素克斯（Ronald J. Bowersox）和弗兰克·H. 莫斯曼（Frank H. Mossman）撰写了《物流管理》一书，这是世界上第一本介绍物流管理的教科书，这本书从整个系统或企业范围的角度，对物流进行了分析和论述，并讨论了总成本分析的概念，为物流管理成为一门学科奠定了基础。

20 世纪 60 年代，随着世界经济环境的变化，美国现代市场营销的观念逐步形成，顾客服务成为企业经营管理的核心要素，物流在为顾客提供服务上起到了重要的作用。物流，特别是配送，得到了快速的发展。1960 年，美国的 Raytheon 公司建立了最早的配送中心，结合航空运输系统为美国市场提供物流服务。

60 年代早期，密歇根州立大学及俄亥俄州立大学为本科生及研究生设置了物流课程，开始了正式针对物流从业者及教育人员的教学计划。1962 年美国著名经济学家彼德·德鲁克在《财富》杂志发表了《经济的黑暗大陆》一文，强调应当高度重视流通以及流通过程中的物流管理，对实业界和理论界又产生了一次重大的推动作用。1963 年，美国成立了国家实物配送管理委员会（National Council of Physical Distribution Management），集中了物流实业界及教育界的专家，通过对话和讨论，促进了对物流过程的研究和理解及物流管理理论的发展，推动了物流界与其他组织的联系与合作。这一时期最重要研究成果之一是物流总成本分析概念的形成。60 年代后期至 80 年代，关于物流管理的研究和讨论相当活跃，社会上出版或发表了大量有关物流管理的教材、杂志、论文，召开了大量相关的会议。最早把会计学与物流学联系起来的是 M. Schiff，他在 1972 年出版的专著《物流管理中的会计管理和控制》中阐明了会计与财务资讯对物流活动极其重要的影响。1976 年，B. J. Lalonde 和 P. H. Zinszer 发表了他们的最新研究成果《客户服务的定义及评估》，首次详细论述了顾客服务的方方面面，指出企业要谋求发展，需要全面理解客户服务的含义及了解客户对企业服务水平的评价，如此才能真正满足客户对物流服务的需求。1978 年，A. T. Kearney 公司在美国物流管理委员会的资助下，对物流生产率开展研究，随后发表了《物流生产率的评估》一文，其研究成果在物流领域产生了深远的影响。上述研究在物流管理研究方面起到很好的先导作用。

（三）物流理论的成熟与物流管理现代化阶段（20 世纪 70 年代末至 80 年代中期）

美国物流业的发展与政府不断完善物流业的相关法规是分不开的，这些法规包括经济法规和安全法规两个方面的内容。到 70 年代末，由于经济法规对非定期的运输业的发展起到不良的影响，政府对一系列运输的经济法规进行了修订，以鼓励承运人在市场上自由竞争。1977 ~ 1978 年的"航空规制缓和条款"，拉开了规制缓和的序幕，加速了航空产业的竞争，对货主和运输业产生了巨大影响。1980 年美国通过了汽车运输法案和铁路法案，根据这两项法案，运输公司可以灵活决定运费和服务。1980 年提出了有关铁路和汽车运输的条款，1984 年随着海运法案的通过，运输市场已全面实现自由化。随着运输业者、运输工具选择自由度的增加，一方面，接受服务的水准得到提高，物流的效率性得以实现；另一方面，企业可以从发货地到目的地之间自由选择、组合交通工具，实现联合运输。1984 年的航运条款分别去除或修改了航空、铁路、公路及远洋运输经济法规中存在的不利于市场竞争的因素，在市场准入、运价、运输路线等方面给运输企业以更大的自主权，而对货主来讲，由于拥有更多的选择机会，其在承运方面的物流效率及服务水平都有所提高，这些都大大促进了运输业的发展。70年代到80年代中期，电脑技术特别是微电脑技术及应用软件的发展为企业提供了有效的辅助管理手段，电脑的普及及应用，使物料需求计划（Material Requirement Planning，MRP）、MRPII、灾难恢复计划（Disaster Recovery Planning，DRP）、DRPII、看板管理（Dashboard Management／Kanban Management）和准时制生产（Just in Time，JIT）等先进的物流管理技术产生并不断得到完善，这些技术在生产调度、存量控制、订单处理等一系列活动中得到应用，推动了物流活动一体化的进程。1984年，哥拉罕姆·西尔曼（Graham Sharman）在《哈佛商业评论》中发表文章《物流的再认识》（*The Rediscovery of Logistics*）。文章指出，对企业高层管理人员来说，认识到物流在公司中的重要性是很必要的，应重视物流在企业规划和战略决策中的重要作用。1985年美国物流管理机构正式将名称从National Concil of Physical Distribution Management改为National Council of Logistics Management，标志着现代物流观念的确立，以及物流战略管理的统一化。这一时期，随着电脑技术、系统分析方法、定量分析技术的发展，以及物流总费用分析概念的逐步形成及在企业中的应用，物流的作用在社会及企业中进一步得到确认。同时，观察许多公司的管理实践可以发现，在企业的制造、市场及物流三个重要方面，能为公司提高利润的最有效手段是降低物流成本，因此，物流一体化管理是公司保持持续发展的最有效途径。

（四）物流理论、实践的纵深发展阶段（20世纪80年代中期至今）

80年代中期以后，在理论上，人们越来越清楚地认识到物流与经营、生产紧密相连，它已成为支撑企业竞争力的三大支柱之一。

1985年，威廉姆·哈里斯（Harris William D.）和斯托克·吉姆斯（James R. Stock）在密歇根州立大学发表了题目为"市场营销与物流的再结合——历史与未来的展望"的演讲，他们指出从历史上看，物流近代化的标志之一是商物的分离，但是随着1965年以西蒙（Simon Leonard S.）为代表的一批人对顾客服务研究的增加，在近20年的顾客服务研究中，人们逐渐从理论和实证上认识到现代物流活动对创造需求具有相当大的作用。因此，在这一认识条件下，如果再像原来那样在制定营销组合，特别是在制定产品、价格、促销等战略过程中，仍然将物流排除在外，显然不适应时代的发展。故而非常有必要强调营销与物流的再结合。这一理论对现代物流的本质给予了高度总结，也推动了对物流顾客服务战略以及供应链管理战略的研究。

20世纪80年代，物流管理的内容已由企业内部延伸到企业外部，其重点已经转移到对物流的战略研究上，企业开始超越现有的组织结构界限而注重外部关系，将供货商（提供成品或运输服务等）、分销商以及用户等纳入管理的范围，利用物流管理建立和发展与供货厂商及用户稳定、良好、双赢、互助的合作伙伴关系，物流管理已经意味着企业应用先进的技术、站在更高的层次上管理这些关系。从物流实践来看，80年代后期电子计算机技术和物流软件的发展日益加快，进一步推动现代物流实践的发展，电子数据交换（Electronic Data Interchange，EDI）、准时制生产、配送计划以及其他物流技术的不断涌现和应用发展，为物流管理提供了强有力的技术支持和保障。

20世纪90年代，电子商务在美国如火如荼地发展，促使现代物流的重要性上升到前所未有的重要地位，第三方物流（Third Party Logistics，TPL）在美国得到迅速发展，整个美国TPL的收入从1994年约160万美元增长到1995年的250万美元。目前的发展表明，电子商务交易额中80%是商家对商家（Business-to-Business，BTB，也有人写为B2B）交易。据统计，1999年美国物流电子商务的营业额达80亿美元以上。电子商务是在互联网开放环境下一种基于网络的电子交易、在线电子支付的新型商业运营方式。电子商务带来的这种交易方式的变革，使物流朝信息化并进一步向网络化方向发展。此外，专家系统和决策支持系统的推广使美国的物流管理日趋智能化。

近年来，随着美国服务经济（Service Economy）的发展，美国经济增长的动力主要是提供服务而不是商品制造，物流对国民经济和企业的发展起到更为重大的作用，大多数物流相关方围绕产品流动进行组织和管理，其不仅存在于国际、国内市场中，而且存在于运输、仓储等物流服务之中。过去物流服务的开展离不开存储，但目前有的服务需求如咨询服务是不能被储存的，另外服务工厂（Service factory）概念的产生，企业柔性制造、小批量、多品种的生产方式，以及顾客对物流业快速反应的要求，都对物流业的服务水平提出了更高的要求，这些都促使物流业向资讯化、自动化及决策智慧化（如专家系统的应用）方向发展。为了满足物流国际化、服务形式多样化和快速反应的要求，物流资讯系统和电子数据交换（EDI）技术、互联网、条码、卫星定位系统（Global Positioning System, GPS）及无线电射频技术在物流领域中得到越来越广泛的应用。

以 2001 年为例，美国物流产业的规模约为 9000 亿美元，几乎为高技术产业的 2 倍，占美国 GDP 的 10% 以上。全球物流产业规模约为 3.43 万亿美元；1996 年，美国物流产业合同金额为 342 亿美元，并在此后 3 年以每年平均 23% 的速度增长；1996~2000 年，物流产业压减了 500 多亿美元，分摊到美国公司每年支出的库存利息有 40 多亿美元，支付的税金、折旧费、贬值损失及保险费用有 80 多亿美元，仓库费用有 20 多亿美元；整个物流活动占制成品成本的 15%~20%，将近 75% 的美国制造商和供应商使用或正在考虑使用合同物流服务，这一数字还将继续上升。

在美国，物流服务的外部化趋势与物流服务供需双方面临的压力有关。首先，从物流服务的需求方看，节省成本和获得高水平的服务，是美国企业把资本集中在主要的、能产生高收益并能提升竞争力的业务上的主要原因。有近 60% 的公司认为物流不是它们的主业，使用外部物流合同承包商不仅能减少物流设施的新投资，而且解放了在仓库与车队上占用的资金，使其可以用在更有效率的地方。同时，采用第三方物流还可使企业获得物流管理专业公司的专业技能，克服内部劳动力效率不高的问题。其次，从物流供给方的角度看，一方面，随着第三方物流服务业的成长壮大，其提供服务的标准已大大提高，作业效率也有了较大改进，为客户定制的各类新型服务得到了充分发展；另一方面，由于公路运输等传统行业竞争越来越激烈，很多企业资金回报率降低，利润率降低，通过将自身改造成综合物流公司，承运人能增加服务价值，形成进入门槛较高的细分市场，以保证与客户的长期合作。这也是促成第三方物流综合服务业快速成长和增加利润的因素。第三方物流服务公司的营销能力也变得更强、更加成熟，许多传统的运输和仓储公司都转变成广泛开展物流服务的供应商。

在美国物流产业的发展中，人力资源发挥着重要作用，这一点反映在美国公司设立高层物流主管的比例上（见图 8-1）。

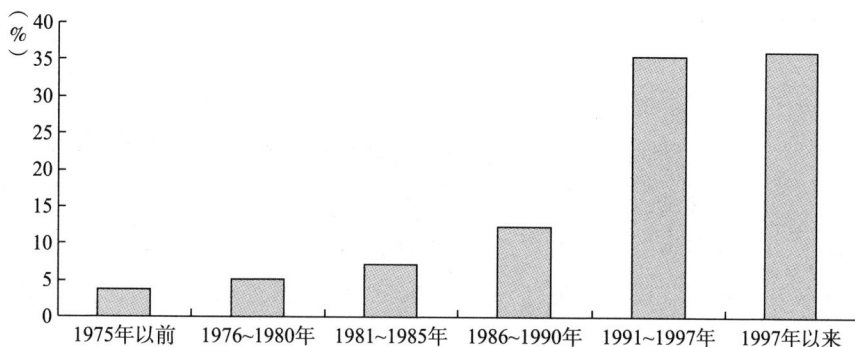

图 8 - 1　美国公司设立高层物流主管的比例

　　美国奥尔良州立大学调查表明：1990 年，物流管理人员的年薪水平稳定在 6.4 万美元左右，物流主管的年薪则在 8 万 ~ 8.4 万美元这个水平上且略有上浮，副总裁的薪酬涨幅最大，平均年薪达 12.5 万美元。这在美国同时期各行业的年收入水平中属于中等偏上，而这可能与物流从业人员的受教育程度较高、责任感强有一定的关系。

　　在物流人才需求的推动下，美国形成了较为合理的物流人才教育培训体系。首先，建立了多层次的物流专业教育，包括研究生、本科生和职业教育等多个层次。许多著名的高等院校中设置了物流管理专业，并为工商管理及相关专业的学生开设物流课程。其次，在美国物流管理委员会的组织和倡导下，全面开展物流在职教育，建立了美国物流业的职业资格认证制度，新设立了仓储工程师、配送工程师等若干职位。所有物流从业人员必须接受职业教育，经过考试获得上述工程师资格后，才能从事相关的物流工作。据美国奥尔良州立大学调查，物流管理者的受教育程度和专业结构情况是：约92%的被调查者有学士学位，41%的人有硕士学位，22%的人有正式的资格证书；本科毕业生具体的专业结构为：物流12%，商科52%，工程12%，其他各类专业24%。

8.1.2　美国物流业的政策体系

（一）政策实施主体

　　美国是西方资本主义国家中唯一长期实行运输、仓储等物流业私有化的国家。美国的物流市场错综复杂而又十分活跃，得益于它有一套完善的物流市场管理及法制管理体系。联邦层次的管理机构主要有各种管制委员会，其中州际商务委员会负责铁路、公路和内河运输的合理运用与协调，联邦海运委员会负责国内沿海和远洋运输，联邦能源委员会负责州际石油和天然气管道运输，而联邦法院则负责解释宪法及运输管制法律、执行、判决和复查各管制委员会的决定，各有关行政部门，如交通部、商务部、能源部和国防部等负责运输管理的有关行政事务。立法机构是总的运输政策颁布者、各管制机构的设立和授权者，它们和州级相应机构一起，构成美国全国物流市场的管理机构体系。

美国自建国以来，一直设有州际商务委员会，其主要职责是制定除法律之外的规章制度，协调州与州之间的贸易矛盾、商业与进出口事务、消费者权益以及交通运输方面的事宜，为交通运输企业提供咨询服务。美国联邦政府交通部负责公路建设、管理与维护等工作，而如何使用好公路，做到合理运输，确保运输安全等，则属州际商务委员会的职责。仓储设施建设安全由仓储公司自己规划决定，联邦政府不予管理。

美国政府在物流高度发达的经济社会环境下，不断通过政府宏观政策的引导，确立以现代物流发展带动社会经济发展的战略目标，其近期、远期目标十分明确。美国在有效期到 2025 年的《国家运输科技发展战略》中，规定交通产业结构或交通科技进步的总目标是：建立安全、高效、充足和可靠的运输系统，其范围是国际性的，形式是综合性的，特点是智能性的，性质是环境友善的。远期目标是：适应经济增长和贸易发展的需要，通过建立高效和灵活的运输系统，促进美国经济的增长及提升在本地区和国际上的竞争力；改进机动性和可达性，确保运输系统的畅达、综合、高效和灵活；等等。近期目标是：完善运输系统结构，使国家运输基础设施新增通行能力，与其运营效率保持平衡等。

（二）政策内容

（1）主体政策

作为发达的市场经济国家，美国倾向于通过法律对物流服务产业进行引导和管理。在物流法规方面，美国是以运输业为中心进行立法的，其中影响较大的有：1980 年卡特尔总统签署《汽车承运人规章制度改革和现代化法案》《斯塔格斯铁路法》，80 年代左右的《航空规制缓和条款》，90 年

代的《机场费率法》《机场航空改善法》，1984 年颁布的《航运法》，1998
年新修订的《航运改革法》，90 年代初期颁布的《卡车运输业规模制度改
革法案》，1991 年美国政府通过的《陆路多式联运效率法》，等等。这些
法规的出台结合在一起就创造出一种运输改革的环境，解决了涉及范围很
广的行政诉讼和司法诉讼，进一步放松了对由公共承运人和契约承运人提
供的有关服务、价格及承担义务方面的限制，改变了允许私人运输的范
围。这在一定程度上减少了联邦法案的约束，推动运输业更接近"自由市
场的体系"。

这些制度的实施，对物流业产生了重大的社会影响：一方面，对托运
人和承运人的作业产生经济影响；另一方面，解除管制对探索物流的整体
效应及供应链过程一体化提供了可行的解决办法。而美国近年来第三方物
流的发展也得益于美国完善的合同法体系。

（2）辅助性政策

此外，美国还有相应的辅助性的行政类政策措施配合法律条款共同支
持和配合物流产业的迅速发展。

其一，提供良好的宏观物流管理体制。

美国政府中不存在一个专门的联邦机构对物流服务产业进行管理，其
实行的是分摊管理模式，不设置统一的管理机构，物流管理职能分布在各
个运输管理机构中。如在运输方面，美国运输部统辖的国家公路交通安全
管理局、联邦公路管理局、联邦运送管理局、海运管理局等政府机构，根
据运输方式的不同，各负其责，具有很高的效率。

在美国物流管理体制中，行业协会也扮演着极其重要的作用，其主要
任务是通过发展、创新和传播物流知识来服务物流行业。美国主要的行业协
会管理组织有美国物流管理协会（The Council of Logistics Management，CLM）
和美国逆向物流执行委员会（Reverse Logistics Executive Council，RLEC）。

其二，建立高效的运输体系。

美国从 20 世纪 80 年代开始，将先进的信息技术、数据通信技术、电
子控制技术及计算机处理技术等，有效地综合运用于地面交通管理体系，
从而建立起一种大范围、全方位发挥作用的，实时、准确、高效的智能交
通系统。1995 年 3 月，美国正式发布了《国家智能交通系统项目规划》，
规定了出行和交通管理系统、电子收费系统等 7 大领域和 30 个用户服务功

能，初步估计该系统每年可节省成本 200 亿美元。作为物流业的一项重要内容和推动运输物流发展的政府政策，美国运输部部长罗德纳·斯拉特主持颁布的《美国运输部 1997 - 2002 财政年度战略规划》，成为美国物流现代化发展的指南之一，该规划指出，在 1997~2002 年作为跨越 20 世纪到 21 世纪的 5 年中，美国将面临全球化的市场、环境的挑战、跨越国界的安全威胁和通信与信息革命等环境要素的变化，其目标是建立一个以国际为所及范围、以多种运输并行的联合运输为形式、以智能为特征的运输系统。可以说，这个规划是美国物流管理发展的又一个里程碑。

其三，完善物流人才培养和教育。

在美国物流管理委员会的组织和倡导下，美国形成了较为合理的物流人才教育培训体系。首先，建立了研究生、本科生和职业教育等多层次的物流专业教育体系。例如，美国西北大学、密歇根州立大学、奥尔良州立大学等，或设立了独立的物流管理专业，或使这一专业附属于运输、营销和生产制造等其他专业；乔治亚技术学院广泛开展物流职业教育，培养物流管理专业的专科生。此外，部分高等院校设置了物流方向的研究生课程和学位教育，形成了一定规模的研究生教育系统。其次，全面开展物流在职教育，并建立了美国物流业的职业资格认证制度，如仓储工程师、配送工程师等职位。所有物流从业人员必须接受职业教育，经过考试获得上述工程师资格后，才能从事有关的物流工作。

8.1.3　美国物流业的发展经验

（1）政府管制宽松，积极促进物流产业发展

美国政府奉行鼓励企业自由竞争的政策。从 20 世纪 80 年代开始，美国政府制定一系列法规，逐步放宽对公路、铁路、航空、航海等运输市场的管理，取消了对运输公司在进入市场、经营路线、联合承运、合同运输、运输费率、运输代理等多个方面的审批与限制，激烈的市场竞争使运输费率下降、服务水平提高；1991 年颁布《多式联运法》，大力鼓励多式联运的发展；1996 年出台的《美国运输部 1997 - 2002 财政年度战略规划》，提出建设一个世界上最安全、方便和经济有效的物流运输系统。这些政策法规的推行，为确立美国物流在世界上的领先地位提供了保障。

经过多年的发展，美国交通运输业极为发达，全国已建立起庞大的铁

路、公路、航空、内河航运和管道运输网，为物流业的发展提供了必要的条件。美国政府还在多边或双边国际论坛上推动关税及贸易自由化，使企业从全球化的角度来发展物流。美国政府放宽对物流市场准入的管制，但注重对物流企业的运作进行监管，例如，在公路运输中规定每辆卡车的自重与载重之和不能大于 25 吨，从事化工危险品运输的企业必须有政府批准的证书，卡车司机每天开车时间不能超过 10 个小时，等等。运输价格虽由企业自定，但不得低于运输成本，否则将被视为不正当竞争，受到严重处罚。为提高道路利用率，专门划出 2 人以上（含 2 人）的高载位快车道，只允许载有 2 人及以上的车辆行驶，发现 1 人开车行驶在此道上时第一次罚款 75 美元，第二次罚款 200 美元，重大交通事故 5 分钟之内即可疏通，恢复通车。交通的畅通保证了物流的高效率。

（2）企业物流合理发展

近年来，美国企业物流面临新的市场环境：一是随着企业经营全球化，物流与供应链覆盖范围扩大，管理复杂性提高，全球性物流服务需求扩大；二是基于市场的多变性以及客户需求的个性化和多样化趋势，物流服务要有很好的灵活性，以适应企业内部和外部各种因素的变化；三是企业之间的竞争已由产品竞争转向服务竞争，物流作为企业的"第三利润源泉"，需要通过各种途径来降低物流成本，改进客户服务，提高企业的竞争能力。为了适应新的市场环境，企业一方面打破部门界限，实现内部物流管理一体化，设立物流总监进入企业高层；另一方面冲破与供应商和客户的企业壁垒，与之结成一体化供应链伙伴，使企业之间的竞争变成供应链之间的竞争，Dell、Cisco、IBM、Wal-Mart、MacDonald 等成功的企业物流与供应链管理模式涌现出来。2002 年，美国的企业物流成本为 9100 亿美元，占 GDP 的比例从 1981 年的 16.2% 下降到 8.7%，其中库存持有成本 2980 亿美元（含仓储成本 780 亿美元），运输成本中汽车承运人占 4620 亿美元、其他类型承运人耗费 1090 亿美元，显示了美国企业物流合理发展的成效。

（3）物流企业全面发展

第一，物流设施现代化程度高。美国物流除了拥有主要由政府提供的先进完备的基础设施外，物流企业的经营设施均实现了高度的机械化、自动化和计算机化。企业的物流作业中铲车、叉车、货物升降机、传送带等机械的运用程度较高；配送中心的分拣设施、拼装作业安排犹如生产企业的生产流水线，非常先进，有的已经使用数码分拣系统。计算机管理系统、条码技术被普遍应用，信息传输快捷而准确，大大降低了企业的单据处理、人事、库存等运行成本，改善了企业和客户的关系，提高了企业的市场竞争力。

第二，物流企业规模化、网络化程度高。物流先进技术的运用，客观上需要物流企业的规模化和网络化程度与之相适应。在美国，物流的高科技含量与规模化、网络化之间形成了相辅相成的正向促进关系。如 Menlo Worldwide 物流公司，在 200 多个国家设有办事机构，现有营业网点 600 多个，专用或共享物流设施面积 74.4 万平方米，雇员超过 15000 人，年营业收入高达 27 亿美元，成为全球领先的物流、运输、货代和供应链管理等综合性物流业务的集成商。

第三，物流运作全球化。随着国际贸易的发展，美国物流企业正在向全球发展。如美国纽约市的 APA 运输公司的货代公司规模较大，有 80 多名职工，在 8 个国家和地区设立代办处，从事国际货运代理工作。美国的 UPS 公司计划将自己在美国的最大物流运输网与挑战航空公司在南美洲的物流网相结合，从而实现南北美洲两个大陆一体化的整体物流网络；FedEx 公司投资 2 亿美元，在法国的戴高乐机场建设小件货物仓储运输设施，目的是将欧洲 38 个城市的空中物流和地面物流连为一体，发展 38 个城市间的空中和地面一体化快递服务。

（4）大力发展第三方物流

美国企业物流合理化的一个重要途径，是将物流服务外包给第三方物流公司。美国第三方物流市场规模由 1996 年的 308 亿美元上升到 2002 年的 650 亿美元，但仍只占物流服务支出 6900 亿美元的 9.4%，增长潜力巨大。美国第三方物流的作用已从单纯的降低客户物流成本转变为多方面提升客户价值，其前提是美国的第三方物流已从提供运输、仓储等功能性服务向提供咨询、信息和管理服务方面延伸，UPS、FEDES、APLL、RYDER 等一批物流企业致力于为客户提供一体化解决方案，与客户结成双赢的战略合作伙伴关系。

（5）第四方物流服务商崭露头角

第四方物流（Fourth Party Logistics，4PL）的主要作用是：对制造企业或分销企业的供应链进行监控，在客户和它的物流和信息供应商之间充当唯一的"联系人"的角色。近两年，第四方物流的概念开始在国内流行，但实际操作尚需时日。美国物流市场上的第四方物流提供商已经正式进入市场，并显现出强大的生命力。同样以前述的 Menlo Worldwide 物流公司为例，该公司旗下的 Vector SCM 战略在通用公司的物流链管理中所扮演的正是典型的第四方物流角色——唯一的联系人。通用公司每年的物流费用支出大约超过 50 亿美元，针对公司物流业务量大、第三方物流公司众多和供应链系统复杂等现状与问题，通用提出了进一步整合第三方物流及简化其物流系统的要求，Vector SCM 应运而生。从 2000 年公司成立以来，Vector SCM 公司通过整合通用公司的第三方物流商，优化供应链解决方案，不仅从通用公司的运输、仓储和库存管理等多个环节的优化中获得利润空间，而且通过业绩评估，可直接参与通用公司主营业务的利润分成，成为通用公司真正的战略合作同盟。

（6）人才教育培训体系完备

美国大型物流企业除了拥有先进的技术和设备外，还拥有相当数量的物流专业人士。目前美国已经形成较为合理的物流人才教育培训体系，建立了多层次的物流专业教育体系，在众多著名的高等院校开设物流管理专业，并为工商管理及相关专业的学生开设物流课程。此外，在美国物流管理委员会的组织和倡导下，全面开展物流在职教育，建立物流业的职业资格认证制度。该委员会成立于 1985 年，它的前身是美国国家产品分销管理委员会（National Council of Physical Distribution）。它成立的宗旨之一就是开展学术交流，进行物流培训，促进物流业的发展。这些均为培育物流产业的后备人才提供了有力保障。

美国物流产业运作及发展的特点及经验可以给其他发展物流产业的国家带来一定程度的启示，具体体现在：

其一，加强政府对企业物流的监管，加强行业自律。

美国政府放宽对物流市场准入的管制，但注重对物流企业的运作进行监管，与此同时，美国的物流行业协会也制定绩效指标体系与行业基准，供物流企业和客户企业参照。美国的物流企业管理经历了不同的历史时期，已经形成现代物流理念与先进的物流管理方式和技术。与美国相比，目前我国尚处在由传统物流向现代物流转型的初级阶段，大部分企业物流管理不畅，时间和空间浪费较大，物流支出占产品生产总成本的比重比美国高出近 18 个百分点。我国企业物流管理应借鉴美国的经验，缩短在企业物流管理中摸索的时间，准确把握我国企业生产和经济运行的实际情况，制定切实可行的方针政策，不断改进对物流市场的管理，打破企业物流准入管理中政出多门、条块分割的局面，加强对价格战、超载等不正当竞争行为的监管力度；充分发挥行业协会在使物流企业加强行业自律、进行经验和信息交流等方面的作用，制定企业服务水平标准体系，为企业物流创造良好的市场环境。

其二，物流产业应合理分工、细分市场。

美国的物流产业经过近 30 年的发展，逐步形成综合的第三方物流服务商、专业的运输和仓储服务商以及区域配送服务商分工合作的产业形态，各类物流服务商面向细分的市场培育核心能力，客户可以选择功能性物流服务商，也可以通过第三方物流服务商来整合功能性服务商，提供一体化物流解决方案。

目前我国多数企业没有从根本上转变"大而全，小而全"的观念，依然在坚持开展自营物流活动。在原材料供应、产品销售中，由第三方物流企业承担的分别仅占 36% 和 16%。这种以自我服务、自成体系为特征的物流模式已成为制约我国物流产业快速发展的"瓶颈"。我国企业应加快物流组织结构和流程的改革，逐步改变自营物流的理念，选择第三方物流合作伙伴，利用专业化物流的规模效益来降低物流成本。物流企业应通过重组与并购，逐步形成一些拥有成熟商业模式、核心能力和服务产品、在特定物流市场处于领先地位的大型第三方企业。积极推进工商企业物流运营合理化，以释放更多的有效物流需求，拉动我国第三方物流的发展。同时，应防止片面强调发展第三方物流的倾向，这种倾向容易导致企业的商业模式雷同、市场定位宽泛，在同一个市场上打价格战、搞恶性竞争。因此，应提倡各类运输与仓储企业扬长避短、细分市场，形成分工合作的物流服务体系，以实现物流企业的专业化和规模化。

其三，第三方物流企业要规模化发展。

目前美国的第三方物流企业承担客户约 20% 的供应链服务，但客户需求在服务地域和服务范围上不断增长，因而并购是近年来美国物流业的主题，预计现有的一流物流企业五年后只有一半能独立发展，而企业生存发展的前提是拥有资金、技术、网络覆盖和人员优势。相比之下，我国第三方物流市场规模在 600 亿 ~ 700 亿元，不仅规模小，而且高度分散，在 1 万 ~ 1.5 万家第三方物流企业中，没有一家企业能占有 2% 以上的市场份额，大多数物流公司只是局限在供应链功能的一小部分，无法满足客户的一体化物流服务需求。因此，我国物流企业应通过重组与并购，逐步形成一批拥有成熟的商业模式、核心能力和服务产品，在特定物流市场处于领先地位的大型第三方物流企业。

其四，积极推进工商企业物流合理化。

美国工商企业物流内部一体化，产生了物流整体外包的需求，促使物流企业从功能性服务向一体化解决方面发展；工商企业进行供应链管理，又需要物流服务从实物物流服务向信息流、资金流服务方面延伸，出现了第四方物流。可以说，美国物流服务业的发展，得益于工商企业物流合理化，而工商企业物流合理化，又依赖物流服务业的发展，两者形成了良性互动的关系。

其五，加快企业物流信息化进程。

目前，物流信息化已成为美国工商企业降低物流成本、改进客户服务、提高企业竞争力的基本手段，成为物流企业提供第三方物流服务的前提条件。美国物流企业更是将为客户提供信息服务作为信息系统建设的重要依据。我国企业往往以满足企业内部管理为出发点建设物流信息系统，而忽视对客户物流信息服务的建设，严重影响了企业物流效率。因此，应将发展物流信息化摆到企业物流的核心位置，改造物流管理模式与运作流程，建设兼顾内部管理和对外服务的、全方位的物流信息系统，提高客户服务水平。加快物流标准化特别是物流信息标准化步伐，便于物流企业与客户、分包方、供应商沟通和服务。建立企业信息管理与通信管理的操作平台，提高物流信息化的应用水平。通过信息、网络和通信技术与物流活动的紧密结合，实现货物流、信息流和资金流的统一，提高企业物流的现代化水平。

其六，完善物流人才培养体系。

全面构建多层次、科学合理的、适应我国国情的物流人才教育培训体系：重视物流专业教育，在高等院校及职业学校开设物流管理专业，并为工商管理及相关专业的学生开设物流课程；在商务或劳动部门建立物流业的职业资格认证制度，进行物流培训，促进物流业的发展，为培育物流产业的后备人才提供有力保障；引导或监督企业进行在职人员的物流技能培训。

8.2　日本物流业的低碳化发展

8.2.1　日本物流业的发展历程

日本物流业的发展在亚洲地区起步较早，自 1956 年从美国全面引进"现代物流"理念后，日本开始大力发展本国现代物流产业，并为扶持物流产业的发展而给予有力的宏观政策导向，将物流产业改革作为国民经济中最为重要的核心课题加以研究，使日本的物流产业在很短的时间内发展到世界领先水平。回顾日本物流产业的发展历程，可以总结出其发展经历了以下几个主要阶段。

（一）物流概念的引入和形成阶段（1953～1964 年）

1956 年日本从美国引入物流概念，在对国内物流状况进行调查研究的基础上，将物流称为"物的流通"。1964 年通产省（现在的经济产业省）为了降低产业的总体成本，提出要推动除生产、流通费用之外的第三种成本的削减，即降低搬运、保管、包装等物流成本。日本还把"物的流通"视为一种包括运输、配送、装卸、仓储、包装、流通加工和信息传递等多种活动的综合行为。该时期政府加强了对物流基础设施的建设，1953～1958 年日本交通运输投资占公共投资总额的 19.2%，1959～1963 年交通运输投资已占公共投资总额的 29.5%，物流基础设施建设为日本物流产业的发展打下了良好的基础。

1958 年 6 月政府组织流通技术国内考察团对日本国内的物流状况进行调查，大大推动了日本物流的研究。从 1961 年到 1963 年前半年，日本将物流活动和管理称为 PD，即 Physical Distribution 的缩写形式。到 1963 年后半年，"物的流通"一词登场，日通综合研究所 1964 年 6 月的《输送展望》杂志中刊登了日通综合研究所所长金谷璋题为"物的流通的新动向"演讲稿，正式运用"物的流通"概念来取代原来直接从英语中引用过来的 PD。此外，1964 年 2 月发行的《日本的输送革新》（上下两卷）一书，也开始大量使用"物的流通"或"物理的流通"等词。特别值得指出的是，

1964 年 7 月 19 日《日本经济新闻》发表了池田内阁时期"中期五年经济计划"流通领域计划委员会委员平原直的讲话，他在会见记者时指出，"较之 PD 的称法，更应该将其叫作物的流通"，并进一步提出"通产省为了降低产业全体的成本，将要推动除生产、流通的费用外第三种成本的削减，即降低搬运、保管、包装等 PD（Physical Distribution，物的流通）的成本……，产业构造审议会流通部将要设立物的流通委员会……"，应该说，这为推动日本物流的近代化打下了基础。到 1965 年"物流"一词已正式被理论和实践界全面接受。还值得指出的是，在物流概念进入日本的过程中，物流已被认为是一种综合行为，即"各种活动的综合体"，因此，"物的流通"一词包含了"运输、配送"、"装卸"、"保管"、"在库管理"、"包装"、"流通加工"和"信息传递"等各种活动。

（二）以流通为主导的发展阶段（1965～1973 年）

这是物流业大力发展的时期，也是日本经济高速增长的时期之一，商品流通量大增。随着这一时期生产技术朝机械化、自动化方向发展以及销售体制的不断扩充，物流已成为企业发展的重要影响因素。日本政府的"中期五年经济计划"中，强调要实现物流的近代化，因此日本在这一时期开始进行较大规模的物流设施的建设，在全国范围内开展高速道路网、港口设施、流通聚集地等各种基础建设。与此同时，各厂商也开始高度重视物流，并积极投资建设物流体系，各企业都建立了相应的专业部门，积极推进物流基础建设。可以说这一时期日本厂商的共同战略是扩大物流量、增强物流处理能力，以适应商品流通的需求。另外，如果说此前日本的物流是可以用"人工装卸"来形容低级化物流的话，那么在现代化的大量生产、大量销售时代，为了解决仓库不足、出入库时间长、货车运输欠缺、大量生产的产品无法顺利流向市场等问题，企业开始广泛采用叉车等机械化装卸设备和自动化仓库，灵活运用托盘和集装箱，实现货物单元成组装卸。同时，建立物流中心，积极推广物流联网系统，开发 VSP、配车系统等物流软件。1970 年日本同时成立了两个最大的物流学术团体：日本物流管理协议会（JLMA）和日本物流管理协会（JCLM），开展全国和国际性的物流学术活动。这一阶段的发展到 1973 年石油危机爆发后告一段落。

（三）物流合理化阶段（1974～1983年）

石油危机爆发后，日本迎来了减量经营的时代，降低经营成本成为经营战略的重要课题，这要求物流有所作为，所以说，这一时期是物流合理化的时代。

最初，推动物流合理发展的物流专业部门开始登上企业管理的舞台，真正系统、整体地开展降低物流成本的运动。接着，新兴的"物流利润源学说"揭示了现代物流的本质：物流能在战略和管理上统筹企业生产、经营的全过程，并推动物流现代化发展。在实践上，这一时期对应于理论发展，企业大范围地设立物流合理化工程小组，加强物流活动的质量管理。具体讲，当时物流合理化的主要对策是：缩短物流路径；鼓励工厂直送；减少输送次数；提高车辆装载效率；实施计划输送；导入共同配送；改变运输手段，选择最佳运输方式；彻底实行在库管理，维持正常在库；提高保管效率；促进包装简单、朴素化；尽量降低包装材料的价格；推动包装作业的机械化；集装箱、货台的导入与扩大；省力化机器的灵活运用。

在物流管理政策上，1977年日本运输省流通对策部公布了"物流成本算定统一基准"。这一政策对推进企业物流管理有着深远的影响。为从事物流成本控制的研究，各个企业都制定了自己独特的成本控制体系。这一时期值得一提的还有物流子公司设立的兴盛。

随着物流的迅猛发展和人类环境保护意识的提高，这一时期人们开始关注物流领域的环境问题，特别提出了节约资源的问题，企业纷纷建立配送中心和无人仓库，并积极强化计算机管理，建立了物流标准化体系，从而真正系统、整体地开展降低物流成本的运动。在推进物流合理化的过程中，全国范围内的物流联网也在蓬勃发展，其宗旨在于推进订货、发货等业务的快捷化，以及削减物流人员，降低劳动成本。特别是以大型量贩商店为中心的网上订货、发货系统的应用在这一时期最为活跃，这是物流合理化在技术上的反映。一般较大的物流公司如通运公司、大和运输等，都在全国各地设有自己的分公司或分社，面向全国乃至国外开展物流业务。这样，日本形成了多渠道、多层次、多形式、工商齐办的现代化物流系统网络。此外，日本积极开发物流服务新项目，重点是方便居民生活，如在城市之间和市内开展送货、路线配送、集中配送、取送货到家等业务，大大提高了物流企业的服务水平，并使物流工作渗透到社会的各个方面。

（四）物流现代化阶段（1984 年至今）

自 1984 年以来，日本物流业进入快速现代化的发展阶段。1990 年，日本颁布了《物流法》，这对日本物流业的发展起到极大的推动和保障作用。物流业的发展极大地推动了公路运输、铁路运输、航空运输、海洋运输等运输业的发展，很多物流公司和卡车公司、铁路公司、航空公司及海运公司一起，组成了庞大的立体物流网络。1997 年 4 月，日本内阁颁布了《综合物流施政大纲》（又称《平成 9 年大纲》），该大纲是日本物流现代化发展的指针，对于日本物流管理的发展具有历史意义。其中提出了到 2001 年物流发展的三项基本目标：第一，向亚太地区提供最便利和最具吸引力的物流服务；第二，以不影响产业布局竞争力水平的成本，提供物流服务；第三，解决好与物流相关的能源问题、环境问题以及交通安全问题。该大纲颁布后，政府调整了与物流业相关的预算计划，并要求相关省、厅制定并实施对策。自此，物流业的效率问题作为一个研究课题被提上了政府的议事日程。目前，三大目标已逐步得到落实。为了更好地迎接世界经济一体化和信息化的挑战，创造出一个在国际上有魅力的事业环境和生活环境，进一步增强产业竞争力，日本内阁又于 2000 年 12 月制定了"经济结构改革与创造行动计划"，该计划提出修订和重新评价《平成 9 年大纲》的方针，在此基础上日本于 2001 年 7 月制定并通过了《新综合物流施政大纲》，以全面构筑起日本整体高效运行并具有国际竞争力的物流体系，以及兼顾社会效益、有利于国民生活的物流系统，这预示着日本物流国际化、现代化建设进入一个崭新的阶段。

此外，商品生产朝轻、薄、短、小方向发展，这也向物流业提出了新的课题，即必须应用新的方法和手段来解决问题。就配送作业活动而言，它开始进入以"多品种、多频度、数量少、时间快"为特点的物流时代。

在销售竞争不断加剧的情况下，物流服务作为竞争的重要手段在日本得到了高度重视，这表现在 80 年代后期日本积极倡导高附加价值物流、准时制物流等。但是，随着物流服务竞争多样化，物流成本高昂成为这一时期的特征，在日本有把这一时期称为"物流不景气"阶段的说法，即为符合经营战略的要求，物流成本上升，出现赤字。因此，如何克服物流成本上升、提高物流效率是 90 年代日本物流面临的一个最大问题。1997 年 4 月 4 日，日本政府制定了一个具有重要影响力的《综合物流施策大纲》，该大纲规定到 2004 年实现既要实现物流成本的效率化，又要实现不亚于国际水准的物流服务，为此各相关机构要联合起来共同参与物流政策和措施的制定。这个大纲是日本物流现代化、纵深化发展的指针，对日本物流管理的发展具有历史意义，这个大纲的主体框架如下。

①基本目标：大纲中提出到 2001 年物流发展的 3 项基本目标，即第一，为亚太地区提供便利且充满魅力的物流服务；第二，控制对产业竞争不构成阻碍的物流成本；第三，减轻环境负荷。②横向措施：横向措施包括三大部分，第一部分是优化社会资本配置，即在整体上集中使用资本。第二部分是缓和规制，即在法规、政策上推动物流效率化。第三部分是物流系统的高度便利化，其中一是信息化，如无纸贸易、一站服务、EDI 的发展，二是标准化，如集装箱的标准化等，三是采取其他措施，如技术开发、商业惯例的改进等。③不同领域的措施：一是都市内物流方面，尽力缓和交通阻塞、提高汽车装载效率、提高物流服务质量、减轻环境负荷，在发展方向上主要是建立道路交通的通畅机制（物流共同配送、交通需求管理）以及实行货车自营转换（提高装载率）；二是地域间物流方面，通过多种方式完善陆海空运输的竞争条件，实现复合联合运输以及减轻环境负荷等；三是国际物流方面，为了应对日本市场商品输入增加的状况，减少国际物流的时间和成本，纠正内外价格差，提升产业地域竞争力，对国际中枢、中心港湾据点进行整顿，推动进出口手续、港湾手续的信息化等。④建立各机构合作的政策推进体制：推进各政府机关、地方公共团体、物流从业者和货主联合采取物流现代化措施，加强地方与中央的合作。

8.2.2 日本物流业的政策体系

（一）初始政策

日本物流业之所以发展迅速，与日本政府对物流业的宏观政策引导有直接的关系。日本政府认为物流业的高速发展对增强国家经济活力有重要的战略意义。在对物流概念及物流系统有所认识的基础上，最先推出物流政策是在 20 世纪 60 年代。首先出台物流政策的是通产省（现在的经济产业省）和运输省。大臣的咨询机关"产业构造审议会"在运输经济恳谈会上首次提出"物流系统化"的概念，制定了流通阶段整体现代化即"流通系统化"政策，通过实行多式联运和建设综合枢纽等，达到"货物运送体制一体化"的目标。1964 年，通产省所推出的具体政策中，第一次使用了"物流"一词，该词随即被社会所认同。日本的物流政策自此相继出台。

从 20 世纪 60 年代到 70 年代，政府的物流政策得到了积极的落实。其具体内容是：对物流现代化的直接投资；积极扶持民间企业在物流方面的发展；援助每一个企业在物流基础设施建设上的改造工程，并将物流纳入整个社会标准开始实行。主要有以下政策：

① 在港湾整合计划及道路整合计划中引进物流要素；

② 在汽车货物运输及铁路货物运输中，引进新的组织及技术（如在铁路货运中引进集装箱专用列车与集装箱船等）；

③ 物流基地的选址政策（汽车站场法，与流通市镇地相关的法律等）；

④ 积极促进各个方面的物流合理化（共同配送及批发基地集合化）；

⑤ 整体引进集装箱、托盘、成套装运方式；

⑥ 在商品上附上条形码，推动托盘尺寸等标准化；

⑦ 其他。

该阶段的目标是以硬件为中心强化物流功能。但是，经济进入低速成长及稳定成长时期后，国家的物流政策方向发生变化。为了追求高效率的物流系统，政府在基础设施的建设上倾注了很多心血，特别是在信息系统的建设上，更体现出对高效率的追求。为了构筑物流信息网络，政府开放了电话线路，放松与运输相关的经济管制，鼓励与物流有关的企业参与市场竞争。其间，物流政策在不同方面主要是以物流现代化为目标所展开的，不同物资由不同的政府部门提供，并以各自不同的形式展开。另外，每一个地域的经济政策都包含物流政策，作为地域政策的物流政策得以实施。

（二）物流新政

针对国际国内物流需求的迅猛增长态势，日本政府在 1997 年出台了发展物流业的新的政策措施。该政策的基本目标是到 21 世纪，在日本国内进一步完善物流基础设施建设，实现国际水平的物流运作，具体提出了三项目标：①为亚太地区提供最方便且有魅力的服务；②降低物流成本，使其不妨碍物流产业的竞争力；③减轻环境的负荷。

为了实现上述三项基本目标，政府还制定了政策实施方面的三个原则，它们是：①以相互合作为基础的综合性施政方式；②满足客户多样化需求（全方位的施政方式）；③促进竞争，搞活市场。在这三项原则指导下，政府在物流的各个领域进一步设立了努力目标，包括政策实施中的一些具体目标值，如货物的托盘使用率、临时停留场所的滞留时间等关键性控制值。

日本政府出台的物流产业发展政策将建设和完善物流基础设施作为重点内容加以提出。由于目前日本已基本形成良性的物流市场和运作机制，物流基础设施也已初具规模，政府认为需要通过宏观政策调控，将投资放在一些重点基础设施的建设和完善上，包括：

① 建设满足客户需求的、拥有多种选择方式的基础设施（强调基础设施间的合作）；

② 消除物流的瓶颈环节；

③ 建设和完善国际中心港湾、中心机场，如建设高规格的干线公路、地区性高规格公路、港湾和机场快轨；

④ 增强主要干线铁路的货物运输能力；

⑤ 建设国际海上集装箱集散地、多功能国际集散地、国内贸易集散地；

⑥ 促进大都市圈据点机场的建设；等等。

在宏观规划、重点建设基础设施的同时，为了进一步提高物流运作效率，日本政府进行一系列政策方面的改革，进一步放宽对物流业的管制，使其完全按照市场运作的规律更加富有活力地发展。这些放宽的政策包括：

① 废止物流业的供需调整，即对过去各种限制新增项目的法律法规予以放宽，如新建项目只要符合国家规定的安全和技术标准，便于获准。

② 对安全规定进行调整（如国际性规定的调和、技术标准的提高等）。

③ 灵活实施货物运输事业法。

④ 除此之外，日本政府还着力推动物流系统的技术升级，具体包括：物流系统的信息化，如进出口和港口手续无纸化、一条龙服务，物流 EDI 的推进；物流系统的标准化：集装箱、托盘的 JIS 国际整合，实现全程托盘化运输；其他技术开发和商业惯例的改进等。

为了确保综合物流政策得以实施、落实，日本政府有关部门通力合作建立了一套政策推进体制，以确保中央部门、地方政府、物流企业、货主等各方面能合作实施有关政策。这一体制包括中央政府各有关部门之间的合作、地方政府之间的合作（区域物流的未来结构），并根据实施状况每年进行跟踪调查。

8.2.3 日本物流业的发展经验

日本现代物流发展迅猛，其经验可归结为以下几个方面。

（1）完善物流基础设施，注重统筹安排

日本政府十分注重物流基础设施及物流配送基地的建设。首先，在大中城市、港口、主要公路枢纽都对物流设施用地进行了规划，形成了大大小小比较集中的物流基地。这些物流基地集中了多个物流企业，它们积极致力于港口、码头、机场、铁路、高速公路、仓库等建设，建立发达的铁路、公路、水路、空运与管道综合运输体系，使之成为日本现代物流发展的基础。其次，从国土和人口等国情出发，考虑到其国土面积较少，国内资源和市场有限，商品进出口量大，因此把物流基础设施建设的重点放在高速公路网和沿海港口设施、海运网络上，以避免在狭小国土上开展铁路运输的不便，发挥公路运输快捷可控和灵活机动的优势，同时突出"海运立国"的发展战略。日本政府在全国范围内开展了包括高速公路网、新干线铁路运输网、沿海港湾设施、航空枢纽港、流通聚集地在内的各种基础设施建设，以及投资物流运输体系的建设，既拉动了本国生产的内需，又为日本扩大物流市场提供了充实的物流硬件保证。最后，立足国情把航运作为本国经济发展的生命线。日本《21世纪国土的宏伟目标》计划的基本目标和政策课题中，明确规定"不限于国内的地位与作用，把各地区作为亚洲太平洋的一部分，全面审视其国际交流的机能""在生产、流通和消费环节提高效率"。针对日本物流发展给环境带来的不利影响，日本政府于2001年制定了《新综合物流施政大纲》以构建环境负荷小的绿色物流体系。一方面，从2002年起在海运、铁路等运输业方面，通过货主、物流企业等合作，实施减轻环境负荷的相关举措。在确认已取得一定效果的场合，由政府发放补助金。另一方面，根据《都市再生计划》的规定，先在首都圈建立废弃物海陆安全运输系统，以构建环境负荷小的绿色物流体系，使物流业与周边环境协调发展。同时，不断完善物流产业的立法与相关政策，为物流业的快速发展提供法律上的保障。

（2）物流运作的专业化、自动化水平较高

日本物流运作正在朝专业化方向发展，很多制造企业为了强化自身的物流管理，降低物流活动总成本，开始将企业物流职能从其生产职能中剥离开来，成立专业子公司或通过第三方物流企业来提供专门的物流服务，为此一大批物流子公司和专业物流公司应运而生，逐步形成物流产业。大和运输公司就是日本第三方专业物流企业中经营业绩最佳的企业之一，在激烈的市场竞争中，其确立了差别化的市场观念，构建了多样化的配送服务体系，针对 B2B、B2C 开展从订货发货、查询、出库作业到商品保管、配送、运输等全方位的物流服务。

日本物流业自动化水平迅速提升，而且对物流信息的处理手段也极为重视。几乎所有的专业物流企业都是通过计算机信息管理系统来处理和控制物流信息，为客户提供全方位的信息服务。例如，日本松下电器公司的信息网络，可以说是物流网络化的一个典型。其信息网络由地面线路通信系统和卫星通信系统构成，目的是通过订货发货网络化提高物流效率和经营效率。松下地面通信系统的最大特点是销售公司与零售店实施网络化管理，并实现双向通信。在卫星通信网络中，可异地传输图像，发送的内容包括经营、商品、库存、教育等多种信息。2002 年，日本的批发业、零售业、饮食店等企业间电子商务实施率已达 34.1%，不仅超过全产业（26.7%），而且超过制造业（29.7%）。目前，松下公司正整合两大系统，发挥综合信息优势，在物流网络化管理上迈出新步伐。

（3）物流配送的社会化、组织化程度较高

日本物流配送社会化、组织化、网络化程度较高。社会化程度高表现在生产企业、商业流通企业不都自设仓库等流通设施，而是将业务交给专业物流企业去做，以达到减少非生产性投资、降低成本的目的。物流配送已成为日本现代物流的基本流通模式：一是物流配送社会化程度较高。众多的制造业企业、批发零售业企业，不设或少设仓库等流通设施，而将仓储、交通运输、配送等业务交给专业物流企业去做，以达到降低成本的目的。二是第三方物流企业迅速发展。大和运输公司就是日本第三方专业物流商中经营业绩最佳的企业之一，早期从事陆地运输并创造了"宅急便"物流服务品牌，在激烈的市场竞争中，确立了差别化的市场观念，构建了多样化的配送服务体系，针对 B2B 即企业对企业、B2C 即企业对家庭用户开展从订发货、查询、出库作业到商品保管、配送、运输等全方位的物流服务。冈山市的一些企业就把生产需要的原材料和产成品放在专业物流企业的仓库里，交由它们保管和运送，自己不设仓库。日本菱食公司的配送中心面向 1.2 万个连锁店、中小型超市、便利店配送食品。这些连锁店、超市自己都不设配送中心，而全部交由菱食公司的配送中心实行社会化配送。物流配送的社会化表现的另外一个方面是专业物流企业也并不是一切都自己操作，许多物流配送企业的运输车辆等也是根据需要向社会租用的。另外日本的大型物流企业比较注重网络的发展，在日本物流配送行业排名第五的日立物流株式会社在国内设有 124 个网点，在海外不同国家设有 62 个网点，由于拥有比较完善的物流配送网络，在发展和承揽业务、满足客户需要、降低物流成本等方面就具有较大优势。

（4）注重物流实用技术和方法的创新与应用

日本的物流企业十分注重不断提高服务质量，降低成本，增强在市场上的竞争力，把电子信息通信技术广泛应用于物流领域，发展该领域的系统化和网络化技术，并使其适时更新换代，从而全方位地保证交通运输的安全性和物流的准确、快速、节约和高效性。

为实现这一战略目标，日本大力建立适应物流"循环型"经济所需的交通运输系统，提高海、陆、空立体网络运输体系的安全可行性，并使交通运输适应物流业大发展所提出的多样化、灵活多变和技术不断升级的需求，以此拉动交通运输和物流领域整体经济效益的提高。在日本政府的大力推动下，为与日本新世纪物流技术战略相适应，日本的一些大公司如日本通运公司、电信通讯公司等跨越不同行业间的鸿沟，联手建立电子物流信息市场。计划新设立的法人公司中有 3000 多家公司参加，这是涵盖整个日本国内的一个包括一切物流分支部门的大市场，使日本电子物流信息市场的规划、构建和运行走在世界的前列。

在国际上，日本凭借本国在电子信息通信技术领域的领先地位，努力推动和促进物流领域的信息通信技术形成国际统一标准，并力求在国际统一标准的制定过程中发挥主导作用，以提高日本物流业在全球的竞争力和影响力。

此外，日本的物流产业注意研究探索物流配送的新技术、新方法，并注意引进、学习美国等国家的物流新技术和先进方法，如引进美国的物流管理软件等，可拆卸式货架、移动式商品条码扫描设备都很普及，也比较方便实用。在日本的物流企业的物流作业中，铲车、叉车、货物升降机、传送带等机械设备应用程度较高，计算机管理系统应用比较普遍。日本菱食株式会社电脑系统投资达 70 亿日元。许多物流企业运用了数码分拣系统，大大提高了工作效率和准确性。物流科技的应用与发展为日本的物流业发展上水平、上台阶提供了重要手段和途径。

（5）重视增值加工服务

日本的流通企业比较注重商品流通中商品的加工增值服务，按照消费者和客户的需要，对商品进行分拣、包装、拼装，使生产企业或进口的商品更能适合本国客户和消费者的要求。这些流通领域的中间加工作业一般都是在物流配送过程中、物流企业的仓库中进行的。这些中间作业主要包括：一是进行商品的分拣、拼配，一般的物流配送企业都有这个功能；二是改换商品的商标标签，如日本菱光仓库就对进口商品更换日文商标标签，以适合国内销售要求；三是变更包装，将大规格、大箱包装的商品变成小规格、小箱包装，便于零售，方便顾客。

（6）注重提高劳动效率

日本物流企业都比较注重降低人工成本，提高劳动效率。一般日本的物流企业用人较少，如日本辰已物流株式会社早岛仓库有两栋，仓储面积总计 2 万平方米，年仓储收入约 3 亿日元，但全部员工包括经理、货物保管、管理、装卸、文秘等仅有 10 人，有的身兼两职或多职。人员虽少，但劳动效率很高，日立物流株式会社千叶仓库客户晚上预订的服装，第二天早上就要送到，最多一天要送 1 万多件，而且以悬挂式运送。菱光仓库株式会社只有 90 人，但每月收发并进行装箱、掏箱、检验、包装等物流作业的 20 英尺集装箱达 200 个。

（7）注重物流人才培养

日本物流产业的迅速发展与对物流人才培养的高度重视是分不开的。日本大学的物流教育从总体上大致分为基础课程和专业课程教育两类。专业课课程设置不仅强调多元化，而且突出特色，在"宽口径、厚基础"上下功夫，使学生打下扎实的知识基础，以适应物流领域的多方位需求。日本企业对公司内部物流人才培养也非常重视，每年公司根据不同的职位要求进行系统的相关培训。日本公司非常注重员工的在职培训（OJT），而且是有计划有步骤地进行公司人才培养。为了达到提高整体人员素质的目的，公司制定很多相应的措施以提高公司各层人员的学习热情。比如，对积极参加并取得良好成绩者给予相应的物质鼓励，平时表现直接与奖惩挂钩、与个人升迁联动等，极大地激发了员工们的学习热情。

另外，日本物流企业与大学、科研机构的合作越来越多，合作范围越来越广。对新员工，日本各物流公司都有详尽的培训计划，有些培训长达 1 年，正是因为对物流人才培养的重视，日本物流产业的持续发展才有了保障。

8.3 欧洲物流业的低碳化发展

8.3.1 欧洲物流业的发展历程

欧洲是引进"物流"概念较早的地区之一，而且也是较早将现代技术用于物流管理的先锋。欧洲现代物流产业发展的鲜明特点是服务和覆盖范围不断扩大，具体来看可将之划分为不同的发展阶段。

（一）工厂物流（Factory Logistics）阶段（20 世纪 50 年代至 60 年代）

早在 20 世纪中期，欧洲各国为了降低产品成本，开始重视企业范围内物流过程的信息传递，对传统的物料搬运进行变革，对企业内的物流业务进行必要的规划，以寻求物流合理化的途径。当时制造业（工厂）实行的是加工车间模式，工厂内的物资由厂内设置的仓库提供。企业为了实现客户当月供货的服务要求，在内部实行严格的流程管理。这一时期的管理技术还相对落后：信息交换借助邮件，产品跟踪采用贴标签的方式，处理信息的软硬件平台是纸带穿孔式的计算机及相应的软件。这一阶段储存与运输是分离的，各自独立经营，可以说是欧洲物流的初级发展阶段。

（二）综合物流（Integrate Logistics）阶段（20 世纪 70 年代至 80 年代）

20 世纪 70 年代是欧洲经济快速发展时期。随着商品生产和销售的进一步扩大，多家企业联合的企业集团和大公司的出现，成组技术（GT）的广泛采用，物流需求的增多，客户期望实现当周供货或服务，工厂内部的物流已不能满足企业集团对物流的要求，因而形成了基于工厂集成的物流。仓库已不再是静止封闭的储存式设施，而是动态的物流配送中心。信息不只是凭订单，而主要是从配置中心的装运情况中获取。这一时期信息交换采用电话方式，通过产品本身的标记（Product Tags）实现对产品的跟踪，进行信息处理的硬件平台是小型计算机，企业（工厂）一般都使用自己开发的软件。

（三）供应链物流（Supply Chain Logistics）阶段（20世纪80年代至90年代）

随着经济和流通的发展，不同的企业（厂商、批发业者、零售业者）都在进行各自的物流革新，建立相应的物流系统，其目的是在追求物流系统集成化的过程中，实现物流服务的差别化，发挥各自的优势与特色。由于流通渠道中各经济主体都拥有不同的物流系统，在经济主体的联结点处必然会产生矛盾。为了解决这个问题，80年代欧洲开始采用物流供应链的概念，发展联盟型或合作型的物流新体系。供应链物流强调的是在商品的流通过程中企业间加强合作，改变原来各企业分散的物流管理方式，通过供应链物流这种合作型（或称共生型）的物流体系来提高物流效率，创造的成果由参与企业共同分享。为此欧洲各国出现半官方的组织协作物流委员会（Corporate Logistic Council）以推动供应链物流的发展。这一时期制造业已采用准时生产制（JIT）模式，对客户的物流服务已发展到可当天供货（或提供服务），因此供应链的管理进一步得到加强，供应管理日趋合理，如组织好港、站、库的交叉与衔接，零售商管理控制总库存量，产品物流总量的分配等。这一时期物流需求资讯可直接从仓库出货点获取，通过传真方式进行资讯交换，产品跟踪采用条码扫描。值得一提的是这一时期欧洲第三方物流兴起。

（四）全球物流（Globalization Logistics）阶段（20世纪90年代）

这个阶段，全球经济一体化的发展趋势十分强劲，欧洲企业纷纷在国外，特别是在劳动力比较低廉的亚洲地区建立生产基地，甚至根据对市场的预测和对区位优势的分析在国外建立总装厂。基于从国外生产基地直接向需求国发送的商品迅速增加这一趋势，国与国之间的商品流通量大大增加，促使国际贸易迅速增长，全球物流应运而生。全球物流就是全球消费者（一般指国家）和全球供货源之间的物流和资讯流，它可以整体性上提高产品和物流服务的能力，故越来越受到实践界的重视。此时欧洲制造业已发展到精良制造（Lean Manufacturing）阶段，同期物流中心的建设迅速发展，社会上逐渐形成一批规模很大的物流中心。供应链管理上采用供应链集成的模式：供应方、运输方通过交易寻求合作伙伴。由于拥有主导者和主导权是实施供应链管理的前提条件，主导权模糊不清，就无法维系整个供应链的运转并建立起强有力的管理组织。因此，90年代欧洲提出设立首席物流主管（Chief Logistics Officer）作为供应链管理的主导者。这一时期物流的需求资讯直接从顾客消费点获取，资讯交换采用 EDI，产品跟踪应用射频标识技术对资讯进行处理，同时广泛应用互联网和物流服务方提供的软件。这一时期是欧洲实现物流现代化的重要阶段。

（五）电子物流（E-Logistics）阶段（进入 21 世纪以来）

目前，基于互联网和电子商务的电子物流在欧洲兴起，可以满足客户越来越苛刻的物流需求。这一阶段的物流运作实行电子商务模式。供应方提供并实现服务或运输交易最优化。供应链管理进一步扩展，可实现对物流的协同规划、预测和供应；组织机构采用横向供应链管理模式；需求资讯直接从顾客消费点获取；在运输链上实行组装的方式，使库存量最小；信息交换采用数位编码分类技术和无线因特网；产品跟踪利用激光制导标识技术。

8.3.2　欧洲物流业的政策体系

欧洲各国的物流管理体制基本采取的是政府监督控制、企业自主经营的市场运作模式，具体呈现如下特点。

（1）政府在物流管理中的作用——监督控制

以德国为例，德国管理货运的部门是联邦货运交通局（BAG）。联邦货运交通法中规定联邦货运交通局的任务就是监督和控制。为了更好地发挥监督功能，联邦货运交通局对所有参加运输的人员不仅在办公室内而且在室外（公路、高速公路、停车场）进行监督，其中也包括发货人、中介人或运输公司。联邦货运交通局规定，如违反规定，要受到主管局的惩罚或联邦货运交通局的制裁。

（2）基础设施——政府兴办，民间经营

德国设立货运中心是为了增强货物运输的经济性和合理性，以发展综合交通运输体系为主要目的。德国的货运中心建设遵循以下原则：联邦政府统筹规划、州政府扶持建设、企业自主经营，具体内容如下。

① 联邦政府统筹规划。联邦政府在统筹考虑交通干线、主枢纽规划建设的基础上，通过广泛调查生产力布局、物流现状，根据各种运输方式衔接的可能，在全国范围内规划物流园区的空间布局、用地规模与未来发展。为引导各州按统一规划建设物流园区，德国交通主管部门还对规划建设的物流园区给予资助，未按规划建设的则不予资助。

② 州政府扶持建设。州政府提供建设所需要的土地、公路、铁路、通讯等交通设施，把物流园区场地出租给物流企业，与其按股份制形式共同出资，由企业自己选举产生咨询管理委员会。该委员会代表企业与政府打交道，与其他物流园区建立联系，但不具有行政职能；同时负责兴建综合服务中心、维修保养厂、加油站、清洗站等公共服务设施，为成员企业提供信息咨询、维修等服务。

③ 企业自主经营。入驻企业自主经营、照章纳税，依据自身经营需要建设相应的库房、堆场、车间，并配备相关的机械设备和辅助设施。

以不来梅市货运中心为例，除德国政府设立海关负责进出口货物验关外，政府在货运中心不再设其他管理机构，企业自主经营，照章纳税，政府亦不再从中心成员那里征收除法定税费以外的任何税费。货运中心自身的经营管理机构采取股份制形式，市政府出资25%，中心50户经营企业出资75%，由经营的企业选举产生咨询管理委员会，推举经理负责中心的管理活动，实际上采取了一种企业"自治"的方式。企业按实有工作人员每人每月向中心交380德国马克管理费，此外中心不再收取任何费用。提供良好的公共设施和优良的服务，是中心全面活动的宗旨。因此，中心一般都兴建有综合服务中心、维修保养厂、加油站、清洗站、餐厅等，有的还设有驾驶员培训中心等实体，尽可能提供全面的服务。这些实体都作为独立的企业进行经营服务。良好的设施、优质的服务，使中心不仅取得显著的社会效益，而且取得巨大的经济效益。不来梅市货运中心的投入产出比为1：6，投资2.03亿德国马克，最终获得的利益为12.15亿德国马克。

（3）整体运输安全计划

欧洲最近提出一项整体运输安全计划，目的是监控船舶状态。通过测评船舶的运动、船体的变形情况和海水的状况，可以提供足够的信息，避免发生事故，或者是在事故发生之后，确定造成事故的原因。

（4）统一标准，协调发展

为提高欧洲各国之间频繁的物流活动的效率，欧盟采取了一系列协调政策与措施，大力促进物流体系标准化、共享化和通用化。例如，由全欧铁路系统及欧盟委员会提出的"在未来 20 年内，努力建立欧洲统一的铁路体系，实现欧洲铁路信号等铁路运输关键系统的互动"就是这一努力的具体体现。

另外，为了优化整个欧洲地区的物流资源，实现资源共享，欧洲还建立了欧洲空运集团（European Air Group），由七个成员国（比利时、法国、德国、意大利、荷兰、西班牙和英国）组成，并在荷兰的空军基地建立了空运联合协调中心（Air Transport Coordination Cell），该中心在 2002 年正式开始运作。协调中心的职责是规划并协调空中运输支持、处理紧急事件、提供空中加油机、承担重要人物运输和医疗抢救等任务。

（5）扩大行业影响力——行业协会的作用

欧洲的运输与物流业组织——欧洲货代组织（Freight Forwarding Fee，FFE）在其董事会年会上决定，为了整个行业的利益和长远大计，将积极在欧洲乃至国际上扩大行业影响力。欧洲货代组织的成员包括当今世界上 9 家最大的货代企业和物流企业。

为了达到扩大行业影响力的目的，该组织决心紧跟国际潮流，全面采用 IT 管理，进一步扩大在本行业和相关行业中的影响力。为此，最近一届年会制定了今后的工作重点：与 TAPA（技术财产保护协会）成员洽谈高科技产品在运输、装卸、管理过程中的安全要求，并达成一致意见；向欧盟委员会提交有关行业建议，要求欧盟在交通运输政策白皮书中反映欧洲交通运输行业尤其是物流业的利益；运用先进的经营管理手段（包括 IT 管理）维护客户的利益，巩固与客户的合作关系。

8.3.3　欧洲物流业的发展经验

欧洲的物流业发展与美国相比，呈现不同的特点。特别是最近几年，欧洲的物流产业具有明显的特色。

（1）市场结构层次清晰

从结构上看，欧洲物流市场包括三个部分：第三方物流、空运和海运货代、卡车货运网络（包括拼车与整车运输）。

欧洲 Datamonitor 公司一份题为"1999 年的欧洲物流：不断合并市场中的机会"的报告指出，1998 年欧洲物流市场的总值（包括企业内部物流和合同物流）达 1460 亿美元，其中德国占 27.8%，物流业务总值达 400多亿美元，法国和英国则分别占 19.9% 和 17.4%（见图 8 - 2）。整个欧洲物流市场发展很不平衡，结果造成在不同领域和不同国家中提供给物流供应商的机会差别较大。

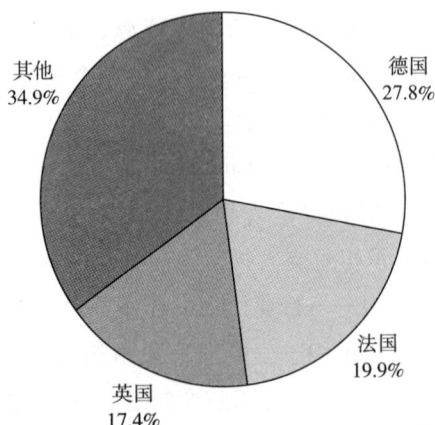

图 8 - 2   欧洲物流市场的分布

1999～2003 年，欧洲合同物流市场规模以年均 8% 的速度增长，到2003 年底，欧洲合同物流市场规模达 572 亿美元。物流供应商正在不同地区和领域积极寻找那些物流需求增长迅速的商机。目前医药、高科技、汽车和电子业对物流的需求最高。在合同物流方面，德国也是欧洲最大的市场，1998 年市场总值达到 104 亿美元；英国则处于第 2 位，市场总值为 95亿美元，合同物流业占整个国内物流市场的比例为 37.5%；希腊是欧洲最小的物流市场，其合同物流业仅占该国物流市场总值的 12%。

由于非核心业务越来越多地外派给专门公司，以及对即时服务和跨欧洲物流的需求不断增长，合同物流在欧洲日益繁荣。物流公司跨领域扩张，使欧洲物流市场发生了根本性的改变。

（2）注重配送中心建设

欧洲的大部分物流中心同时也是配送中心，物流与配送实际上是密不可分的。当然，配送的功能是不尽相同的，归纳起来大概有以下四种。

① 企业自身的配送中心。在不来梅，西门子、德马泰克和欧洲强力物流集团合资建设了法林波斯特（卡夫）配送中心。这个投资1亿马克建设、占地4500平方米的现代化立体配送中心，主要功能是专为全球著名的卡夫食品提供存储和配送服务，因此我们可以称之为企业自身的配送中心。卡夫生产的产品首先进入配送中心，由配送中心分拣、存储，再根据卡夫用户（全国各地的批发商、连锁店、超市）通过电脑联网指定的品种、数量，配送至客户手中。

② 为社会公众服务的配送中心，如西班牙马德里内陆港物流配送中心，这里有几十幢大大小小的现代化仓库，存储、配送的商品既有原材料、工业用品，也有私人的包裹、邮件等，甚至连报纸的印刷、配送也在其中。

③ 面向全球服务的配送中心。据介绍，不来梅物流中心现有52家物流企业，其中较大的企业有14家。流经不来梅市的威悉河两岸有242家物流企业，不来梅港到不来梅市沿途则有1400多家从事运输、仓储和配送的企业。不来梅物流集团公司，依托不来梅港的优势，开拓全方位物流服务，其服务的业务种类繁多，同时服务范围也不受地域的限制，遍及世界各主要港口。

④ 定点加工类型的配送中心。这种配送中心一般由生产企业指定，专为其组织、加工、配送原材料和零部件。在德国法兰克福，我们重点考察了英国阿波罗金属有限公司设在这里的加工配送中心。阿波罗金属有限公司是英国最大的独立钛金属分销企业，也是全球第二大铝金属板材分销企业。公司被英国宇航局（BAE）、美国波音飞机制造公司、空中客车公司指定专为其加工、配送民用客机和军用飞机所需的铝材制品。阿波罗金属有限公司每年为这些制造企业采购、加工并配送到岗位上的零部件就达10万件以上。该公司优质的服务赢得了世界级大公司的信赖。2001年7月，英国国防部与该公司签署协议，将部分国防所需金属材料的采购、加工、配送业务交由该公司操作。

（3）欧洲第三方物流市场发展概况

在欧洲市场上第三方物流收入占物流总收入的比重平均达22.93%。

欧洲第三方物流市场的比重约占 1/4，在欧洲的物流服务市场中起重要作用。我国目前的物流市场发展应具备什么条件，且应处于何种地位？欧洲第三方物流的发展能给我们一些启示。

第三方物流作为一项外包服务行业，在欧洲已有近一百年的历史，早期主要提供组配、仓储、运输等服务。第三方物流在欧洲真正启动是在 80 年代末和 90 年代初、欧洲经济一体化之前。到 80 年代末，新设立的欧洲配送中心 （EDC），大多数是美国公司自己运作，在 90 年代，第三方物流企业运作的 EDC 数量急剧增加。第三方物流在欧洲物流市场中拥有重要的地位，表 8 - 1 呈现了欧洲主要国家第三方物流的市场状况。

表 8 - 1 1999 年欧洲主要国家第三方物流市场状况

单位：百万欧元，%

国家	国内物流费用	3PL 物流收入	物流总支出	3PL 物流收入占物流总支出的比重
德国	26528	8074	34602	23.3
法国	18784	6911	25695	26.9
英国	15485	8150	23635	34.5
意大利	12102	1771	13873	12.77
西班牙	5655	1241	6896	18
荷兰	4848	1620	6468	25.05
比利时	2914	971	3885	24.99
奥地利	2746	637	3383	18.83
瑞典	2610	737	3347	22.02

资料来源：王兴中《欧美第三方物流》，《国际商业技术》2000 年第 2 期。

从表 8 - 1 中可看到，在欧洲市场上 3PL 物流收入占物流总支出的比重平均达到 22.93%。在物流服务市场上，欧洲的第三方物流公司分为不同的层次，面向不同的目标市场，提供不同层次的服务，但基本可分为四类。

第一类：服务范围广泛的大型物流企业。最高一层的大型物流企业为制造商提供了范围广泛的服务，包括制作不同语言的标签和包装，帮助这些制造商在欧洲不同市场进行销售。这一层次中，有一些领先和经营良好的欧洲物流公司，也有总部设在美国的物流公司，如 UPS 环球物流。

第二类：从事传统物流的欧洲公司。经营规模小的 3PL 被称为国际货运商的欧洲特有物流实体。这些企业拥有自己的资产，经营卡车货运、仓储、报关等。这些公司的技术不强，并且资源有限，大多数业务来源于处理欧洲各国海关之间复杂的业务（目前这些业务已经消失）。这些公司最终会合并或离开这个行业。

第三类：新兴的第三方物流公司。除大型跨国物流公司和地区较小的物流企业，一种新兴的欧洲 3PL 比其他的货运服务商发展更快。例如，欧罗凯集团、德国汉堡港主要的集装箱经营者，除在欧洲拥有仓储和配送能力以外，还为零售商和制造商提供复杂的物流服务，最普遍的一种增值服务是加速接运分送，增加库存周转次数。被快速发运的货物主要用于紧急订货业务，在那些成本较低的货物到达时，这些紧急货物恰好被用完。这样可为零售商增加大约 10% 的存货投资回报。

第四类：大型国有机构的第三方物流。欧洲另一个快速增长的第三方物流企业是大型的国有机构，如国家铁路公司和港务局。

经济全球化打破了欧洲的传统核心，跨国公司在欧洲迅速扩大市场，带来了物流需求，刺激了欧洲物流服务市场快速壮大。另外，企业也通过第三方的物流服务和增值服务，降低分销成本，改善服务，获得"第三种利润"。

可以发现，欧洲第三方物流的快速发展，一方面得益于企业对物流服务的需求，另一方面得益于欧洲目前较高的物流管理水平与成本优势。内外因的综合作用，推动了欧洲第三方物流的发展。

8.4 国外物流企业的低碳化实践案例研究

8.4.1 FUCOX 公司的废弃物物流案例

日本政府制定的种种环境法律法规以及针对废弃物再利用的法规，影响了日本国内的各个领域。FUCOX 公司就是日本物流企业发展逆向废弃物物流的典型代表，它的成功经验值得我国物流企业和相关单位学习借鉴。

FUCOX 公司是日本的一家散装水泥运输的企业，位于日本东京的江

东区，1995 年成立了环境事业部，专门从事环境物流业务的子公司是
FUCOX ECONET。从原先的水泥运输服务，扩展到为其提供塑料物的废
弃物运输服务，并将废弃物物流服务延伸到多个行业中，为公司带来了
新的发展商机。下面对该公司具体发展废弃物物流的主要成功经验做一
总结。

（一）构建逆向物流供应链框架

FUCOX 公司成功开展废弃物物流的案例说明物流企业逆向发展成功的
关键在于必须处理好以下两个方面。

第一，物流企业必须和中间的处理商与最终的处理商有亲密的长期合
作关系。中间处理商的业务不仅包括对本企业的废弃物的收集和运输，也
处理其他企业运输过来的废弃物。物流企业和中间处理商的合作，是将废
弃物运输到中间处理厂，并将其处理的废弃物运输到最终处理厂，废弃物
最终是要收集到最终处理厂。

第二，对于废弃物对象的挑选，可以先从本企业物流运输领域中的废
弃物开始，再扩展到其他领域中的废弃物。在原来的物流业务延长线上扩
展业务，是因为物流企业熟悉自己原来运输产品的某些特殊性，在考虑回
收处理厂的选择和运输的成本时有一个整体性的思维，而且逆向物流的流
通过程所需的相关工作人员和产品前期的相关工作人员基本一致，这样有
利于开展和推进工作。

（二）通过科技创新实现变废为宝

FUCOX 公司是大型的散装水泥运输企业，与水泥厂的业务联系是紧密
的，而且水泥厂是一个废弃物利用积极性很高的产业。水泥厂的生产需要
有大量的燃料，如果能使可燃烧的废弃物替代原来的燃料，也即将强化塑
料废弃物回收到水泥厂作为其燃料和原料，那么不仅可以减少水泥厂的生
产成本，还能减少对环境的污染，并且水泥厂也能从中得到利益，FUCOX
公司也拓展了业务，所以这确实是一举数得的好事情。

有了这方面的思想，FUCOX 公司先后咨询了水泥厂和塑料厂，了解到
现实生活中废弃的塑料被用作原料在水泥厂是常见的事情，但加入玻璃纤
维的强化塑料，并不是好的燃料。为了解决这个问题，FUCOX 公司和有关
的企业、协会设立了关于强化塑料的处理技术项目。经过研究和实验，找

到了能在强化塑料中取得高热能的方法，并使强化塑料的燃烧产物中的玻璃成分转化为对水泥生产有用的材料。有了技术之后，FUCOX 公司就和有生产强化玻璃废物业务的厂商合作，签订关于废弃物的处理合同。有了废弃物，再将其运输到中间处理厂，最后将处理过的强化塑料废弃物运输到水泥厂。上述整个物流的逆向过程如图 8 - 3 所示。

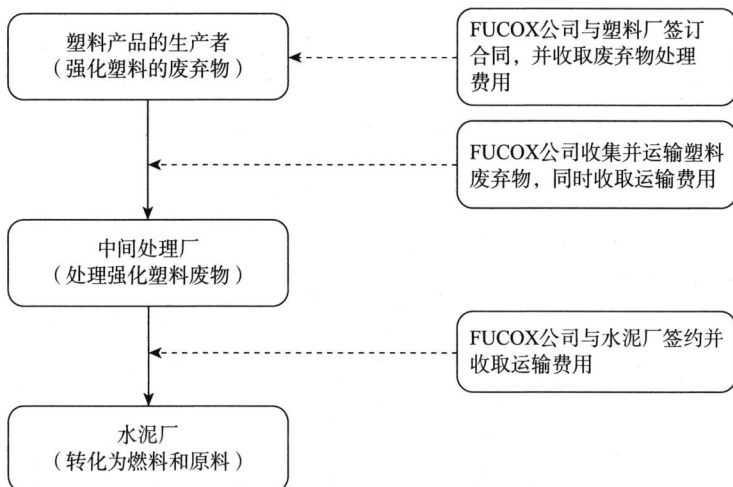

图 8 - 3　强化塑料的废弃物物流过程

FUCOX 公司对废弃物的循环利用还体现在公司将榻榻米废品、酪农户排出的粪尿和园艺农家的肥料有机结合在一起，如图 8 - 4 所示。

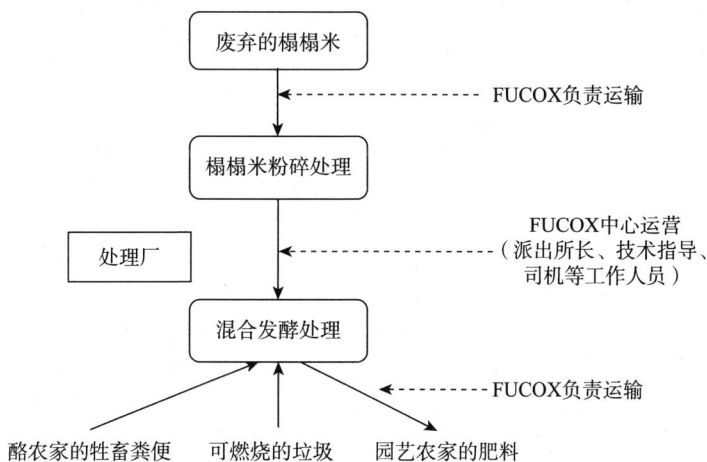

图 8 - 4　生活垃圾的废弃物物流过程

以上可以看出，FUCOX 公司废弃物逆向物流系统，将强化塑料或废弃的生活垃圾回收，再经过中间处理厂的加工、分解，使之成为水泥厂的燃料和园艺农家的肥料，尽可能的无害化处理将废弃垃圾变废为宝。这三方的物流运输，可以提高运输工具的利用率，促进资源的循环利用和减少能源消耗。

（三）FUCOX 公司逆向物流的经济学分析

FUCOX 公司的逆向物流模式的发展过程是一种帕累托的改进过程，并达到帕累托的最优模式。FUCOX 公司的逆向物流发展可分为两个阶段分析：

第一阶段，FUCOX 公司单向废弃物物流阶段。FUCOX 公司原来是一家水泥厂的运输物流公司，发展成处理废弃物的逆向物流企业。废弃物的利用率是从零到有的过程：废弃物利用率提高，则碳排放量减少。但目前存在的问题是模式的运作太过单一，运输资源利用率不高，效率较低。

第二阶段，FUCOX 公司的逆向物流发展为循环的逆向物流模式。即从生产强化塑料的厂家收集强化塑料废弃物，运输到中间处理厂加工处理，并将处理产物"可供水泥厂使用的燃料和原料"运输到水泥厂，最后将水泥运出。这个过程提高了货车的利用率，提高了逆向物流模式的运作效率，相应减少了碳排放量。

第一阶段到第二阶段的发展是一种帕累托的改善过程，可如图 8 - 5 所示。

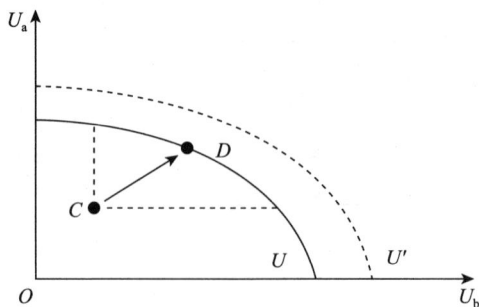

图 8 - 5　帕累托优化改进

U_a代表的是货车的运输利用率，U_b代表的是模式的运作效率，图上的曲线表示的是效用的最大化，即模式的最优状态。从 C 点到 D 点的运动过程是逆向物流模式从第一阶段到第二阶段的发展过程，也是模式向最优状态的发展过程。

8.4.2　施乐公司的低碳物流战略案例

美国施乐复印件公司（公司网址：www. xerox. com，以下简称施乐公司）是全球最大的数字与信息技术产品生产商，是一家全球 500 强企业，目前其在复印机市场占有率，特别是彩色机器的市场占有率，居全球第一；在彩色技术方面，其是全球领袖企业。施乐公司的总部位于美国康涅狄格州费尔菲尔德县诺沃克。纽约州罗切斯特是施乐公司的诞生地，现在仍是施乐公司最主要的办公地点。施乐公司大力进行业务改组，成功地使自己从一个以黑白模拟复印机为主要产品的公司转变成一个提供数字化、彩色和文件解决方案的供应商，施乐公司以及其业务伙伴——日本的富士施乐株式会社，提供了全行业最齐全的文件处理产品和服务，包括复印机、打印机、传真机、扫描仪、桌面软件、数码打印和出版系统、消耗材料、以及从现场文件生产到系统集成的一系列文件管理服务。

施乐公司采用"环境、健康和安全"（Environment Health & Safety，EH&S）战略，积极履行环境保护的社会责任，其战略目标是：工作场所是安全的和健康的，公司员工健康且使用零排放的设施设备，产品的安全性强和产品的零废弃物。包含这四个目标的 EH&S 战略延伸到物流供应链上，并提出了新的一套环境、健康和安全的要求，涉及原料的零部件供应商、纸张的供应商和代理商三方面。原料的供应商要能控制好化学物质在产品中的使用，以符合公司的新设计。纸张供应商方面，对纸张亦有严格的控制：不能使用政府禁止和来自特殊地区的木材为原料，并对纸张生产中使用氯等有害物质做出限制。如今，施乐意味着"更好的解决方案，更低的综合运营成本，更出色的效果，更高的工作效率"。下面对施乐公司物流供应链的低碳化战略进行分析。

（一）施乐公司物流供应链的 EH&S 要求

施乐公司的整个物流供应链贯穿了 EH&S 的要求，如图 8-6 所示。

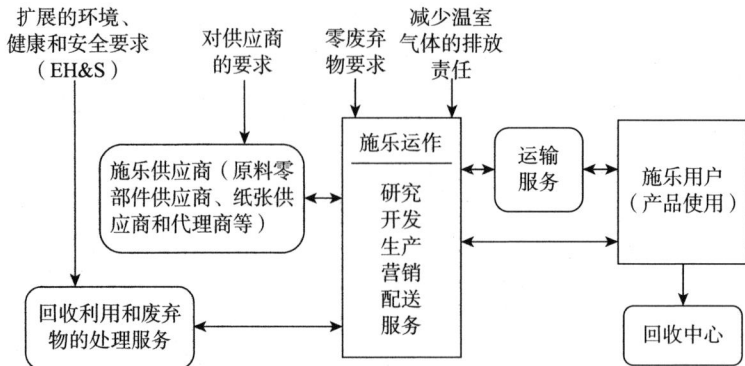

图 8-6 施乐公司物流供应链的 EH&S 要求

(二) 施乐公司物流供应链的 EH&S 控制模式

施乐公司对 EH&S 战略的控制是通过明确的战略目标、一套先进的管理标准以及相关的严格要求来实现的，这也是把施乐公司的业务与 EH&S 战略集成在一起的关键。施乐公司对于产品安全、包装和材料安全、环境管理报告、应急响应和工作场所的安全性有特殊的要求，并制定了五个计划，具体如下。

① 零伤害计划。为了满足员工的人身安全及健康安全的需要，施乐公司对安全管理者开展诸多方面的安全培训，以提供安全绩效为基准。2014年富士施乐中国区的人均培训时间超过 20 小时，并持续开展员工关爱行动 EAP 计划（Employee Assistance Program）。

② 应急准备计划。为了使公司在面对紧急情况时有具体的行动方案，施乐公司制定了应急准备计划。这一计划在公司的各个部门都应具备，并且所有的员工都要参加相关的培训，熟悉相关流程，了解疏散和救援的具体操作方法。超过 80% 的员工接受过安全教育，自 2003 年起在公司内部一定管理层以上的员工实行大轮岗制度，旨在使管理者具有更丰富的工作经验，提高管理者的综合素质和管理能力。此外，在员工内部定期开展职业安全与健康培训，提高员工应对突发事件、危险事件的能力。

③ ISO 14001 环境管理系统。施乐公司要求，所有的生产制造过程都要满足 ISO 14001 的环境管理标准，确保符合法律规定，并要评估企业生产活动对环境的影响，正确设定公司的环境行动和环境绩效目标。公司秉持"零污染、零废弃、零非法丢弃"的理念，专注于使用后的产品的拆解，并逐步引入再制造技术，实现使用后的产品的零废弃，为减轻环境负

荷做出贡献，切实履行富士施乐的环境责任。

④ 产品开发过程。施乐公司在产品的开发阶段，就融入了 EH&S 的理念和标准，产品开发的每一个阶段都会要审核产品的生态准则、安全标准、化学成分的要求和寿命的长短策略。施乐公司坚持从客户需求出发进行产品的规划、开发及制造，力求向客户提供满足其需求、兼具价格低廉和环保性能特点的产品，为全球经济社会的可持续发展做出贡献。

⑤ 供应链管理。施乐公司严格按照环境、健康和安全的管理要求，对其物流供应链实施管理，原料、零部件和纸张的供应商都必须满足这一特殊的要求，并严格控制。公司秉承"共同学习、共同成长、共同强大"的供应商管理理念，以解决现存的问题为导向，将企业社会责任（Corporate Social Responsibility，CSR）培训融入供应商 CSR 实践，帮助他们应对现阶段自身 CSR 实践中面临的挑战与困难，努力培养他们自行开展 CSR 管理的能力，并鼓励他们将 CSR 理念传递给自己的供应商，壮大履行 CSR 的队伍。

施乐公司对物流供应链的 EH&S 的控制模式符合当今世界低碳物流的发展趋势，施乐公司实现 EH&S 战略方针的控制模式可以用图 8-7 表示。

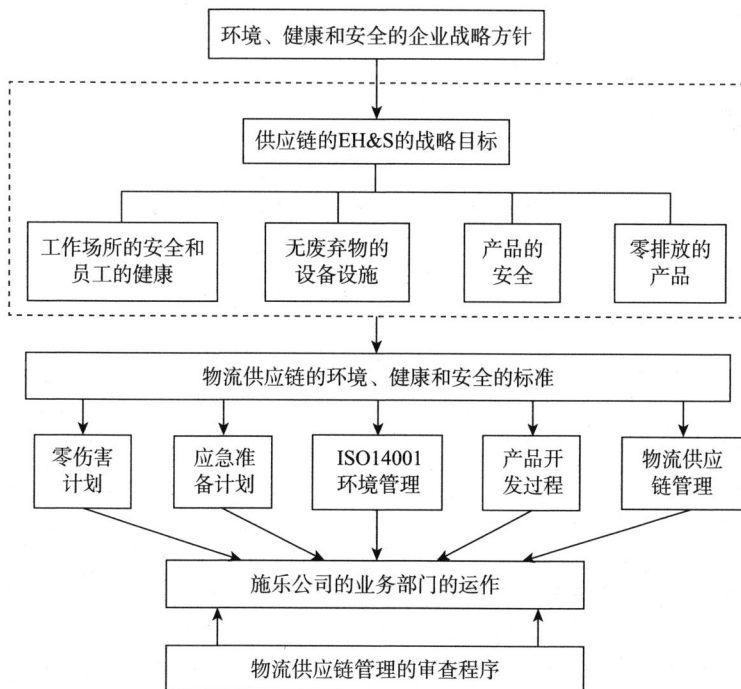

图 8-7　施乐公司物流供应链的 EH&S 控制模式

（三）施乐公司低碳物流的循环系统

施乐公司针对市场上销售的复印件产品的使用周期太短，由此造成严重的环境污染和资源浪费的问题，提出了低碳物流的循环系统工程。该工程使得施乐公司从创造新的复印件的生产模式，转向为在服役的复印件提供保养和维修，用新技术和新部件维修一台出现故障或报废的复印件，使其变为具有新功能的"新"机器。

低碳物流的循环系统工程以高效、优质、节能减排和环保为目的，用先进的技术，以延长产品寿命的管理和设计为指导，对报废的产品进行维修，开展了一系列的管理活动并推行了诸多技术措施。施乐公司低碳物流的循环系统如图8-8所示。

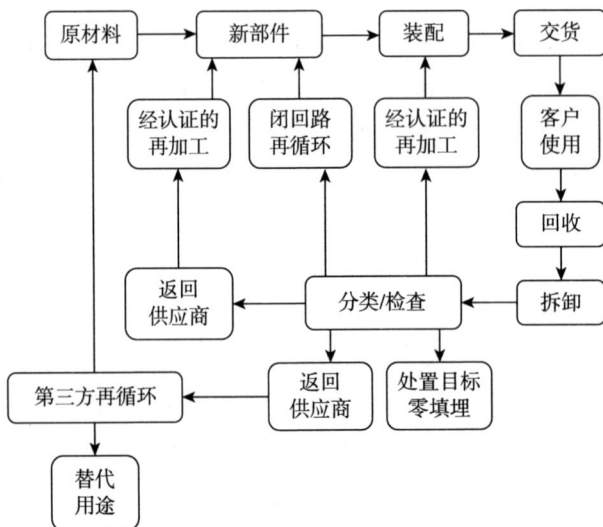

图8-8　施乐公司低碳物流的循环系统模型

（四）施乐公司的绿色畅想计划

随着快速的IT化进程，办公室的生产力明显提高。随着PC、打印机等机器的增加，以及电子数据和纸文件的双重管理，用电量和用纸量也相应增加。一方面，这增加了环境负荷，提高了整体经营成本；另一方面，也造成了信息泄露等安全风险加大的经营管理问题。在此背景下，施乐公司提出了"办公室绿色化计划"，具体来说，"办公室绿色化计划"是指，使客户办公室的文件流程"可视化"，并寻找符合其各自环境的"优化输出""优化共同管理"的方案，以此来对降低环境负荷和减少安全风险提供支持（见图 8 - 9）。

施乐公司以"控制全球变暖""保护自然资源""降低因化学污染带来的环境危害"三大理念为基础，开展环境保护。首先，通过办公室绿色计划实现企业自身生产活动的节能减排目标，其次，通过投入大量的环保技术研发资金，开发智能节电技术和产品，这些智能技术能根据客户实际使用的功能仅给相应的机器部分供电，通过缜密的供电控制技术实现最大限度的节电，同时智能技术还能保证机器在需要时仅 3 秒就可从睡眠模式的状态恢复到工作模式的状态，大大提高办公设备的便捷性。最后，施乐公司还从客户那里回收已使用完的产品，通过国际资源循环系统，对资源进行再利用等环保处理，力求降低环境负荷。

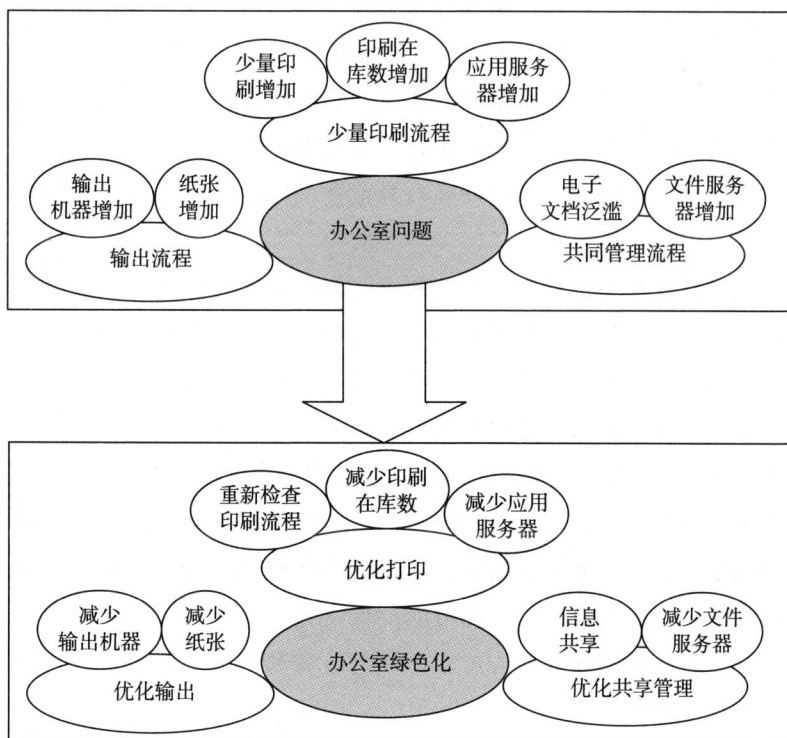

图 8 - 9　施乐公司的办公室绿色化计划

总之，以上案例分析显示，施乐公司的低碳物流系统模式通过多方面的制约方式实现减少碳排放量。首先，施乐公司的循环低碳物流系统中，将废弃的产品回收，再经过分类和检查，先把完好的零部件加工与新部件组装成"新"产品；其次，损坏的零部件经过供应商加工后再进入生产环节；再次，一些低级的零部件由第三方公司再循环加工成原料，进入生产环节。最终，多方的循环利用，不仅提高了废弃物的利用率，而且减少了能源的损耗，是一举多得的循环闭合系统。施乐公司的低碳物流循环系统最终使填埋于地下的废弃物最少化，甚至趋近于零。

8.4.3 联邦快递（FedEx）公司的绿色物流案例

联邦快递（FedEx，纽约证交所股票代码：FDX）成立于1973年，总部设于美国的田纳西州，是一家国际性速递集团，提供隔夜快递、地面快递、重型货物运送、文件复印及物流服务，是一家持续入选世界500强的大型跨国运输公司。联邦快递致力于提供快捷可靠的速递服务，覆盖全球220多个国家及地区，为全球客户及企业提供全面的运输、电子贸易和商业服务。联邦快递运用覆盖全球的航空和陆运网络，"分秒必争"，确保货件于指定时间前迅速送达，并且设有"准时送达保证"。

世界快递巨头联邦快递在发展自身业务的同时，致力于节能和环保事业，在多个国家和地区获得了诸多环保奖项。不仅公司高层重视可持续发展，而且联邦快递集团的全体员工和承包商也高度关注安全环保问题，恪守职业道德和职业操守的最高标准，最大限度满足客户和社会的需求。联邦快递在节能和环保领域的探索，在为联邦快递节约大量成本的同时，也树立了联邦快递对公众利益负责的良好形象，屡次被评为全球最受尊敬和最可信赖的雇主。总之，联邦快递集团始终在为最大限度地减少其碳足迹以及改善经营业务方式而不懈努力。当前，联邦快递每天向世界220多个国家和地区发送850多万个包裹，飞行里程约50万公里，行驶近120万英里。试想一下，如果没有相应的节能环保措施，如此庞大的运输规模和运输距离将会对气候和环境造成怎样严重的破坏和污染。下面重点对其绿色物流发展做一分析。

（一）联邦快递集团大力投资高效节能环保的运输设备

快递业务竞争的主要内容之一就是安全准时送达。20世纪70年代，基于对需求市场的深入调研和精准分析，联邦快递集团的创始人弗雷德·

史密斯敏锐地意识到，随着新技术的兴起，过去那种一次运输几百公斤、上千公斤的货运传输模式将日趋没落，取而代之的是以追求时效为第一目标的小件包裹托运业务。在此背景下，为了提高公司的运输速度，弗雷德·史密斯果断购买了 33 架达索尔特鹰飞机，并提出公司提供"隔夜快递服务"。近些年来，联邦快递注意到现代飞机技术发展日新月异、新型飞机层出不穷、飞机燃油效率不断提高的现实和趋势，开始引入一些新机型，如波音 777F 和波音 757。新机型拥有更高的燃油效率和更大的载货量，能够显著降低货运燃料消耗。如波音 777F 就比先前的 MD－11 载货量更多，油耗更低、飞行距离更长，故可以大幅度减少每一运输单位的成本和废气排放。经计算，波音 777F 能运载 17.8 万磅的货物，比 MD－11 多 1.4 万磅的载货量；波音 777F 可直飞 5800 多海里，比 MD－11 多 1900 海里的范围；与此同时，波音 777F 消耗的燃料却要比 MD－11 减少 18%，同时每吨货物减少 18% 的废气排放量。鉴于波音 777F 的巨大优势，联邦快递计划在 2020 年前扩充 777F 的机队规模至 45 架。除了航空领域的快递传输之外，在陆地快递传输服务方面，还大量购进清洁电动汽车，作为快递运输工具，以减低能源消耗和减少碳排放。经过 FedEx 的计算，365 辆混合动力车或者 43 辆电动汽车的二氧化碳的排放量与 10 辆燃油卡车相当。正因为如此，联邦快递在过去的几年中加大了对电动汽车和混合动力电动汽车的购置力度，新能源汽车在车队中的比重不断提高。在 2011 财年末，联邦快递全球的电动汽车和混合动力电动汽车总数已增至 408 辆，增长近 20%；新能源汽车车队行驶里程近 950 万英里，几乎是往返月球的 20 倍，节约大约 27.6 万加仑的燃油和减少近 2800 吨的二氧化碳排放。

（二）联邦快递集团通过技术研发持续提高能源利用效率、降低燃油消耗

联邦快递集团针对公司存在的大量燃油汽车实行技术改造，以提高汽车的燃油效率，譬如联邦快递集团车队的燃油效率已经从 2006 财年的 5.4% 上升到 2010 财年的 15.1%。未来几年中，联邦快递集团还将继续致力于提高汽车燃油效率，目标是在 2020 年将公司车队的燃油效率提高 20%。除了提高汽车燃油效率，FedEx 还从细节入手来减少燃油消耗，并通过大量试验和经验积累研究得出，影响能源消耗的三大因素是：运输工

具、运输距离和驾驶方法。为此，联邦快递集团每年都会选用一批更高效的车辆上路，每天都会根据交通情况的变化优化运输线路，不断向团队成员传授最优驾驶方法。联邦快递集团还与五十铃汽车公司合作制定了节能驾驶方法。五十铃对日本的速递员的驾驶情况进行了详细的统计，发现日本的速递员有大约70%的时间待在车里，每天大约驾驶60英里，停车30次。根据五十铃的调查结果，联邦快递集团的团队发现了二十种行为可以减少车辆废气排放，其中包括缓慢加速、匀速、提前加速、慎用空调和减少空转时间等。联邦快递集团认为，减少废气排放的责任首先落在驾驶员身上，若驾驶员了解和养成新的习惯，计划必定成功。因此，联邦快递集团将节能驾驶提示放进车内突出位置，而驾驶员用的钥匙链上也标记有节能驾驶五项原则。结果卓有成效，开始实施计划后一年半的时间内，在日本拥有150条线路的最大操作站，其燃油效率提高了14%。

FedEx在节能和环保领域进行的积极探索，取得了一系列令人瞩目的成果，如大规模采用高效飞机、提倡建立轻型车辆运输系统，增加对电力的使用，减少对石油的依赖，开发新技术使系统、交通工具和线路效率更好，等等。这些贡献既体现了FedEx在保护环境、提高人类生存质量方面的社会责任，更在行业内树立了标杆，为其他企业在此方面做出了榜样。

（三）联邦快递集团建立了高效便捷的全球化的物流信息网络

联邦快递通过以位于孟菲斯总部为主导的操作控制中心联合全球其他操作控制中心，对全球的业务进行检测、控制。通过全球操作控制中心的巨型电子地图了解每架飞机的飞行路线、航班号、飞行速度、飞行高度、飞机机型、飞行时间、始发地等信息。总之，全球操作控制中心的工作人员在任何时候都能掌握每架飞机所在的地点、机上装载的包裹以及包裹投送地等情况。通过电子地图了解整个运输网络的情况，还能对每架飞机的飞行路线进行优化设计，对飞机的安全进行考核，并能协调飞机与客车的运输网络，确保每个包裹安全及时地从一个客户送到另一个客户。除了孟菲斯这个全球操作控制中心之外，联邦快递在美国的印第安纳波利斯还建有一个备用的操作控制中心，另外，在菲律宾的苏比克、法国的巴黎和加拿大的多伦多也建有操作控制中心，它们负责把当地信息反馈到全球操作控制总部的指挥中心，使其更好地做出决定。不仅如此，联邦快递的全球操作控制中心还制定了上百个紧急情况预案；在孟菲斯拥有 12～15 架备用飞机随时待命，在全球则有 25～30 架；聘请了 15 名气象专家，以便及时掌握天气状况，做出最优的运输路线规划。总之，联邦快递一体化的信息调度、高度集成的信息系统，精细化的管理模式，高效的协调和组织能力，使得联邦快递能够随时掌握货物的流向和动态，进而做出更优的决策，详情见图 8 - 10。

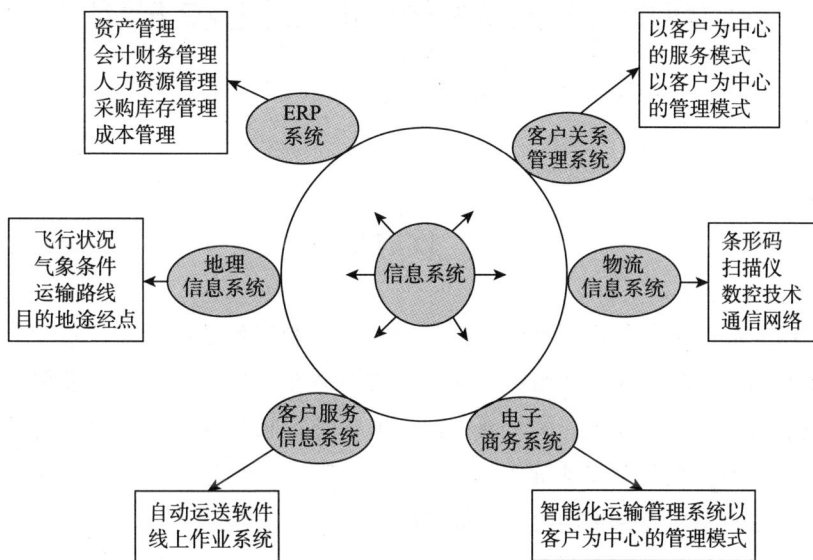

图 8 - 10　联邦快递的管理信息系统

8.5　本章小结

本章从全球化视角研究物流业的低碳化发展规律，主要分析了美国、日本和欧洲的低碳化发展经验及发展启示，着重阐述了这些发达国家物流业低碳化发展的历程和相关政策体系，为加快我国物流业低碳化发展的配套政策改革提供经验借鉴。

9

低碳时代促进物流企业发展的政策建议

9.1 政府层面

政府部门应强化低碳物流发展理念，加快制定低碳物流发展规划。物流行业的相关政府部门和组织管理层，必须站在环境保护与企业发展和谐共进的角度去思考物流业的发展方向，准确把握物流行业和国家环境政策的发展趋势，强化物流业的低碳经济发展理念，转变物流企业的发展思路，这是实现环境保护和物流业健康的重要保障。

政府部门要高度重视发展低碳物流。在环境管制不断加强的背景下，物流业积极发展低碳物流是抢占先发优势、提升企业竞争力的重要途径。低碳物流是发展低碳经济的重要组成部分，是未来物流行业发展的必然趋势。要加快发展低碳物流，并尽快完善低碳物流发展规划，为低碳物流发展做好顶层设计，需要做好以下三点：①强化各级政府主管部门对低碳物流发展理念的认识，深刻学习低碳经济发展理念的精髓。将低碳物流的发展思想融入社会文化建设当中，加强对企业在低碳物流发展意识方面的宣传和教育，提升员工对低碳物流的认可度，以创新企业文化为基础，提升企业凝聚力，为低碳物流的顺利发展做好基础支撑。②强化各级政府主管部门的低碳经济发展理念，深入了解发展低碳物流的相关信息。不仅要关注物流行业的信息，还要关注相关行业的发展动向；不仅要关注国内市场的信息，还要关注世界物流发展的信息。必须协调上下游合作产业链的关系，达成对低碳发展的共识。③强化各级政府主管部门的低碳经济发展理念，通过多种途径学习国外发达国家的物流发展经验，将西方发达国家的低碳物流经验同我国国内物流行业发展现状相结合，并根据国内市场的实际情况，结合国内企业自身的发展现状，准确把握市场信息变化和国家其他宏观经济和社会政策，制定符合物流企业自身利益和发展空间的低碳物流发展规划。

9.2　协会层面

加快推进物流信息化建设，优化物流行业的运营管理。在现代物流技术和设备的支持下，积极推进物流信息化建设，对促进物流企业的长远发展和提升物流企业的竞争力有十分重要的作用。因此，要充分利用现代化的物流设备和技术，如车辆定位系统、即时通信设备、物联网技术、信息管理与信息系统等，使物流企业管理全程实现网络化连接，最终形成企业、客户、货物三位一体的物流连接。从行业管理运营的层面来看，在物流信息化的支撑下，实现对物流网点的合理布局，科学规划物流路径，优化运输车辆调度，合理安排仓库存储，不仅能大大提升物流企业的运作效率，保证货物运输安全，而且能有效地降低企业的物流成本，节约社会资源，进而大大减少环境污染和能源浪费。从社会服务的角度看，物流行业实现信息化，能使客户及时掌握货物信息，了解物流进程，大大提高服务客户的质量，增加客户的满意度，提升物流企业的品牌形象。

完善企业的社会责任制度，形成合力。加强企业社会责任建设，是企业践行科学发展观、实现企业与社会、环境协调发展的重要举措，是企业实现科学发展、和谐发展、可持续发展的必然要求，也是企业提升知名度、美誉度和社会影响力的有效途径。因此，行业协会要不断加强企业社会责任建设，这既有利于增强企业凝聚力、吸引力，也有利于增加行业的经济社会效益和提升市场竞争力，更有利于改善企业的品牌形象并凸显竞争优势。为此，需要做好以下几个方面：一是行业协会要尽快建立和完善物流企业履行社会责任的评价机制。明确评价指标、评价标准、评价方式、奖惩机制等有关政策规定，为评价物流企业社会责任履行状况制定标准。二是要建立企业社会责任报告制度。物流企业要定期发布社会责任报告或可持续发展报告，公布企业履行社会责任的现状、规划和措施，及时了解利益相关者的意见和建议，主动接受社会监督。三是要协调社会各界力量，共同推进企业社会责任建设。企业社会责任涉及范围广，工作要求高，需要企业与利益相关者共同努力，协同共进，更需要社会各界广泛参与和监督管理，以便为企业真正履行社会责任提供良好的社会氛围。

9.3　企业层面

就物流企业自身而言，首先要积极开展物流人才储备建设，完善物流人才培养体系。高素质的物流人才，不仅是提升物流企业竞争力的关键，也是实现物流企业低碳发展的重要基础。目前国内物流企业之间的竞争已经达到白热化的状态，物流领域的竞争不仅涉及物流设施设备、物流信息化等企业硬实力的方方面面，而且逐渐覆盖企业文化、组织管理、人力资源等企业竞争软实力的范畴。从发展的眼光来看，物流人才的竞争将是今后物流企业之间竞争的关键，随着国内物流行业的不断发展，物流也越来越专业化、正规化、标准化，在未来的竞争中，提供高品质的物流服务才能使企业立于不败之地。高质量的物流服务离不开高素质的物流人才，物流企业应建立完善的物流人才选拔、培养机制，根据企业发展需求，制定完善的物流人才计划。其一，在人才招聘方面，可以与高校等建立合作联盟，为有意向进入物流行业的高校学生提供假期实习机会，在增强在校学生的实际物流操作经验的同时，也将企业文化、绿色发展理念等核心价值观念传播出去，实现企业与人才的双赢。其二，在人才选拔方面，完善企业内部的考核机制，多方面、多层次对物流人才进行评价，跳出资历、学历、关系等选拔误区，选拔出综合素质过硬的员工，真正实现物尽其用、人尽其才。其三，在人才培养方面，要与时俱进、科学客观地设计对企业人才培训的课程，周期性地对企业员工进行在职培训和再教育，学习先进的低碳发展理念和现代物流技术，以人才战略为核心，全面提升企业的竞争优势。

物流企业要加强企业内部组织管理，提升节能环保效率。在低碳经济时代提升物流企业的竞争力，一方面要通过技术和设施投资，增强物流企业的竞争硬实力，这对于提升物流企业的竞争力有着最直接的效果；另一方面要通过加强内部组织管理，完善企业内部的管理制度，提升企业管理的工作效率，加强节能减排，控制企业运作成本。凭一己之力来升级物流企业的技术和设备，对一些物流企业而言可能会增加其财务压力，给企业造成反向影响。而从企业内部的组织管理入手，改善企业的管理制度，对企业资源进行整合优化，加强对企业内部运作的监管，减少资金、设备、能源等的浪费，能够最大限度地节省企业有限的运营成本。这在提升企业内部资源利用效率的同时，也能降低不必要的环境污染。另外，对于企业在管理过程中制定的各项标准和制度，不能仅仅停留在口号阶段，必须加强对企业内部管理标准和环保标准的实施监管，将各项管理制度和发展政策落到实处，最终实现资源利用和环境保护的双赢。

9.4　本章小结

在前面章节研究的基础上，本章以可持续发展理论和低碳物流理论为指导思想，从政府层面加强低碳发展规划、行业层面加强物流信息化建设、企业层面加强人才储备和强化内部组织管理三个方面提出了促进我国物流企业低碳化发展的对策建议。

参考文献

蔡定萍：《物流企业竞争力评价》，《中国物流与采购》2003 年第 17 期。

蔡依平、张文娟、张世翔、谷金蔚：《基于生命周期评估的冷链物流碳足迹计算》，《物流技术》2015 年第 1 期。

陈飞、诸大建：《低碳城市研究的内涵、模型与目标策略确定》，《城市规划学刊》2009 年第 4 期。

陈宏：《国内外利益相关者理论研究进展》，《经济研究导刊》2011 年第 14 期。

陈婧：《物流碳排放的估算》，《经济论坛》2013 年第 8 期。

陈晓峰：《长三角地区 FDI 与环境污染关系的实证研究——基于1985 - 2009 年数据的 EKC 检验》，《国际贸易问题》2011 年第 4 期。

陈迅、韩亚琴：《企业社会责任分级模型及其应用》，《中国工业经济》2005 年第 9 期。

陈英：《企业社会责任理论与实践》，经济管理出版社，2009。

楚龙娟、冯春：《碳足迹在物流和供应链中的应用研究》，《中国软科学》2010 年第 10 期。

戴鸿轶、柳卸林：《对环境创新研究的一些评论》，《科学学研究》2009 年第 11 期。

邓君、蒋喆慧：《我国八大行业的能源消费驱动因素研究——基于完全指数分解法》，《华中农业大学学报》2010 年第 5 期。

邓泽宏、何应龙：《企业社会责任对湖北企业竞争力的影响研究》，《湖北社会科学》2013 年第 10 期。

窦鑫丰：《企业社会责任对财务绩效影响的滞后效应——基于沪深上市公司面板数据的实证分析》，《产业经济研究》2015年第3期。

杜晶、朱方伟：《企业环境技术创新采纳的行为决策研究》，《科技进步与对策》2010年第7期。

段向云：《基于EKC模型的物流服务碳排放测算与评估：浙江实证》，《经济论坛》2013年第11期。

范林根：《企业竞争力的形成与提升》，上海财经大学出版社，2010。

范群林、邵云飞、唐小我：《以发电设备制造业为例探讨企业环境创新的动力》，《软科学》2011年第1期。

冯蕊：《城市居民生活消费 CO_2 排放估算方法及应用初步研究》，南开大学硕士学位论文，2011。

冯雨：《民营企业履行社会责任对其竞争力影响的实证研究——基于上市公司数据》，浙江财经大学硕士学位论文，2013。

傅京燕、张珊珊：《碳排放约束下我国外贸发展方式转变之研究——基于进出口隐含 CO_2 排放的视角》，《国际贸易问题》2011年第8期。

付延冰、刘恒斌、张素芬：《高速铁路生命周期碳排放计算方法》，《中国铁道科学》2013年第5期。

干胜道、田超：《基于股东特质视角的我国中央企业社会责任研究》，《现代经济探讨》2011年第4期。

高晓红、俞海宏：《基于因子分析的物流企业竞争力评价——以宁波市为例》，《武汉理工大学》（社会科学版）2012年第6期。

耿勇：《铁路战略装车点物流竞争力评价——基于BP神经网络的视角》，《河北经贸大学学报》2014年第4期。

官艳雪：《不确定条件下闭环供应链管理若干问题的研究》，华东理工大学博士学位论文，2011。

顾湘、徐文学：《基于利益相关者的企业社会责任与企业价值相关性研究》，《财会通讯》2011年第1期。

关高峰、董千里：《基于低碳物流的煤炭运输灰色关联分析》，《物流技术》2011年第4期。

郭朝先：《中国碳排放因素分解：基于LMDI分解技术》，《中国人口·资源与环境》2010年第12期。

哈罗德·孔茨、海因茨·韦里克：《管理学》，马春光译，经济科学出版社，1993。

何琼：《基于投入产出法的隐含碳测算》，《中国科技论坛》2010 年第9 期。

胡彩霞：《我国物流企业实施环境技术创新的投资实验研究》，河南理工大学硕士学位论文，2014。

胡大立、谌飞龙：《论品牌竞争力的来源及其形成过程》，《经济管理》2007 年第 18 期。

黄健：《基于环境技术创新导向的环境政策研究》，浙江大学硕士学位论文，2008。

黄敏、蒋琴儿：《外贸中隐含碳的计算及其变化的因素分解》，《上海经济研究》2010 年第 3 期。

黄崎、康建成、黄晨皓：《酒店业碳排放评估与节能减排潜力研究》，《资源科学》2014 年第 5 期。

黄益方、孙永波：《零售企业社会责任评价指标体系研究——以苏宁电器为例》，《中国流通经济》2015 年第 1 期。

洪旭、杨锡怀：《中国企业社会责任评价体系的构建——以沪深两市上市公司为例》，《东北大学学报》（自然科学版）2011 年第 11 期。

霍佳震、马秀波：《集成化供应链综合评价体系及应用》，清华大学出版社，2005。

寇小萱、赵春妮、孙艳丽：《企业社会责任对竞争力影响的实证研究》，《统计与决策》2014 年第 15 期。

纪建悦、于富洋、王翠：《利益相关者关系与商业银行财务绩效——基于中国上市银行面板数据的经验分析》，《金融论坛》2012 年第 12 期。

蒋国平、尤大鹏：《发达国家发展绿色物流的成功经验及启示》，《生态经济》2008 年第 4 期。

姜志威、蒋海里、刘晓苹、白云：《城市高架桥建造周期内 CO_2 排放量计算研究》，《中国市政工程》2012 年第 2 期。

解江凌、赵扬：《我国大型物流企业社会责任报告分析——以中国物流企业 50 强为例》，《物流技术》2014 年 1 期。

金碚：《论企业竞争力的性质》，《中国工业经济》2001 年第 10 期。

金碚：《竞争力经济学》，广东经济出版社，2003（a）。

金碚：《企业竞争力测评的理论与方法》，《中国工业经济》2003（b）年第 3 期。

金碚：《中国企业竞争力报告（2003）》，社会科学文献出版社，2003（c）。

金碚：《中国企业竞争力报告（2005）》，社会科学文献出版社，2005。

金碚：《中国企业竞争力报告（2008）》，社会科学文献出版社，2008。

金芳芳、黄祖庆：《长三角城市群物流竞争力评价及聚类分析》，《科技管理研究》2013 年第 9 期。

理查德·A. 波斯纳：《法律的经济分析》，蒋兆康译，中国大百科全书出版社，1997。

李冰欣：《食品企业社会责任与企业竞争力关系研究》，江南大学硕士学位论文，2013。

李创、王丽萍：《物流学概论》，北京大学出版社，2012。

李创：《河南省排污权交易制度配套政策研究》，《现代管理科学》2013 年第 11 期。

李刚：《财务指标对企业竞争力影响的实证分析》，《管理科学》2004 年第 2 期。

李国志、李宗植：《二氧化碳排放与经济增长关系的 EKC 检验——对我国东、中、西部地区的一项比较》，《产经评论》2011 年第 6 期。

李红玉、陆智强、姚海鑫：《社会责任对公司绩效的作用机理——基于社会资本的一个理论解释》，《软科学》2009 年第 10 期。

李龙晓：《物流企业社会责任对企业竞争力的影响研究》，河南理工大学硕士学位论文，2015。

李蜀湘、陆小成：《中国低碳物流金融支持模型研究》，《中国流通经济》2010 年第 2 期。

李伟阳、肖红军：《基于社会资源优化配置视角的企业社会责任研究——兼对新古典经济学企业社会责任观的批判》，《中国工业经济》2009 年第 4 期。

李伟阳、肖红军：《企业社会责任的逻辑》，《中国工业经济》2011 年第 10 期。

李烨啸：《中国物流产业碳排放驱动因素及碳排放结构的研究》，江南大学硕士学位论文，2013。

李云雁：《企业应对环境管制的战略与技术创新行为》，浙江工商大学博士学位论文，2010。

刘洪久、胡彦蓉、Robert Rieg 等：《基于 LMDI 模型的 CO_2 排放影响因素研究——以江苏省为例》，《工业技术经济》2012 年第 4 期。

刘辉群、王硕：《外商直接投资与我国环境污染——基于 EKC 假说的省际面板数据分析》，《当代经济》2010 年第 15 期。

刘慧、陈光：《企业绿色技术创新：一种科学发展观》，《科学学与科学技术管理》2004 年第 8 期。

刘俊海：《企业的社会责任》，法律出版社，1999。

刘佩：《福建省物流业碳排放驱动因素及碳排放结构变化研究》，厦门大学硕士学位论文，2014。

刘琪：《企业社会责任与公司绩效的实证研究——来自中国交通行业上市公司的数据》，《现代商业》2010 年第 6 期。

刘倩晨：《考虑碳排放的冷链物流研究》，清华大学硕士学位论文，2010。

刘强、庄幸、姜克隽、韩文科：《中国出口贸易中的载能量及碳排放量分析》，《中国工业经济》2008 年第 8 期。

刘燕娜、林伟明、石德金、余建辉：《企业环境管理行为决策的影响因素研究》，《福建农林大学学报》（哲学社会科学版）2011 年 5 期。

刘永清、肖忠东：《绿色逆向物流管理有效途径研究》，《科技进步与对策》2005 年第 12 期。

龙志和、陈青青：《中国区域 CO_2 排放影响因素实证研究》，《软科学》2011 年第 8 期。

龙江英：《城市交通体系碳排放测评模型及优化方法》，华中科技大学博士学位论文，2012。

娄伟：《城市碳排放量测算方法研究——以北京市为例》，《华中科技大学学报》（社会科学版）2011 年第 3 期。

卢代富：《国外企业社会责任界说述评》，《现代法学》2001 年第 3 期。

卢愿清、史军：《中国第三产业能源碳排放影响要素指数分解及实证分析》，《环境科学》2012 年第 7 期。

罗希、张绍良、卞晓红、张韦唯：《我国交通运输业碳足迹测算》，

《江苏大学学报》（自然科学版）2012 年第 1 期。

吕永龙、梁丹：《环境政策对环境技术创新的影响》，《环境污染治理技术与设备》2003 年 7 期。

吕永龙、许健、胥树凡：《我国环境技术创新的影响因素与应对策略》，《环境污染治理技术与设备》2000 年 5 期。

马爱进、赵海珍：《食品生命周期碳排放评价技术规范研究》，《中国食物与营养》2010 年第 12 期。

马述忠、陈颖：《进出口贸易对中国隐含碳排放量的影响：2000－2009 年——基于国内消费视角的单区域投入产出模型分析》，《财贸经济》2010 年第 12 期。

马小明、张立勋：《基于压力—状态—响应模型的环境保护投资分析》，《环境保护》2002 年第 11 期。

迈克尔·波特：《竞争战略》，陈小悦译，华夏出版社，1997。

迈克尔·波特：《竞争论》，高登第、李明轩译，中信出版社，2012。

孟祺：《我国出口商品的碳排放研究——基于投入产出方法的分析》，《国际贸易问题》2010 年第 12 期。

孟庆峰、李真、盛昭瀚：《企业环境行为影响因素研究现状及发展趋势》，《中国人口·资源与环境》2010 年第 9 期。

聂晓文：《生态补偿过程中相关利益主体的博弈行为分析》，北京工业大学硕士学位论文，2010。

欧阳斌、凤振华、李忠奎、毕清华、周艾燕：《交通运输能耗与碳排放测算评价方法及应用——以江苏省为例》，《软科学》2015 年第 1 期。

潘瑞玉：《低碳物流及其实现途径研究》，《生态经济》（学术版）2011 年第 5 期。

彭丽红：《大企业的国际竞争力还不行》，《管理科学文摘》2000 年第 10 期。

齐晔、李惠民、徐明：《中国进出口贸易中的隐含碳估算》，《中国人口·资源与环境》2008 年第 3 期。

乔海曙、谭明：《金融企业社会责任与财务绩效关系的实证研究》，《财经理论与实践》2009 年第 6 期。

邱东：《多指标综合评价方法的系统分析》，中国统计出版社，1991。

曲艳敏、白宏涛、徐鹤：《基于情景分析的湖北省交通碳排放预测研究》，《环境污染与防治》2010 年第 10 期。

任稚苑：《试论中国如何通过发展低碳经济带动低碳物流》，《中国集体经济》2010 年第 16 期。

单春霞、仲伟周、蔡元：《企业社会责任的公关危机与股东价值——基于上证上市公司的实证研究》，《河南社会科学》2014 年第 8 期。

邵兴东：《企业社会责任形成竞争优势的机理研究》，《湖北社会科学》2009 年第 12 期。

申光龙、刘同刚、刘元友：《中国物流行业企业社会责任报告体系研究》，《物流技术》2010 年 6 期。

沈斌、冯勤：《基于可持续发展的环境技术创新及其政策机制》，《科学学与科学技术管理》2004 年第 8 期。

史蒂文·F. 沃克、杰弗里·E. 马尔：《利益相关者权利》，赵宝华、刘彦平等译，经济管理出版社，2003。

世界可持续发展工商理事会、世界资源研究所：《温室气体核算体系：产品寿命周期核算与报告标准》，陈健华、陈亮、刘玫等译，中国质检出版社，2013。

石培华、吴普：《中国旅游业能源消耗与 CO_2 排放量的初步估算》，《地理学报》2011 年第 2 期。

史祎馨：《PAS2050 规范下物流服务碳足迹研究》，《物流技术》2014 年第 5 期。

宋晓文：《我国社会责任计量方法文献述评》，《财会月刊》2011 年第 11 期。

苏明：《我国低碳物流发展探析》，《物流工程与管理》2011 年第 9 期。

苏蕊芯、仲伟周、刘尚鑫：《企业社会责任与企业效率关联性分析——以深市上市公司为例》，《山西财经大学学报》2010 年第 11 期。

孙建卫、陈志刚、赵荣钦、黄贤金、赖力：《基于投入产出分析的中国碳排放足迹研究》，《中国人口·资源与环境》2010 年第 5 期。

孙明华：《企业竞争力理论演化趋势分析》，《广西社会科学》2009 年第 3 期。

孙宁、蒋国华、吴舜泽：《国家环境技术管理体系实施现状与政策建议》,《环境保护》2010 年 15 期。

孙启宏、万年青、范如华：《国外生命周期评价（LCA）研究综述》,《世界标准化与质量管理》2000 年第 12 期。

孙亚梅、吕永龙、王铁宇：《基于专利的企业环境技术创新水平研究》,《环境工程学报》2008 年 3 期。

田虹：《企业社会责任及其推进机制》,经济管理出版社,2006。

田雪莹、叶明海、蔡宁：《慈善捐赠行为与企业竞争优势实证分析》,《同济大学学报》（自然科学版）2010 年第 5 期。

王兵兵,《环境管制下物流企业竞争力综合评价和提升对策研究》,河南理工大学硕士学位论文,2014。

王长琼：《面向可持续发展的绿色物流管理》,《科技进步与对策》2002 年第 2 期。

王道平、翟树芹：《第三方物流企业竞争力评价指标体系构建及其评价》,《财经理论与实践》2005 年第 6 期。

王建琼、何静谊：《公司治理、企业经济绩效与企业社会责任——基于中国制造业上市公司数据的经验研究》,《经济经纬》2009 年第 2 期。

王丽萍：《环境技术创新的基础理论研究》,《工业技术经济》2013 年第 7 期。

王国文：《低碳物流与绿色供应链、概念、流程与政策》,《开放导报》2010 年第 4 期。

王镜宇：《环境技术创新与可持续发展》,《科技情报开发与经济》2005 年第 17 期。

王士轩、孙慧、朱俏俏：《新疆碳排放、能源消费与经济增长关系的实证研究》,《科技管理研究》2015 年第 18 期。

王昶、周登：《国外企业社会责任研究进展及启示》,《华东经济管理》2012 年第 3 期。

王圣云、沈玉芳：《我国省级区域物流竞争力评价及特征研究》,《中国软科学》2007 年第 10 期。

王晓巍、陈慧：《基于利益相关者的企业社会责任与企业价值关系研究》,《管理科学》2011 年第 6 期。

汪一、曾利彬：《中国物流企业竞争力评价指标体系设计》,《经济与管理》2008 年第 11 期。

王玉婧:《环境壁垒与环境技术创新》,《生产力研究》2008 年 15 期。

王宗舞、庞宏建:《基于 LMDI 模型的河南省 CO_2 排放变化分析》,《经济纵横》2011 年第 14 期。

温丹辉:《不同碳排放计算方法下碳关税对中国经济影响之比较——以欧盟碳关税为例》,《系统工程》2013 年第 9 期。

吴晓蔚、朱法华、杨金田、周道斌、燕丽、滕农、易玉萍:《火力发电行业温室气体排放因子测算》,《环境科学研究》2010 年第 2 期。

谢菲菲:《城市交通碳排放量影响因素与低碳交通发展研究》,北京交通大学硕士学位论文,2013。

谢水清、黄承锋:《低碳经济趋势下我国物流业发展面临的问题及对策》,《商业时代》2010 年第 31 期。

谢雅萍、许美丽:《基于利益相关者的企业社会责任行为与企业社会责任效应关系的实证研究》,《经济经纬》2012 年第 5 期。

昕安:《日本低碳物流业崛起之动因分析》,《北方环境》2012 年第 2 期。

辛杰:《基于利益相关者的企业社会责任指标与表现评价》,《山东社会科学》2008 年第 11 期。

徐光华、张瑞:《企业社会责任与财务绩效相关性研究》,《财会通讯》(学术版) 2007 年第 12 期。

许广月、宋德勇:《中国碳排放环境库兹涅茨曲线的实证研究》,《中国工业经济》2010 年第 5 期。

许健、吕永龙:《我国环境技术产业化的现状与发展对策》,《环境科学进展》1999 年第 2 期。

许树柏:《层次分析法原理及其应用》,天津大学出版社,1988。

徐旭:《低碳物流的内涵、特征及发展模式》,《商业研究》2011 年第 4 期。

徐雅楠、杜志平:《我国交通运输业的碳排放测度及因素分解》,《物流技术》2011 年第 6 期。

徐盈之、胡永舜:《中国制造业部门碳排放的差异分析:基于投入产出模型的分解研究》,《软科学》2011 年第 4 期。

严海宁、李金滟：《基于二元市场结构的物流企业竞争力》，《中国物流与采购》2008 年第 11 期。

闫秀霞、王海飞：《基于因子分析的物流企业竞争力影响因素及影响程度研究》，《物流技术》2013 年第 7 期。

杨建新、王如松：《生命周期评价的回顾与展望》，《环境科学进展》1998 年第 6 期。

杨蓉、杨宇：《企业社会责任与核心竞争力——基于中国上市公司的实证研究》，《华东师范大学学报》（哲学社会科学版）2008 年第 5 期。

杨子岳：《低碳物流发展关键影响因素分析》，《物流科技》2011 年第 34 期。

叶蕾、麦强、王晓宁、安实：《国外物流节能减排措施综述》，《城市交通》2009 年第 5 期。

约瑟夫·熊彼特：《经济发展理论》，何畏、罗家祥译，商务印书馆，1990。

昝东亮：《我国物流运输业碳排放测量研究》，河南理工大学硕士学位论文，2015。

张红凤：《制约、双赢到不确定性——环境规制与企业竞争力相关性研究的演进与借鉴》，《财经研究》2008 年第 7 期。

张恺：《地区工业企业群体竞争力评价指标选取与应用研究》，《山西财经大学学报》2010 年第 2 期。

张晶、蔡建峰：《我国物流业碳排放区域差异测度与分解》，《中国流通经济》2014 年第 8 期。

张旭、宋超、孙亚玲：《企业社会责任与竞争力的实证分析》，《科研管理》2010 年第 3 期。

张兆国、刘晓霞、张庆：《企业社会责任与财务管理变革——基于利益相关者理论的研究》，《会计研究》2009 年第 3 期。

赵爱文、李东：《中国碳排放的 EKC 检验及影响因素分析》，《科学学与科学技术管理》2012 年第 10 期。

Walker S. F.：《利益相关者权力》，赵宝华、刘彦平译，经济管理出版社，2003。

郑凯、朱煜：《低碳物流》，北京交通大学出版社，2012。

钟晖、王建锋：《建立绿色技术创新机制》，《生态经济》2000 年第 3 期。

钟雪飞：《基于社会责任的高新技术企业核心竞争力构建策略》，《科技进步与对策》2011 年第 11 期。

周建伟、许晨光、裴磊、张萍：《我国包装工业碳排放总量测算及分析》，《第十三届全国包装工程学术会议论文集》2010 年。

周平、王黎明：《中国居民最终需求的碳排放测算》，《统计研究》2011 年第 7 期。

周咏馨、苏瑛：《建筑工程全生命周期能耗和排放测度及政策建议》，《建筑科学》2010 年第 12 期。

周叶、王道平、赵耀：《中国省域物流作业的 CO_2 排放量测评及低碳化对策研究》，《中国人口·资源与环境》2011 年第 9 期。

周戈文：《发展中国化低碳物流的五大问题》，《经营管理者》2010 年第 7 期。

中国物流与采购杂志社：《关于开展 2013 中国物流社会责任贡献奖评选活动的通知》，http：//www. chinawuliu. com. cn/lhhkx/201309/24/256512. shtml。

中华人民共和国中央人民政府：《关于发布 "上市公司治理准则" 的通知》，http：//www. gov. cn/gongbao/content/2003/content_62538. htm。

Ang B. W. , "Decomposition analysis for policy making in energy：What is preferred method", *Energy Policy*, 2004, 32 (9).

Ang B. W. , "The LMDI approach to decomposition analysis：A practical guide", *Energy Policy*, 2005, 33 (7).

Alan C. , McKinnon, Allan Woodburn. , "Logistical restructuring and road freight traffic growth", *Transportation*, 1996, 23 (2).

Annemarie C. , Kerkhof, Sanderine Nonhebel, Henri C. Moll. , "Relating the environmental impact of consumption to household expenditures：An input - output analysis", *Ecological Economics*, 2008, 68 (4).

Balan S. , Robert D. S. , Mark G. , Stephan M. W. , Sushmera M. , "Modeling carbon footprints across the supply chain", *International Journal of Production Economics*, 2010, 128 (1).

Barney Jay, "Firm resources and sustained competitve advantage", *Journal of Management*, 1991, 17 (1).

Bin S., Dowlatabadi H., "Consumer lifestyle approach to US energy use and the related CO_2 emissions", *Energy Policy*, 2005. 33 (2).

Boyd G A., Hanson D. A., Sterner T., "Decomposition of changes in energy intensity: A comparison of the Divisor index and other methods", *Energy Economics*, 1988, 10 (4).

Bullard C. W. & Herendeen R., "Energy cost of consumer goods and Services", *Energy Policy*, 1975, 3 (4).

Bullard C. W., Penner P. S., and David A. P., "Net energy analysis: handbook for combining process and input-output analysis", *Resources and Energy*, 1978, 1 (3).

Burchart korol D., "Significance of environmental life cycle assessment (LCA) method in the iron and steel industry", *Pattern Recognition*, 2011, 32 (14).

Business for Social Responsibility (BSR), http://www. bsr. org.

Carroll A. B., "A three-dimensional conceptual model of corporate social performance", *Academy of Management Review*, 1979, 4 (4).

Carroll A. B., "The pyramid of corporate social responsibility: Toward the moral management of organizational stakeholders", *Business Horizons*, 1991, 34 (4).

Carter C. R., Jennings M. M., "Logistics social responsibility: An integrative framework", *Journal of Business Logistics*, 2002, 23 (1).

Carter C. R., Jennings M. M. "The role of purchasing in corporate social responsibility: A structural equation analysis", *Journal of Business Logistics*, 2004, 25 (1).

Chaabane A., Ramudhin A., Paquet M., "Design of sustainable supply chains under the emission trading scheme", *Production Economics*, 2012, 135 (1).

Ciliberti F., Pontrandolfo P., Scozzi B., "Logistics social responsibility: Standard adoption and practices in Italian companies", *International Journal of Production Economics*, 2008, 113 (1).

Clarkson M. , "A stakeholder framework for analyzing and evaluating corporate social performance", *Academy of Management Review*, 1995, 20 (1).

Claude Cohen, Manfred Lenzen, Roberto Schaeffer. , "Energy Requirements of Households in Brazil", *Energy Policy*, 2005, 33 (4).

Commission of the European Communities, "Green paper: Promoting a European framework for corporate social responsibility", Brussels: COM. 2001.

Cruz J. M. , "The impact of corporate social responsibility in supply chain management: Multicriteria decision-making approach", *Decision Support Systems*, 2009, (48).

Daily B. F. , Huang S. , "Achieving sustainability through attention to human resource factors in environmental management", *International Journal of Operations and Production Management*, 2001, 21 (12).

Department for Transport, "Low carbon transport, a greener future: A carbon reduction strategy for transport", *Great Britain*, 2009.

David Bonilla, Hartmut Keller, Juergen Schmiele, "Climate policy and solutions for green supply chains: Europe's predicament", *Supply Chain Management: An International Journal*, 2015, 20 (3).

David G. , Watson J. , MacKerron G. , "Key policy considerations for facilitating low carbon technology transfer to developing countries", *Energy Policy*, 2008 (11).

Davis K. , "The case for and against business assumption of social responsibilities", *Academy of Management Journal*, 1973, 16 (2).

David Wheeler, Maria Sillanpaa, *The Stakeholder Corporation: A Blueprint for Maximizing Stakeholder Value*, London: Pitman Publishing, 1997.

De Brito M. P. , "Managing reverse logistics or reversing logistics management?", *ERIM PhD Series Research in Management*, 2003.

Deakin E. , "Sustainable development and sustainable transportation: Strategies for economic prosperity, environmental quality, and equity", University of California at Berkeley: Institute of Urban and Regional Development, 2001.

Downing P. , Kimball J. , "Enforcing Pollution Control Laws in the United States", *Policy Studies Journal*, 1982, (11).

Fabian T. , "Supply chain management in an era of social and environment accountability", *Sustainable Development International*, 2000, (2).

Förstner U. , *Umweltschutztechnik*, Berlin: Springer, 1995.

Freeman R. E. , *Strategic Management: A Stakeholder Approach*, Pitman: Marshfield, 1984.

Friedman M. , *Capitalism and Freedom*, Chicago: Chicago University Press, 1962.

Friedman M. , "Social Responsibility of Business Is to Increase Its Profit", *The New York Times Magazine*, 1970, (9).

Gareth Rice , Roland Clift , Richard Burns, "Comparison of currently available European LCA software", *International Journal of Life Cycle Assessment*, 1997, 2 (1).

Gössling S. , Ecotourism A. , "Means to Safeguard Biodiversity and Eco-tourism Functions", *Ecological Economics*, 1999, 29 (2).

Gössling S. , Peeters P. , Ceron J P. , "The eco-efficiency of tourism", *Ecological Economics*, 2005, 54 (4).

Guide J. V. , van Wassenhove L. N. , *Business Perspectives in Closed-Loop Supply Chains*, Pittsburgh: Carnegie Mellon University Press, 2003.

Harris I. , Naim M. , Palmer A. , Potter A. , and Mumford C. , "Assessing the impact of cost optimization based on infrastructure modelling on CO_2 emissions", *International Journal of Production Economics*, 2011, 131 (1).

ISO, "ISO 26000d Guidance on Social Responsibility", *The International Organization for Standardization*, *Geneva*, *Switzerland*, 2010.

James Cooper, Michael Browne, Melvyn Peters. , *European Logistics*, Oxford, UK: Black Well Business, 1991.

James K. , Fitzpatrick L. , Lewis H. , Sonneveld K. , *Sustainable packaging system development*, in Leal Filho, W. (Eds.), *Handbook of Sustainability Research*, Frankfurt: Peter Lang Scientific Publishing, 2005.

Jay R. Brown, Alfred L. Guiffrida. , "Carbon emissions comparison of last mile delivery versus customer pickup", *International Journal of Logistics Research and Applications*, 2014, 17 (6).

JIA Sheng hua, CHEN Hong hui, "Empirical research on the SMEs' credit-guarantee in China", *Journal of Zhejiang University Science*, 2002 (3).

Joseph H., "Technological Environmental Innovations (TEIs) in a Chain-Analytical and Life-Cycle-Analytical Perspective", *Journal of Cleaner Production*, 2008 (16).

Li J., Lu Q., and Fu P., "Carbon Footprint Management of Road Freight Transport under the Carbon Emission Trading Mechanism", *Mathematical Problems in Engineering*, 2015, (1 - 3).

Jose Lutz Preuss & Pachon Rodrigo Córdoba, "A knowledge management perspective of corporate social responsibility", *Corporate Governance: The international Journal of Business in Society*, 2009, 9 (4).

Knut Einar Rosendahl, "Cost Effective Environmental Policy: Implications of Induced Technological Change", *Journal of Environmental Economics and Management*, 2004, (48).

Krikke H., "Impact of closed-loop network configurations on carbon footprints: A case study in copiers", *Resources Conservation & Recycling*, 2011, 55 (55).

Lantz V., Feng Q., "Assessing income, population, and technology impacts on CO_2 emission in Canada, Where's the EKC", *Ecological Economics*, 2006, 57 (2).

Lee K. H., "Integrating carbon footprint into supply chain management: The case of Hyundai Motor Company (HMC) in the automobile industry", *Journal of Cleaner Production*, 2011, 19 (11).

Leonardi J. and Browne M., "A method for assessing the carbon footprint of maritime freight transport: European case study and results", *International Journal of Logistics Research and Applications*, 2010, 13 (5).

Leontief W. & Ford D., "Environmental repercussions and the economic structure: an input-output approach", *Review of Economics and Statistics*, 1970, 52 (3).

Leontief W. & Ford D., "Air pollution and economic structure: empirical results of input-output computations", in *Input-Output Techniques*, ed. A. Brody

& A. Carter, Amsterdam: North-Holland Publishing Company, 1972.

Levitt T. , "The Dangers of Social Responsibility", *Harvard Business Review*, 1958, 36 (5).

Lin C. H. , Yang H. L. , Liu D. Y. , "The impact of corporate social responsibility on financial performance: Evidence from business in Taiwan", *Technology in Society*, 2001, 31 (1).

Loureiro M. , labandeira X. , Haneman M. , "Transport and Low-Carbon Fuel: A study of public preferences in Spain", *Energy Economics*, 2013, 40 (6).

Machado G. , Schaeffer R. , Worrell E. , "Energy and carbon Embodied in the International Trade of Brazil: An Input-output Approach", *Ecological Economics*, 2001, 39 (3).

Maenpa I. & Siikavirta H. , "Greenhouse Gases Embodied in the International Trade and Final Consumption of Finland: an Input-output Analysis", *Energy Policy*, 2007, 35 (1).

Manfred Lenzen, "Primary energy and greenhouse gases embodied in Australian final consumption: an input-output analysis", *Energy Policy*, 1998, 26 (6).

Manfred Lenzen, Christopher Dey, Barney Foran. , "Energy requirements of Sydney households", *Ecological Economics*, 2004, 49 (3).

Maignan I. , Ferrell O. C. , "Antecedents and benefits of corporate citizenship: an investigation of French businesses", *Journal of Business Research*, 2001, 51 (1).

Maignan I. , Hillebrand B. , McAlister D. , "Managing socially-responsible buying: How to integrate non-economic criteria into the purchasing process", *European Management Journal*, 2002, 203 (6).

Maja I. P. , McKinnon A. C. , "Forecasting the carbon footprint of road freight transport in 2020", *International Journal of Production Economics*, 2009, 128 (1).

Marianne Vanderschuren, T. E. Lane, W. Korver, "Managing energy demand through transport policy: what can south Africa learn from Europe", *Ener-*

gy Policy, 2010 (38).

Martinez Zarzoso I. , Bengochea Morancho A. , "Pooled mean group estimation for an environmental Kuznets curve for CO_2", *Economic Letters*, 2004, 82 (1).

Mattews H. S. , Weber C. , Hensrickson C. T. , "Estimating carbon footprints with input-output models", Seville, Spain: *International Input Output Meeting on Managing the Environment*, 2008.

Mitchell R. K. , Agle B. R. , Wood D. J. , "Toward a Theory of Stakeholder Identification and Salience: Defining the Principle of Who and What Really Counts", *Academy of Management Review*, 1997, 22 (4).

Montalvo C. , *Environmental Policy and Technological Innovation*, *Why do Plants Adopt or Reject New Technologies*? Cheltenham: Edward Elgar Publishing Co. , 2002.

Nadim Ahmad, Andrew Wyckoff. , "Carbon Dioxide Emissions Embodied in International Trade of Goods", http://ideas. repec. Org/p/oec/stiaaa/2003 – 15 – en. html.

Neelis M. L. , Patel M. , Gielen D. J. , Blok K. , "Modeling CO_2 emissions from non-energy use with the non-energy use emission accounting tables (NEAT) model", *Resources*, *Conservation & Recycling*, 2005, 45 (3).

Oliver Sheldon. , *The Philosophy of Management*, London: Sir Isaac Pitman and Sons Ltd. 1924.

Bowen H. R. , *Social Responsibilities of the Businessman*, New York: Harper & Row. 1953.

Palmer A. , *An Integrated Routing Model to Estimate Carbon Dioxide Emissions from Freight Vehicles*, University of Hull: *The conference Proceedings of Logistics Research Network*, 2007.

Pao H. T. and Tsai C. M. , "CO_2 emissions, energy consumption and economic growth in BRIC countries", *Energy Policy*, 2010, 38 (12).

Pargal S. , Wheeler D. , "Informal Regulation of Industrial Pollution in Developing Countries: Evidence from Indonesia", *Journal of Political Economy*, 1996, 104 (6).

Pattara C. , Raggi A. , and Cichelli A. , "Life cycle assessment and carbon footprint in the wine supply-chain", *Environmental Management*, 2012, 49 (6).

Perrini F. , "SMEs and CSR theory: Evidence and implications from an Italian perspective", *Journal of Business Ethics*, 2006, (67).

Porter M. E. & C. van der Linde, "Toward a new conception of the environment competitiveness relationship", *Journal of Economic Perspectives*, 1995, 9 (4).

Porter M. E. , Kramer M. R. , "Strategy and society: the link between competitive advantage and corporate social responsibility", *Harvard Business Review*, 2006, 84 (6).

Posner Richard A. , "A Theory of Negligence", *Journal of Legal Studies*, 1972, 1 (1).

Prahaladand C. K, Hamle G. , "The Core Competence of the Corporation", *Harvard Business Review*, 1990, 5 (6).

Ranganathan J. , Corbier L. , Bhatia P. , *The Greenhouse Gas Protocol: A Corporate Accounting and Reporting Standard*, *Revised Edition*, Washington: World Resources Institute (WRI), *World Business Council for Sustainable Development* (*WBCSD*), 2004.

Ranjan Kumar Bose, Srinivasachary V. , "Policies to reduce energy use and environmental emissions in the transport sector", *Energy Policy*, 1998, 25 (14).

Rath, A. , & B. Herbert-Copley, *Technology and the International Environment Agenda*, Lessons for UNCED and Beyond, Ottawa: IDRC, 1992.

Ravi V. , Shankar R. , "Analysis of interactions among the barriers of reverse logistics", *Technological Forecasting & Social Change*, 2005, 72 (8).

Rene M. J. Benders, Harry C. Wilting, Klass Jan Kramer, Henk C. Moll. , "Description and application of the EAP computer program for calculating life-cycle energy use and greenhouse gas emissions of household consumption items", *International Journal of Environment and Pollution*, 2001, 15 (2).

Rizet C. , Browne M. , Cornelis E. , and Leonardi J. , "Assessing carbon footprint and energy efficiency in competing supply chains: Review-case studies and benchmarking", *Transportation Research Part D: Transport and Environment, 2012, 17 (4).

Robin Hickmana, Olu Ashirub, David Banister., "Transport and Climate change: Simulating the options for carbon reduction in London", *Transport Policy*, 2009, 17 (2).

Ruediger Kuehr, "Environmental technologies—from misleading interpretations to an operational categorization & definition", *Journal of Cleaner Production*, 2007 (15).

Salam M. A., "Corporate social responsibility in purchasing and supply chain", *Journal of Business Ethics*, 2009, 85 (2).

Sandler T. & Tschirhart J., "Club Theory : Thirty Years Later", *Public Choice*, 1997, 93 (3 - 4).

Sarkis J., Pilar G. T., Belarmino A. D., "Stakeholder pressure and the adoption of environmental practices: The mediating effect of training", *Journal of Operations Management*, 2010, 28 (2).

Satish R. H., "Reducing carbon emissions from transport projects", *Evaluation Knowledge Brief*, 2010, (16).

Savage G. T., Blair J. D., "Strategies for Assessing and Managing Organizational Stakeholders", *Academy of Management Executive*, 1991, 5 (2).

Selden T. M. and Song D., "Environmental quality and development: Is there a Kuznets curve for air pollution emissions", *Journal of Environmental Economics & Management*, 1994 27 (2).

Sharma S., Henriques I., "Stakeholder influences on sustainability practices in the Canadian forest products industry", *Strategic Management Journal*, 2005, (26).

Shonali Pachauri, Daniel Spreng., "Direct and indirect energy requirements of households in India", *Energy Policy*, 2002, 30 (6).

Stockholm Environment Institute (SEI), "UK schools carbon footprint scoping study for sustainable development commission by global action plan", 2006.

Stock J. R., *Reverse Logistics*, Oak Brook: *Peter Council of Logistics Management*, 1992.

Stanwick P. A., "The Relationship between corporate Social Performance, and Organizational Size, Financial Performance, and Environmental Perform-ance: An Empirical Examination", *Journal of Business Ethics*, 1998, 17 (2).

Susan Cholette, Kumar Venkat. , "The energy and carbon intensity of wine distribution: A study of logistical options for delivering wine to consumers", *Journal of Cleaner Production*, 2009, 17 (16).

Tavakkoli-Moghaddam R. , Vahdani B. , and Meysam Mousavi S. , "A ro-bust optimization approach for pollution routing problem with pickup and delivery under uncertainty", *Journal of Manufacturing Systems*, 2014, 33 (2).

Timo Busch, Volker H. Hoffmann. , "Emerging carbon constraints for cor-porate risk management", *Ecological Economics*, 2007, 62, (3).

Ubeda S. , Arcelus F. J. , Faulin J. , "Green logistics at Eroski: A case study", *International Journal of Production Economics*, 2010, 131 (1).

Usama A. M. , Choong W. W. , Low S. T. , Abdul H. M. , "Investigating the environmental Kuznets curve (EKC) hypothesis by utilizing the ecological footprint as an indicator of environmental degradation", *Ecological Indicators*, 2015, 48 (2).

Usama A. M. , Ilhan O. , "The investigation of environmental Kuznets curve hypothesis in the advanced economies: The role of energy prices", *Renewable and Sustainable Energy Reviews*, 2016, 54 (2).

Vanderschuren M. , Lane T. E. , Korver, W. "Managing energy demand through transport policy: What can South Africa learn from Europe", *Energy Policy*, 2010, 38 (2).

Waldman D. A. , Siegel D. , "Defining the Socially Responsible", *Leader-ship Quarterly*, 2008, 19 (1).

Weber C. L. , Matthews H. S. "Quantifying the global and distributional as-pects of American household carbon footprint", *Ecological Economics*, 2008, 66 (S 2 – 3).

Wei Y. M. , Liu L. C. , Fan Y. , "The impact of lifestyle on energy use and CO_2 emission: An empirical analysis of China's residents", *Energy Policy*, 2007, 35.

Sun Wenbin & Cui Kexiu, "Linking corporate social responsibility to firm default risk", *European Management Journal*, 2014, 32 (2).

Wernerfelt B. A. , "Resource-based View of the Firm", *Strategic Management Journal*, 1984, 5 (2).

Welford R. , Frost S. , "Corporate social responsibility in Asian supply chains", *Corporate Social Responsibility and Environmental Management*, 2006, (13).

Wiedmann T. , "A first empirical comparison of energy footprints embodied in trade-MRIO versus PLUM", *Ecological Economics*, 2009 (68).

Woensel T. V. , Creten R. , Vandaele N. , "Managing the Environmental Externalities of Traffic Logistics: The Issue of Emissions", *Production and Operations Management*, 2001, (10).

World Resources Institute, "The greenhouse gas protocol: A corporate accounting and reporting standard (Revised Edition)", Geneva, Switzerland: *World Business Council for Sustainable Development and World Resource Institute*, 2006.

Yorka R. , Rosab E. A. , Dietz T. , "STIRPAT, IPAT and IMPACT: Analytic tools for unpacking the driving forces of environmental impact", *Ecological Economics*, 2003, 46 (3).

附　录

物流业发展中长期规划（2014—2020 年）

国发〔2014〕42 号

物流业是融合运输、仓储、货代、信息等产业的复合型服务业，是支撑国民经济发展的基础性、战略性产业。加快发展现代物流业，对于促进产业结构调整、转变发展方式、提高国民经济竞争力和建设生态文明具有重要意义。为促进物流业健康发展，根据党的十八大、十八届三中全会精神和《中华人民共和国国民经济和社会发展第十二个五年规划纲要》、《服务业发展"十二五"规划》等，制定本规划。规划期为 2014—2020 年。

一、发展现状与面临的形势

（一）发展现状

"十一五"特别是国务院印发《物流业调整和振兴规划》以来，我国物流业保持较快增长，服务能力显著提升，基础设施条件和政策环境明显改善，现代产业体系初步形成，物流业已成为国民经济的重要组成部分。

产业规模快速增长。全国社会物流总额 2013 年达到 197.8 万亿元，比2005 年增长 3.1 倍，按可比价格计算，年均增长 11.5%。物流业增加值 2013年达到 3.9 万亿元，比 2005 年增长 2.2 倍，年均增长 11.1%，物流业增加值占国内生产总值的比重由 2005 年的 6.6% 提高到 2013 年的 6.8%，占服务业增加值的比重达到 14.8%。物流业吸纳就业人数快速增加，从业人员从 2005年的 1780 万人增长到 2013 年的 2890 万人，年均增长 6.2%。

服务能力显著提升。物流企业资产重组和资源整合步伐进一步加快，形成了一批所有制多元化、服务网络化和管理现代化的物流企业。传统运输业、仓储业加速向现代物流业转型，制造业物流、商贸物流、电子商务物流和国际物流等领域专业化、社会化服务能力显著增强，服务水平不断提升，现代物流服务体系初步建立。

技术装备条件明显改善。信息技术广泛应用，大多数物流企业建立了管理信息系统，物流信息平台建设快速推进。物联网、云计算等现代信息技术开始应用，装卸搬运、分拣包装、加工配送等专用物流装备和智能标签、跟踪追溯、路径优化等技术迅速推广。

基础设施网络日趋完善。截至 2013 年底，全国铁路营业里程 10.3 万公里，其中高速铁路 1.1 万公里；全国公路总里程达到 435.6 万公里，其中高速公路 10.45 万公里；内河航道通航里程 12.59 万公里，其中三级及以上高等级航道 1.02 万公里；全国港口拥有万吨级及以上泊位 2001 个，其中沿海港口 1607 个、内河港口 394 个；全国民用运输机场 193 个。2012 年全国营业性库房面积约 13 亿平方米，各种类型的物流园区 754 个。

发展环境不断优化。"十二五"规划纲要明确提出"大力发展现代物流业"。国务院印发《物流业调整和振兴规划》，并制定出台了促进物流业健康发展的政策措施。有关部门和地方政府出台了一系列专项规划和配套措施。社会物流统计制度日趋完善，标准化工作有序推进，人才培养工作进一步加强，物流科技、学术理论研究及产学研合作不断深入。

总体上看，我国物流业已步入转型升级的新阶段。但是，物流业发展总体水平还不高，发展方式比较粗放。主要表现为：一是物流成本高、效率低。2013 年全社会物流总费用与国内生产总值的比率高达 18%，高于发达国家水平 1 倍左右，也显著高于巴西、印度等发展中国家的水平。二是条块分割严重，阻碍物流业发展的体制机制障碍仍未打破。企业自营物流比重高，物流企业规模小，先进技术难以推广，物流标准难以统一，迂回运输、资源浪费的问题突出。三是基础设施相对滞后，不能满足现代物流发展的要求。现代化仓储、多式联运转运等设施仍显不足，布局合理、功能完善的物流园区体系尚未建立，高效、顺畅、便捷的综合交通运输网络尚不健全，物流基础设施之间不衔接、不配套问题比较突出。四是政策法规体系还不够完善，市场秩序不够规范。已经出台的一些政策措施有待进一步落实，一些地方针对物流企业的乱收费、乱罚款问题突出。信用体系建设滞后，物流业从业人员整体素质有待进一步提升。

（二）面临的形势

当前，经济全球化趋势深入发展，网络信息技术革命带动新技术、新业态不断涌现，物流业发展面临的机遇与挑战并存。伴随全面深化改革，工业化、信息化、新型城镇化和农业现代化进程持续推进，产业结构调整和居民消费升级步伐不断加快，我国物流业发展空间越来越广阔。

物流需求快速增长。农业现代化对大宗农产品物流和鲜活农产品冷链物流的需求不断增长。新型工业化要求加快建立规模化、现代化的制造业物流服务体系。居民消费升级以及新型城镇化步伐加快，迫切需要建立更加完善、便捷、高效、安全的消费品物流配送体系。此外，电子商务、网络消费等新兴业态快速发展，快递物流等需求也将继续快速增长。

新技术、新管理不断出现。信息技术和供应链管理不断发展并在物流业得到广泛运用，为广大生产流通企业提供了越来越低成本、高效率、多样化、精益化的物流服务，推动制造业专注核心业务和商贸业优化内部分工，以新技术、新管理为核心的现代物流体系日益形成。随着城乡居民消费能力的增强和消费方式的逐步转变，全社会物流服务能力和效率持续提升，物流成本进一步降低、流通效率明显提高，物流业市场竞争加剧。

资源环境约束日益加强。随着社会物流规模的快速扩大、能源消耗和环境污染形势的加重、城市交通压力的加大，传统的物流运作模式已难以为继。按照建设生态文明的要求，必须加快运用先进经营管理理念，不断提高信息化、标准化和自动化水平，促进一体化运作和网络化经营，大力发展绿色物流，推动节能减排，切实降低能耗、减少排放、缓解交通压力。

国际竞争日趋激烈。随着国际产业转移步伐不断加快和服务贸易快速发展，全球采购、全球生产和全球销售的物流发展模式正在日益形成，迫切要求我国形成一批深入参与国际分工、具有国际竞争力的跨国物流企业，畅通与主要贸易伙伴、周边国家便捷高效的国际物流大通道，形成具有全球影响力的国际物流中心，以应对日益激烈的全球物流企业竞争。

二、总体要求

（一）指导思想

以邓小平理论、"三个代表"重要思想、科学发展观为指导，深入贯彻党的十八大和十八届二中、三中全会精神，全面落实党中央、国务院各项决策部署，按照加快转变发展方式、建设生态文明的要求，适应信息技术发展的新趋势，以提高物流效率、降低物流成本、减轻资源和环境压力为重点，以市场为导向，以改革开放为动力，以先进技术为支撑，积极营造有利于现代物流业发展的政策环境，着力建立和完善现代物流服务体系，加快提升物流业发展水平，促进产业结构调整和经济提质增效升级，增强国民经济竞争力，为全面建成小康社会提供物流服务保障。

（二）主要原则

市场运作，政府引导。 使市场在资源配置中起决定性作用和更好发挥政府作用，强化企业的市场主体地位，积极发挥政府在战略、规划、政策、标准等方面的引导作用。

优化结构，提升水平。 加快传统物流业转型升级，建立和完善社会化、专业化的物流服务体系，大力发展第三方物流。形成一批具有较强竞争力的现代物流企业，扭转"小、散、弱"的发展格局，提升产业规模和发展水平。

创新驱动，协同发展。 加快关键技术装备的研发应用，提升物流业信息化和智能化水平，创新运作管理模式，提高供应链管理和物流服务水平，形成物流业与制造业、商贸业、金融业协同发展的新优势。

节能减排，绿色环保。 鼓励采用节能环保的技术、装备，提高物流运作的组织化、网络化水平，降低物流业的总体能耗和污染物排放水平。

完善标准，提高效率。 推动物流业技术标准体系建设，加强一体化运作，实现物流作业各环节、各种物流设施设备以及物流信息的衔接配套，促进物流服务体系高效运转。

深化改革，整合资源。 深化物流业管理体制改革，进一步简政放权，打破行业、部门和地区分割，反对垄断和不正当竞争，统筹城市和乡村、国际和国内物流体系建设，建立有利于资源整合和优化配置的体制机制。

（三）发展目标

到2020年，基本建立布局合理、技术先进、便捷高效、绿色环保、安全有序的现代物流服务体系。

物流的社会化、专业化水平进一步提升。物流业增加值年均增长8%

左右，物流业增加值占国内生产总值的比重达到 7.5% 左右。第三方物流比重明显提高。新的物流装备、技术广泛应用。

物流企业竞争力显著增强。一体化运作、网络化经营能力进一步提高，信息化和供应链管理水平明显提升，形成一批具有国际竞争力的大型综合物流企业集团和物流服务品牌。

物流基础设施及运作方式衔接更加顺畅。物流园区网络体系布局更加合理，多式联运、甩挂运输、共同配送等现代物流运作方式保持较快发展，物流集聚发展的效益进一步显现。

物流整体运行效率显著提高。全社会物流总费用与国内生产总值的比率由 2013 年的 18% 下降到 16% 左右，物流业对国民经济的支撑和保障能力进一步增强。

三、发展重点

（一）着力降低物流成本

打破条块分割和地区封锁，减少行政干预，清理和废除妨碍全国统一市场和公平竞争的各种规定和做法，建立统一开放、竞争有序的全国物流服务市场。进一步优化通行环境，加强和规范收费公路管理，保障车辆便捷高效通行，积极采取有力措施，切实加大对公路乱收费、乱罚款的清理整顿力度，减少不必要的收费点，全面推进全国主要高速公路不停车收费系统建设。加快推进联通国内、国际主要经济区域的物流通道建设，大力发展多式联运，努力形成京沪、京广、欧亚大陆桥、中欧铁路大通道、长江黄金水道等若干条货畅其流、经济便捷的跨区域物流大通道。

（二）着力提升物流企业规模化、集约化水平

鼓励物流企业通过参股控股、兼并重组、协作联盟等方式做大做强，形成一批技术水平先进、主营业务突出、核心竞争力强的大型现代物流企业集团，通过规模化经营提高物流服务的一体化、网络化水平，形成大小物流企业共同发展的良好态势。鼓励运输、仓储等传统物流企业向上下游延伸服务，推进物流业与其他产业互动融合，协同发展。鼓励物流企业与制造企业深化战略合作，建立与新型工业化发展相适应的制造业物流服务体系，形成一批具有全球采购、全球配送能力的供应链服务商。鼓励商贸

物流企业提高配送的规模化和协同化水平，加快电子商务物流发展，建立快速便捷的城乡配送物流体系。支持快递业整合资源，与民航、铁路、公路等运输行业联动发展，加快形成一批具有国际竞争力的大型快递企业，构建覆盖城乡的快递物流服务体系。支持航空货运企业兼并重组、做强做大，提高物流综合服务能力。充分发挥邮政的网络、信息和服务优势，深入推动邮政与电子商务企业的战略合作，发展电商小包等新型邮政业务。进一步完善邮政基础设施网络，鼓励各地邮政企业因地制宜地发展农村邮政物流服务，推动农资下乡和农产品进城。

（三）着力加强物流基础设施网络建设

推进综合交通运输体系建设，合理规划布局物流基础设施，完善综合运输通道和交通枢纽节点布局，构建便捷、高效的物流基础设施网络，促进多种运输方式顺畅衔接和高效中转，提升物流体系综合能力。优化航空货运网络布局，加快国内航空货运转运中心、连接国际重要航空货运中心的大型货运枢纽建设。推进"港站一体化"，实现铁路货运站与港口码头无缝衔接。完善物流转运设施，提高货物换装的便捷性和兼容性。加快煤炭外运、"北粮南运"、粮食仓储等重要基础设施建设，解决突出的运输"卡脖子"问题。加强物流园区规划布局，进一步明确功能定位，整合和规范现有园区，节约、集约用地，提高资源利用效率和管理水平。在大中城市和制造业基地周边加强现代化配送中心规划，在城市社区和村镇布局建设共同配送末端网点，优化城市商业区和大型社区物流基础设施的布局建设，形成层级合理、规模适当、需求匹配的物流仓储配送网络。进一步完善应急物流基础设施，积极有效应对突发自然灾害、公共卫生事件以及重大安全事故。

四、主要任务

（一）大力提升物流社会化、专业化水平

鼓励制造企业分离外包物流业务，促进企业内部物流需求社会化。优化制造业、商贸业集聚区物流资源配置，构建中小微企业公共物流服务平台，提供社会化物流服务。着力发展第三方物流，引导传统仓储、运输、国际货代、快递等企业采用现代物流管理理念和技术装备，提高服务能力；支持从制造企业内部剥离出来的物流企业发挥专业化、精益化服务优势，积极为社会提供公共物流服务。鼓励物流企业功能整合和业务创新，不断提升专业化服务水平，积极发展定制化物流服务，满足日益增长的个性化物流需求。进一步优化物流组织模式，积极发展共同配送、统一配送，提高多式联运比重。

（二）进一步加强物流信息化建设

加强北斗导航、物联网、云计算、大数据、移动互联等先进信息技术在物流领域的应用。加快企业物流信息系统建设，发挥核心物流企业整合能力，打通物流信息链，实现物流信息全程可追踪。加快物流公共信息平台建设，积极推进全社会物流信息资源的开发利用，支持运输配载、跟踪追溯、库存监控等有实际需求、具备可持续发展前景的物流信息平台发展，鼓励各类平台创新运营服务模式。进一步推进交通运输物流公共信息平台发展，整合铁路、公路、水路、民航、邮政、海关、检验检疫等信息资源，促进物流信息与公共服务信息有效对接，鼓励区域间和行业内的物流平台信息共享，实现互联互通。

（三）推进物流技术装备现代化

加强物流核心技术和装备研发，推动关键技术装备产业化，鼓励物流企业采用先进适用技术和装备。加快食品冷链、医药、烟草、机械、汽车、干散货、危险化学品等专业物流装备的研发，提升物流装备的专业化水平。积极发展标准化、厢式化、专业化的公路货运车辆，逐步淘汰栏板式货车。推广铁路重载运输技术装备，积极发展铁路特种、专用货车以及高铁快件等运输技术装备，加强物流安全检测技术与装备的研发和推广应用。吸收引进国际先进物流技术，提高物流技术自主创新能力。

（四）加强物流标准化建设

加紧编制并组织实施物流标准中长期规划，完善物流标准体系。按照重点突出、结构合理、层次分明、科学适用、基本满足发展需要的要求，完善国家物流标准体系框架，加强通用基础类、公共类、服务类及专业类物流标准的制定工作，形成一批对全国物流业发展和服务水平提升有重大促进作用的物流标准。注重物流标准与其他产业标准以及国际物流标准的衔接，科学划分推荐性和强制性物流标准，加大物流标准的实施力度，努力提升物流服务、物流枢纽、物流设施设备的标准化运作水平。调动企业在标准制修订工作中的积极性，推进重点物流企业参与专业领域物流技术标准和管理标准的制定和标准化试点工作。加强物流标准的培训宣传和推广应用。

（五）推进区域物流协调发展

落实国家区域发展整体战略和产业布局调整优化的要求，继续发挥全国性物流节点城市和区域性物流节点城市的辐射带动作用，推动区域物流协调发展。按照建设丝绸之路经济带、海上丝绸之路、长江经济带等重大战略规划要求，加快推进重点物流区域和联通国际国内的物流通道建设，重点打造面向中亚、南亚、西亚的战略物流枢纽及面向东盟的陆海联运、江海联运节点和重要航空港，建立省际和跨国合作机制，促进物流基础设施互联互通和信息资源共享。东部地区要适应居民消费加快升级、制造业转型、内外贸一体化的趋势，进一步提升商贸物流、制造业物流和国际物流的服务能力，探索国际国内物流一体化运作模式。按照推动京津冀协同发展、环渤海区域合作和发展等要求，加快商贸物流业一体化进程。中部地区要发挥承东启西、贯通南北的区位优势，加强与沿海、沿边地区合作，加快陆港、航空口岸建设，构建服务于产业转移、资源输送和南北区域合作的物流通道和枢纽。西部地区要结合推进丝绸之路经济带建设，打造物流通道，改善区域物流条件，积极发展具有特色优势的农产品、矿产品等大宗商品物流产业。东北地区要加快构建东北亚沿边物流带，形成面向俄罗斯、连接东北亚及欧洲的物流大通道，重点推进制造业物流和粮食等大宗资源型商品物流发展。物流节点城市是区域物流发展的重要枢纽，要根据产业特点、发展水平、设施状况、市场需求、功能定位等，加强物流基础设施的规划布局，改善产业发展环境。

（六）积极推动国际物流发展

加强枢纽港口、机场、铁路、公路等各类口岸物流基础设施建设。以重点开发开放试验区为先导，结合发展边境贸易，加强与周边国家和地区的跨境物流体系和走廊建设，加快物流基础设施互联互通，形成一批国际货运枢纽，增强进出口货物集散能力。加强境内外口岸、内陆与沿海、沿边口岸的战略合作，推动海关特殊监管区域、国际陆港、口岸等协调发展，提高国际物流便利化水平。建立口岸物流联检联动机制，进一步提高通关效率。积极构建服务于全球贸易和营销网络、跨境电子商务的物流支撑体系，为国内企业"走出去"和开展全球业务提供物流服务保障。支持优势物流企业加强联合，构建国际物流服务网络，打造具有国际竞争力的跨国物流企业。

（七）大力发展绿色物流

优化运输结构，合理配置各类运输方式，提高铁路和水路运输比重，促进节能减排。大力发展甩挂运输、共同配送、统一配送等先进的物流组织模式，提高储运工具的信息化水平，减少返空、迂回运输。鼓励采用低能耗、低排放运输工具和节能型绿色仓储设施，推广集装单元化技术。借鉴国际先进经验，完善能耗和排放监测、检测认证制度，加快建立绿色物流评估标准和认证体系。加强危险品水运管理，最大限度减少环境事故。鼓励包装重复使用和回收再利用，提高托盘等标准化器具和包装物的循环利用水平，构建低环境负荷的循环物流系统。大力发展回收物流，鼓励生产者、再生资源回收利用企业联合开展废旧产品回收。推广应用铁路散堆装货物运输抑尘技术。

五、重点工程

（一）多式联运工程

加快多式联运设施建设，构建能力匹配的集疏运通道，配备现代化的中转设施，建立多式联运信息平台。完善港口的铁路、公路集疏运设施，提升临港铁路场站和港站后方通道能力。推进铁路专用线建设，发挥铁路集装箱中心站作用，推进内陆城市和港口的集装箱场站建设。构建与铁路、机场和公路货运站能力匹配的公路集疏运网络系统。发展海铁联运、铁水联运、公铁联运、陆空联运，加快推进大宗散货水铁联运、集装箱多式联运，积极发展干支直达和江海直达等船舶运输组织方式，探索构建以半挂车为标准荷载单元的铁路驮背运输、水路滚装运输等多式联运体系。

（二）物流园区工程

在严格符合土地利用总体规划、城市总体规划的前提下，按照节约、集约用地的原则，在重要的物流节点城市加快整合与合理布局物流园区，推进物流园区水、电、路、通讯设施和多式联运设施建设，加快现代化立体仓库和信息平台建设，完善周边公路、铁路配套，推广使用甩挂运输等先进运输方式和智能化管理技术，完善物流园区管理体制，提升管理和服务水平。结合区位特点和物流需求，发展货运枢纽型、生产服务型、商贸服务型、口岸服务型和综合服务型物流园区，以及农产品、农资、钢铁、煤炭、汽车、医药、出版物、冷链、危险货物运输、快递等专业类物流园区，发挥物流园区的示范带动作用。

（三）农产品物流工程

加大粮食仓储设施建设和维修改造力度，满足粮食收储需要。引进先进粮食仓储设备和技术，切实改善粮食仓储条件。积极推进粮食现代物流设施建设，发展粮食储、运、装、卸"四散化"和多式联运，开通从东北入关的铁路散粮列车和散粮集装箱班列，加强粮食产区的收纳和发放设施、南方销区的铁路和港口散粮接卸设施建设，解决"北粮南运"运输"卡脖子"问题。推进棉花运输装卸机械化、仓储现代化、管理信息化，加强主要产销区的物流节点及铁路专用线建设，支持企业开展纺织配棉配送服务。加强"南糖北运"及产地的运输、仓储等物流设施建设。加强鲜活农产品冷链物流设施建设，支持"南菜北运"和大宗鲜活农产品产地预冷、初加工、冷藏保鲜、冷链运输等设施设备建设，形成重点品种农产品物流集散中心，提升批发市场等重要节点的冷链设施水平，完善冷链物流网络。

（四）制造业物流与供应链管理工程

支持建设与制造业企业紧密配套、有效衔接的仓储配送设施和物流信息平台，鼓励各类产业聚集区域和功能区配套建设公共外仓，引进第三方物流企业。鼓励传统运输、仓储企业向供应链上下游延伸服务，建设第三方供应链管理平台，为制造业企业提供供应链计划、采购物流、入厂物流、交付物流、回收物流、供应链金融以及信息追溯等集成服务。加快发展具有供应链设计、咨询管理能力的专业物流企业，着力提升面向制造业企业的供应链管理服务水平。

（五）资源型产品物流工程

依托煤炭、石油、铁矿石等重要产品的生产基地和市场，加快资源型产品物流集散中心和物流通道建设。推进晋陕蒙（西）宁甘、内蒙古东部、新疆等煤炭外运重点通道建设，重点建设环渤海等大型煤炭储配基地和重点煤炭物流节点。统筹油气进口运输通道和国内储运体系建设，加快跨区域、与周边国家和地区紧密连接的油气运输通道建设，加强油气码头建设，鼓励发展油船、液化天然气船，加强铁矿石等重要矿产品港口（口岸）物流设施建设。

（六）城乡物流配送工程

加快完善城乡配送网络体系，统筹规划、合理布局物流园区、配送中心、末端配送网点等三级配送节点，搭建城市配送公共服务平台，积极推进县、乡、村消费品和农资配送网络体系建设。进一步发挥邮政及供销合作社的网络和服务优势，加强农村邮政网点、村邮站、"三农"服务站等邮政终端设施建设，促进农村地区商品的双向流通。推进城市绿色货运配送体系建设，完善城市配送车辆标准和通行管控措施，鼓励节能环保车辆在城市配送中的推广应用。加快现代物流示范城市的配送体系发展，建设服务连锁经营企业和网络销售企业的跨区域配送中心。发展智能物流基础设施，支持农村、社区、学校的物流快递公共取送点建设。鼓励交通、邮政、商贸、供销、出版物销售等开展联盟合作，整合利用现有物流资源，进一步完善存储、转运、停靠、卸货等基础设施，加强服务网络建设，提高共同配送能力。

（七）电子商务物流工程

适应电子商务快速发展需求，编制全国电子商务物流发展规划，结合国家电子商务示范城市、示范基地、物流园区、商业设施等建设，整合配送资源，构建电子商务物流服务平台和配送网络。建成一批区域性仓储配送基地，吸引制造商、电商、快递和零担物流公司、第三方服务公司入驻，提高物流配送效率和专业化服务水平。探索利用高铁资源，发展高铁快件运输。结合推进跨境贸易电子商务试点，完善一批快递转运中心。

（八）物流标准化工程

重点推进物流技术、信息、服务、运输、货代、仓储、粮食等农产品及加工食品、医药、汽车、家电、电子商务、邮政（含快递）、冷链、应急等物流标准的制修订工作，积极着手开展钢铁、机械、煤炭、铁矿石、石油石化、建材、棉花等大宗产品物流标准的研究制订工作。支持仓储和转运设施、运输工具、停靠和卸货站点的标准化建设和改造，制定公路货运标准化电子货单，推广托盘、集装箱、集装袋等标准化设施设备，建立全国托盘共用体系，推进管理软件接口标准化，全面推广甩挂运输试点经验。开展物流服务认证试点工作，推进物流领域检验检测体系建设，支持物流企业开展质量、环境和职业健康安全管理体系认证。

（九）物流信息平台工程

整合现有物流信息服务平台资源，形成跨行业和区域的智能物流信息公共服务平台。加强综合运输信息、物流资源交易、电子口岸和大宗商品交易等平台建设，促进各类平台之间的互联互通和信息共享。鼓励龙头物流企业搭建面向中小物流企业的物流信息服务平台，促进货源、车源和物流服务等信息的高效匹配，有效降低货车空驶率。以统一物品编码体系为依托，建设衔接企业、消费者与政府部门的第三方公共服务平台，提供物流信息标准查询、对接服务。建设智能物流信息平台，形成集物流信息发布、在线交易、数据交换、跟踪追溯、智能分析等功能为一体的物流信息服务中心。加快推进国家交通运输物流公共信息平台建设，依托东北亚物流信息服务网络等已有平台，开展物流信息化国际合作。

（十）物流新技术开发应用工程

支持货物跟踪定位、无线射频识别、可视化技术、移动信息服务、智能交通和位置服务等关键技术攻关，研发推广高性能货物搬运设备和快速分拣技术，加强沿海和内河船型、商用车运输等重要运输技术的研发应用。完善物品编码体系，推动条码和智能标签等标识技术、自动识别技术以及电子数据交换技术的广泛应用。推广物流信息编码、物流信息采集、物流载体跟踪、自动化控制、管理决策支持、信息交换与共享等领域的物流信息技术。鼓励新一代移动通信、道路交通信息通讯系统、自动导引车辆、不停车收费系统以及托盘等集装单元化技术普及。推动北斗导航、物联网、云计算、大数据、移动互联等技术在产品可追溯、在线调度管理、全自动物流配送、智能配货等领域的应用。

（十一）再生资源回收物流工程

加快建立再生资源回收物流体系，重点推动包装物、废旧电器电子产品等生活废弃物和报废工程机械、农作物秸秆、消费品加工中产生的边角废料等有使用价值废弃物的回收物流发展。加大废弃物回收物流处理设施的投资力度，加快建设一批回收物流中心，提高回收物品的收集、分拣、加工、搬运、仓储、包装、维修等管理水平，实现废弃物的妥善处置、循环利用、无害环保。

（十二）应急物流工程

建立统一协调、反应迅捷、运行有序、高效可靠的应急物流体系，建设集满足多种应急需要为一体的物流中心，形成一批具有较强应急物流运作能力的骨干物流企业。加强应急仓储、中转、配送设施建设，提升应急物流设施设备的标准化和现代化水平，提高应急物流效率和应急保障能力。建立和完善应急物流信息系统，规范协调调度程序，优化信息流程、业务流程和管理流程，推进应急生产、流通、储备、运输环节的信息化建设和应急信息交换、数据共享。

六、保障措施

（一）深化改革开放

加快推进物流管理体制改革，完善各层级的物流政策综合协调机制，进一步发挥全国现代物流工作部际联席会议作用。按照简政放权、深化行政审批制度改革的要求，建立公平透明的市场准入标准，进一步放宽对物流企业资质的行政许可和审批条件，改进审批管理方式。落实物流企业设立非法人分支机构的相关政策，鼓励物流企业开展跨区域网络化经营。引导企业改革"大而全"、"小而全"的物流运作模式，制定支持企业分离外包物流业务和加快发展第三方物流的措施，充分整合利用社会物流资源，提高规模化水平。加强与主要贸易对象国及台港澳等地区的政策协调和物流合作，推动国内物流企业与国际先进物流企业合作交流，支持物流企业"走出去"。做好物流业外资并购安全审查工作，扩大商贸物流、电子商务领域的对外开放。

（二）完善法规制度

尽快从国民经济行业分类、产业统计、工商注册及税目设立等方面明确物流业类别，进一步明确物流业的产业地位。健全物流业法律法规体系，抓紧研究制修订物流业安全监管、交通运输管理和仓储管理等相关法律法规或部门规章，开展综合性法律的立法准备工作，在此基础上择机研究制订物流业促进方面的法律法规。

（三）规范市场秩序

加强对物流市场的监督管理，完善物流企业和从业人员信用记录，纳入国家统一的信用信息平台。增强企业诚信意识，建立跨地区、跨行业的联合惩戒机制，加大对失信行为的惩戒力度。加强物流信息安全管理，禁止泄露转卖客户信息。加强物流服务质量满意度监测，开展安全、诚信、优质服务创建活动。鼓励企业整合资源、加强协作，提高物流市场集中度和集约化运作水平，减少低水平无序竞争。加强对物流业市场竞争行为的监督检查，依法查处不正当竞争和垄断行为。

（四）加强安全监管

加强对物流企业的安全管理，督促物流企业切实履行安全主体责任，严格执行国家强制标准，保证运输装备产品的一致性。加强对物流车辆和设施设备的检验检测，确保车辆安全性符合国家规定、设施设备处于良好状态。禁止超载运输，规范超限运输。危险货物运输要强化企业经理人员安全管理职责和车辆动态监控。加大安全生产经费投入，及时排查整改安全隐患。加大物流业贯彻落实国家信息安全等级保护制度力度，按照国家信息安全等级保护管理规范和技术标准要求同步实施物流信息平台安全建设，提高网络安全保障能力。建立健全物流安全监管信息共享机制，物流信息平台及物流企业信息系统要按照统一技术标准建设共享信息的技术接口。道路、铁路、民航、航运、邮政部门要进一步规范货物收运、收寄流程，进一步落实货物安全检查责任，采取严格的货物安全检查措施并增加开箱检查频次，加大对瞒报货物品名行为的查处力度，严防普通货物中夹带违禁品和危险品。推广使用技术手段对集装箱和货运物品进行探测查验，提高对违禁品和危险品的发现能力。加大宣传教育力度，曝光违法违规托运和夹带违禁品、危险品的典型案件和查处结果，增强公众守法意识。

（五）完善扶持政策

加大土地等政策支持力度，着力降低物流成本。落实和完善支持物流业发展的用地政策，依法供应物流用地，积极支持利用工业企业旧厂房、仓库和存量土地资源建设物流设施或者提供物流服务，涉及原划拨土地使用权转让或者租赁的，应按规定办理土地有偿使用手续。认真落实物流业相关税收优惠政策。研究完善支持物流企业做强做大的扶持政策，培育一批网络化、规模化发展的大型物流企业。严格执行鲜活农产品运输"绿色通道"政策。研究配送车辆进入城区作业的相关政策，完善城市配送车辆通行管控措施。完善物流标准化工作体系，建立相关部门、行业组织和标准技术归口单位的协调沟通机制。

（六）拓宽投资融资渠道

多渠道增加对物流业的投入，鼓励民间资本进入物流领域。引导银行业金融机构加大对物流企业的信贷支持，针对物流企业特点推动金融产品创新，推动发展新型融资方式，为物流业发展提供更便利的融资服务。支持符合条件的物流企业通过发行公司债券、非金融企业债务融资工具、企业债券和上市等多种方式拓宽融资渠道。继续通过政府投资对物流业重点领域和薄弱环节予以支持。

（七）加强统计工作

提高物流业统计工作水平，明确物流业统计的基本概念，强化物流统计理论和方法研究，科学划分物流业统计的行业类别，完善物流业统计制度和评价指标体系，促进物流统计台账和会计核算科目建设，做好社会物流总额和社会物流成本等指标的调查统计工作，及时准确反映物流业的发展规模和运行效率；构建组织体系完善、调查方法科学、技术手段先进、队伍素质优良的现代物流统计体系，推动各省（区、市）全面开展物流统计工作，进一步提高物流统计数据质量和工作水平，为政府宏观管理和企业经营决策提供参考依据。

（八）强化理论研究和人才培养

加强物流领域理论研究，完善我国现代物流业理论体系，积极推进产学研用结合。着力完善物流学科体系和专业人才培养体系，以提高实践能力为重点，按照现代职业教育体系建设要求，探索形成高等学校、中等职业学校与有关部门、科研院所、行业协会和企业联合培养人才的新模式。完善在职人员培训体系，鼓励培养物流业高层次经营管理人才，积极开展职业培训，提高物流业从业人员业务素质。

（九）发挥行业协会作用

要更好地发挥行业协会的桥梁和纽带作用，做好调查研究、技术推广、标准制订和宣传推广、信息统计、咨询服务、人才培养、理论研究、国际合作等方面的工作。鼓励行业协会健全和完善各项行业基础性工作，积极推动行业规范自律和诚信体系建设，推动行业健康发展。

七、组织实施

各地区、各部门要充分认识促进物流业健康发展的重大意义，采取有力措施，确保各项政策落到实处、见到实效。地方各级人民政府要加强组织领导，完善协调机制，结合本地实际抓紧制定具体落实方案，及时将实施过程中出现的新情况、新问题报送发展改革委和交通运输部、商务部等有关部门。国务院各有关部门要加强沟通，密切配合，根据职责分工完善各项配套政策措施。发展改革委要加强统筹协调，会同有关部门研究制定促进物流业发展三年行动计划，明确工作安排及时间进度，并做好督促检查和跟踪分析，重大问题及时报告。

图书在版编目（CIP）数据

低碳时代的物流企业发展／王丽萍，李创著. -- 北
京：社会科学文献出版社，2016.8
ISBN 978 - 7 - 5097 - 9498 - 2

Ⅰ.①低… Ⅱ.①王… ②李… Ⅲ.①物资企业 - 企
业发展 - 研究 - 中国 Ⅳ.①F259.23

中国版本图书馆 CIP 数据核字（2016）第 176438 号

低碳时代的物流企业发展

著　　者／王丽萍　李　创

出 版 人／谢寿光
项目统筹／高明秀
责任编辑／仇　扬　王小艳

出　　版／社会科学文献出版社·当代世界出版分社 （010）59367004
　　　　　　地址：北京市北三环中路甲29号院华龙大厦　邮编：100029
　　　　　　网址：www. ssap. com. cn
发　　行／市场营销中心 （010）59367081　59367018
印　　装／北京季蜂印刷有限公司

规　　格／开　本：787mm × 1092mm　1/16
　　　　　　印　张：19.75　字　数：319千字
版　　次／2016 年 8 月第 1 版　2016 年 8 月第 1 次印刷
书　　号／ISBN 978 - 7 - 5097 - 9498 - 2
定　　价／79.00 元

本书如有印装质量问题，请与读者服务中心（010 - 59367028）联系